Hans-Joachim Puch

Organisation im Sozialbereich

Eine Einführung für soziale Berufe

LAMBERTUS

Hans-Joachim Puch

Organisation im Sozialbereich

Eine Einführung für soziale Berufe

Lambertus

Die Deutsche Bibliothek – CIP-Einheitsaufnahme

Puch, Hans-Joachim:
Organisation im Sozialbereich: eine Einführung für soziale
Berufe / Hans-Joachim Puch. – 2. Aufl. –
Freiburg im Breisgau:
Lambertus, 1997
ISBN 3-7841-0736-2

2. Auflage 1997

Umschlaggestaltung: Christa Berger, Solingen
Umschlagfoto: Uwe Stratmann, Wuppertal
Herstellung: Druckerei Franz X. Stückle, Ettenheim
ISBN 3-7841-0736-2

Inhalt

Vorwort

Vergleicht man die Soziale Arbeit der neunziger Jahre mit der Situation in den siebziger und achtziger Jahren, dann ist ein deutlicher Wandel festzustellen. Themen wie Budgetierung, Effizienz, Erfolgsmessung, Lean Management, Organisation, Social Sponsoring, Social Marketing, Sozialmanagement usw. sind ein Ausdruck dafür, daß über die Wirtschaftlichkeit und Wirksamkeit der Sozialen Arbeit neu nachgedacht wird und von verschiedenen FachvertreterInnen veränderte Aufgaben der Sozialen Arbeit benannt werden. PraktikerInnen in dem Berufsfeld haben die Zeichen der Zeit erkannt und bilden sich in entsprechenden Fortbildungsveranstaltungen weiter; die Ausbildung der Sozialen Arbeit hat inzwischen nachgezogen, wie die Veranstaltungsverzeichnisse zeigen.

Die Beschäftigung mit den wirtschaftlichen und organisatorischen Grundlagen der Sozialen Arbeit ist in dieser Form neu und stößt bei manchen KollegInnen auf wohlwollende Zustimmung, bei anderen auf Skepsis und Zurückhaltung. Von den Kritikern wird befürchtet, daß durch eine Betonung der Wirksamkeit und Wirtschaftlichkeit das „Eigentliche“ der Sozialen Arbeit in den Hintergrund gedrängt wird. Die Hilfe von Mensch zu Mensch auf der Grundlage moralisch-ethischer Prinzipien – so wird argumentiert – verträgt sich nicht mit einer auf meßbaren Erfolg orientierten Hilfe. Ich teile diese Einschätzung nicht. Zwischen überprüfbarer Wirksamkeit und Fachlichkeit besteht in der Sozialen Arbeit meiner Auffassung nach ein Spannungsverhältnis, aber kein notwendiger Gegensatz. Es scheint mir eine lohnende Herausforderung zu sein, diese beiden Pole in ein neues Professionalisierungsverständnis der Sozialen Arbeit zu integrieren. In einem solchen professionellen Selbstverständnis begründen SozialarbeiterInnen die Bedeutung und die Wirksamkeit ihres beruflichen Handelns offensiv nach außen und verbessern die Wirksamkeit ihres methodischen Tuns nach innen.

Die Wirksamkeit der Sozialen Arbeit hängt neben der Fachlichkeit von den organisatorischen Bedingungen des beruflichen Handelns ab. Dies war in der Vergangenheit so und gilt auch für die Gegenwart. Allerdings genügt es heute nicht mehr, die organisatorischen Grundlagen sozialarbeiterischen/-pädagogischen Handelns ausschließlich unter dem Aspekt des Verwaltunghandelns wahrzunehmen. MitarbeiterInnen werden von modernen Führungskräften als Fachkräfte gesehen, die Verantwortung für das Geschehen in Organisationen des Sozialbereichs übernehmen und aktiv an der Gestaltung des Aufbaus und der sozialen Prozesse mitwirken. Dadurch erschließen sich neue Handlungsspielräume im beruflichen Alltag von SozialarbeiterInnen/Sozialpädagoginnen. Diese Bewegungsfreiheit kann aber nur dann genutzt werden, wenn Kenntnisse über Aufbau, Strukturen, soziale Prozesse und Gestaltungsmöglichkeiten von Organisationen bei Fachkräften in sozialen Berufen vorhanden sind. Auf diese Anforderung wird mit der vorliegenden Veröffentlichung reagiert.

Ich will mit dem Buch grundlegendes Wissen über Organisationen im Sozialbereich vermitteln, um das Geschehen in diesen Einrichtungen besser verstehen und analysieren zu können (die Verwendung des im Titel dieses Buches genannten Begriffs „Organisation" soll genau diese Absicht andeuten: Nicht die konkreten Organisationen, wie etwa das Jugendamt, Sozialamt oder Gesundheitsamt usw., sind Gegenstand meiner Ausführungen, sondern deren Organisiert-sein bzw, der Aufbau und der Ablauf von institutionellen Gebilden). Dies gelingt meines Erachtens dann leichter, wenn Organisationen aus den Blickwinkeln verschiedener wissenschaftlicher Disziplinen betrachtet werden. Je nach Blickwinkel werden sich so unterschiedliche Aspekte des Geschehens in Organisationen erschließen und in der Gesamtschau ein breiteres Verständnis ermöglichen.

In der *Einführung* (S. 11 ff.) wird der Zusammenhang zwischen den Themen „Organisation" und „Soziale Arbeit" hergestellt und die Einordnung in die aktuelle Professionalisierungsdebatte begründet. Im *ersten Teil* (S. 23 ff.) werden die Organisationen des Sozialbereichs in ihrer historischen Entwicklung beschrieben, die Besonderheiten dieses Organisationstypus analysiert und ausgewählte Organisationstheorien vorgestellt. Der umfangreichere *zweite Teil* (S. 73 ff.) schließlich untersucht die formellen Regelungen, die soziale Dynamik und die sozialen Prozesse in Organisationen. Im *ersten Abschnitt eines jeden Kapitels* werden zum jeweiligen Thema die theoretischen Grundlagen dargestellt und im *zweiten Abschnitt* Handlungsmöglichkeiten für MitarbeiterInnen aufgezeigt. Didaktisch ergänzt werden die Kapitel durch Arbeitsmaterialien, kommentierte Literaturhinweise *(dritter Abschnitt)* und durch Übungsfragen *(vierter Abschnitt)*, die dabei helfen sollen, das Gelesene eigenständig zu überprüfen und zu vertiefen. Das Buch ist für StudentInnen und KollegInnen aus der Praxis gedacht, die sich entweder mit dem Themenbereich neu auseinandersetzen wollen oder Anregungen für die Gestaltung des Organisationsgeschehens suchen. Dazu sind die einzelnen Kapitel stark gegliedert, um eine leichtere Orientierung im Umgang mit dem Buch zu ermöglichen.

Bei der Arbeit an dem vorliegenden Buch habe ich Anregungen bekommen und Unterstützung erfahren, wofür ich mich sehr herzlich bedanke. Mein besonderer Dank gilt den StudentInnen aus dem Studienschwerpunkt „Soziale Organisation“, die mit ihren Fragen geholfen haben, meine Gedanken zu präzisieren. Für fachliche Diskussionen und Anregungen danke ich Barbara Mosler-Stöhr, Peter Feller, Michaela Scheindel-Roth und Siegfried Roth. Rudi Briel vom Lambertus-Verlag hat als Lektor engagiert und konstruktiv die Entstehung des Buches begleitet. Ein besonderer Dank gilt meiner Frau, Pia Helbig-Puch, die mit ihrem Fachwissen Anregungen gab und mich im Alltag des Schreibens unterstützte. Ihr und unserem Sohn Nikolai widme ich dieses Buch.

Im Sommer 1994 — Hans-Joachim Puch

0. Einführung

Der gegenwärtige Finanzdruck auf soziale Einrichtungen und die Diskussion um neue Managementmethoden lenken die Aufmerksamkeit der Fachöffentlichkeit auf die Bedeutung der organisatorischen Grundlagen Sozialer Arbeit. Damit wird hervorgehoben, daß berufliches Handeln in der Sozialen Arbeit neben dem fachlichen einen organisatorischen Bezug hat. Unter fachlichen Gesichtspunkten werden soziale Probleme in der Lebenswelt von AdressatInnen analysiert, nach geeigneten Lösungen dafür gesucht und professionelle Methoden eingesetzt, um soziale Probleme bewältigen zu können. Unter organisatorischen Gesichtspunkten wird untersucht, welchen Einfluß organisatorische Rahmenbedingungen auf den Erfolg der fachlichen Arbeit haben, wie Arbeitsbedingungen gestaltet werden können und wie AdressatInnen Organisationen wahrnehmen. In diesem einführenden Kapitel werden Ausführungen dazu gemacht,

(a) daß fachliche und organisatorische Kompetenzen Bestandteil einer integrativen Professionalität Sozialer Arbeit sind (Abschnitt 0.1.),
(b) daß organisatorisches Wissen Teil einer Handlungstheorie der Sozialen Arbeit ist und im beruflich-methodischen Handeln Anwendung findet (Abschnitt 0.2.),
(c) wie das Buch didaktisch gestaltet und inhaltlich aufgebaut ist (Abschnitt 0.3.).

0.1. Professionelles Handeln in Organisationen des Sozialbereichs

Motive für das Studium der Sozialen Arbeit

Warum studieren junge Menschen Soziale Arbeit? Wenn ich in Einführungsseminaren über Studienmotive von StudentInnen spreche, bekomme ich häufig die Antworten zu hören: „Weil ich anderen Menschen helfen will!" oder „Weil ich etwas mit Menschen tun will!" Von dem zwischenmenschlichen Umgang mit Kindern, Jugendlichen und Erwachsenen z. B. in der Beratung oder in der Erziehung versprechen sich StudienanfängerInnen mehr persönliche Sinnerfüllung und berufliche Befriedigung. Im unmittelbaren Kontakt zu anderen Menschen wollen sie ihr persönliches und emotionales Engagement einbringen. Einfühlungsvermögen und Kontaktfähigkeit sind Kompetenzen, die von ihnen hoch bewertet werden.

Diese *positive Wertschätzung des zwischenmenschlichen Miteinanders* geht mit einer *kritischen Distanz gegenüber den organisatorischen Bedingungen des beruflichen Handelns* einher. Die Verwaltung, die Büroarbeiten, der Umgang mit Vorgesetzten, die Finanzierung, die Bürovorschriften, der Schriftverkehr, die Aktenführung oder die bürokratische Organisation der Arbeit bilden ein ungeliebtes Anhängsel, ohne das es zwar nicht geht, das aber eher als einengend und berufsfremd empfunden wird.

Dieser Zwiespalt zwischen Helferrolle und organisatorischem Auftrag ist mitgemeint, wenn in der Fachliteratur vom „doppelten Mandat" (Gildemeister 1983) die Rede ist. Der Widerspruch der sozialarbeiterischen/-pädagogischen Rolle besteht darin, einerseits den Kontrollerwartungen einer Verwaltung zu entsprechen und andererseits eine Hilfe zu leisten, die den individuellen Bedürfnissen der AdressatInnen gerecht wird. Denn individuelle Fallgerechtigkeit kann nicht in der Form eines organisierten allgemeinen Handelns bzw. eines Verwaltungsaktes erreicht werden.

Dieser strukturelle Widerspruch spiegelt sich in den Einstellungen von SozialarbeiterInnen wider. So zeigt sich bei Befragungen ein charakteristischer Unterschied zwischen BerufsanfängerInnen und Berufsfortgeschrittenen. Eine Untersuchung aus den siebziger Jahren kommt zu dem Ergebnis, daß 58% der BerufsanfängerInnen ein Selbstverständnis als HelferIn haben, während nur 2% sich in der Verwaltungsrolle sehen. Dieses Verhältnis änderte sich deutlich mit zunehmender Berufserfahrung. Nach acht und mehr Berufsjahren ordneten sich nur noch 4% der Helfer- aber 29% der Verwaltungsperspektive zu (Blinkert u. a. 1976).

Selbstbild von der eigenen Berufsrolle

Diese Untersuchung kann als Hinweis darauf verstanden werden, daß das sozialarbeiterische/-pädagogische Selbstbild entweder an der *Helfer-* oder an der *Verwaltungsrolle* ausgerichtet ist. Die Integration der beiden Aspekte in eine widerspruchsfreie Berufsrolle stellt eher die Ausnahme dar. Im Gegensatz dazu gehe ich in diesem Buch von der These aus, daß professionelles Handeln in der Sozialen Arbeit eine Integration von fachlichen und organisatorischen Kompetenzen erfordert). SozialarbeiterInnen/SozialpädagogInnen können sich weder allein auf die fachliche Seite noch auf die organisatorische Seite ihres Handelns beschränken. Erfolgreiche Soziale Arbeit erfordert den Einsatz fachlicher Handlungskonzepte und die Fähigkeit, die organisatorische Verfaßtheit des beruflichen Handelns zu erkennen und zu gestalten. SozialarbeiterInnen/SozialpädagogInnen sollten neben fachlichen Kompetenzen auch über organisatorische verfügen. Um diese These zu belegen, will ich zunächst klären, wie fachliche und organisatorische Anteile im tatsächlichen Tätigkeitsprofil von SozialarbeiterInnen/SozialpädagogInnen verteilt sind. In den achtziger Jahren ging Jürgen Klapprott (1987) dieser Fragestellung nach. Er untersuchte Stellenanzeigen für SozialarbeiterInnen/SozialpädagogInnen und befragte Stellenanbieter nach dem geforderten Tätigkeitsprofil. Die Ergebnisse zeigen *drei charakteristische Berufsrollen* im Tätigkeitsprofil von SozialarbeiterInnen/SozialpädagogInnen:

tatsächliche Tätigkeitsprofile

(a) *OrganisatorIn/RepräsentantIn:* Darunter fallen Tätigkeiten wie z. B. organisieren, koordinieren, durchsetzen, entscheiden, konzipieren, leiten, verwalten.
(b) *Bezugsperson* für den/die Klienten/Klientin: Darunter fallen Tätigkeiten wie z. B. erziehen, beschäftigen, unterhalten, pflegen, betreuen, beraten, therapieren.
(c) *SachbearbeiterIn:* Darunter fallen Tätigkeiten wie z. B. Gesetze auslegen, dokumentieren, beraten i. S. von informieren, mündlich und schriftlich berichten, begutachten.

Abbildung 1: Integrative Professionalität

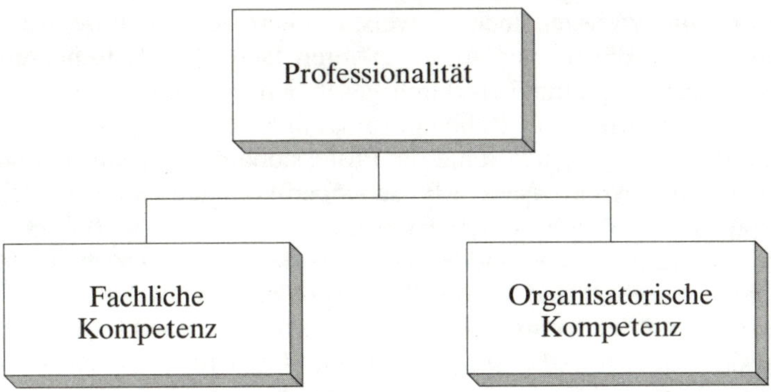

Jüngste Untersuchungen kommen zu vergleichbaren Ergebnissen. In Österreich wurden SozialarbeiterInnen/SozialpädagogInnen nach dem zeitlichen Anteil ihrer Tätigkeiten befragt, die im weitestens Sinne Aufgaben des Verwaltens und Managens zugeordnet werden können. Im Durchschnitt aller Antworten wird etwa ein Drittel der Gesamtarbeitszeit diesen Aufgaben gewidmet. Einen hohen Anteil nehmen Büroarbeiten, Schriftverkehr, Planung, Organisation und Management ein (Badelt 1993).

Damit ist die empirische Verteilung der Aufgaben Sozialer Arbeit angedeutet. Dies mag in einzelnen Arbeitsbereichen unterschiedlich gewichtet sein, gilt aber für das gesamte Feld der Sozialen Arbeit. Ungeklärt bleibt durch diese Untersuchungen, welche Freiräume SozialarbeiterInnen/SozialpädagogInnen haben, um ihre unterschiedlichen Aufgaben selbstverantwortlich zu definieren. Damit diese Frage beantwortet werden kann, skizziere ich die Debatte um die Professionalisierung der Sozialen Arbeit.

Professionalisierungskonzepte

Professionalisierung wird als ein Prozeß definiert, bei dem Berufsgruppen sich an Merkmale derjenigen Berufe annähern, die im allgemeinen Sprachgebrauch als Professionen verstanden werden. Als Vorbilder gelten der Arzt und der Jurist. Merkmale dieser Berufsgruppen sind: ein hohes Maß an gesellschaftlichem Ansehen, eine theoretisch fundierte Ausbildung, Anwendung systematischen Wissens, die Ausformulierung einer Berufsethik, Kontrolle durch einen Berufsverband und ein hoher Grad an fachlicher Einflußmöglichkeit und Autonomie (Otto/Utermann 1971, 14).

Die Soziale Arbeit wird diesen Ansprüchen nicht gerecht. Amitai Etzioni (1969) schlägt deshalb vor, die Soziale Arbeit als eine *„Semi-Profession"* zu bezeichnen. Er weist mit dem gewählten Begriff darauf hin, daß die Soziale Arbeit in ihren fachlichen Entscheidungs- und Ermessenspielräumen durch gesetzliche und/oder organisatorische Vorschriften und Rahmenbedingungen eingeengt wird. Diese Sichtweise prägte lange Jahre die Professionalisierungsdiskussion in der Sozialen Arbeit. Neuere Forschungen kommen zu der Einschätzung, daß die Möglichkeiten der professionellen Selbstdefinition und der bürokratischen Fremddefinition in der Sozialen Arbeit unterschiedlich verteilt sind (Otto 1991). Neben dem Typus der „Semi-Profession", der durch eingeschränkte professionelle Handlungsspielräume der Sozialen Arbeit und Dominanz der bürokratischen Verwaltung gekennzeichnet ist, finden sich *neue Verteilungsmuster:*

(a) Im *Typus der „passiven Professionalisierung"* sind die Handlungsspielräume für die Ausgestaltung des sozialarbeiterischen Handelns größer als im Typus der „Semi-Profession". Das Handeln richtet sich aber noch stark an bürokratischen Vorgaben aus. Sie werden ohne umfangreichere Eigenauslegungen in das berufliche Handeln übernommen.
(b) Beim *Typus der „aktiven Professionalisierung"* sind die beruflichen Handlungsspielräume am größten. SozialarbeiterInnen/SozialpädagogInnen werden zwar auch hier mit bürokratischen Vorschriften und organisatorischen Regelungen konfrontiert, sie müssen aber von ihnen verantwortlich und situationsgerecht ausgelegt und angewandt werden. Es genügt nicht mehr, auf die Existenz von einschränkenden Vorschriften zu verweisen, um sich damit zu entlasten. Das für die Lösung der Aufgabe angemessene berufliche Handeln muß anhand fachlicher und organisatorischer Kriterien begründet und verantwortet werden.

Das Verhältnis von fachlicher Eigendefinition und organisatorischer Fremddefinition ist im beruflichen Tätigkeits- und Aufgabenfeld Sozialer Arbeit unterschiedlich verteilt. Dort, wo die Handlungsspielräume sich erweitern, erfordern sie neue Kompetenzen und verlangen nach einem veränderten Professionsverständnis:

veränderteś Professionsverständnis

(a) Der eine Aspekt der neuen Professionalität bezieht sich auf die *methodischen Grundlagen des fachlichen Handelns*. Fachliches Handeln beinhaltet – unter methodischen Gesichtspunkten betrachtet – die Formulierung von überprüfbaren Zielen, die ethisch-normative Reflexion dieser Ziele, die differenzierte Analyse der Situation mit Hilfe ausgewählter Bezugsdisziplinen, die Reflexion von Einflußgrößen und Wirkungszusammenhängen, die begründete Auswahl der Vorgehensweise und die Evaluation der durchgeführten Maßnahme. Diese methodischen Schritte des Handelns und die darauf aufbauenden fachlichen Handlungskonzepte werden in der Debatte um die Sozialarbeitswissenschaft (zum Überblick siehe: Engelke 1992) als Handlungstheorie oder -lehre der Sozialen Arbeit bezeichnet. Sie zielen auf eine systematische und wissenschaftlich fundierte Planung, Durchführung und Reflexion des fachlichen Handelns.

Kompetenzen für methodisches Handeln

(b) Der zweite Aspekt der neuen Professionalität verweist auf die *organisatorische Verfaßtheit* des beruflichen Handelns. Diese ist Gegenstand des vorliegenden Buches. Organisationen haben für das berufli-

Kompetenzen für Handeln in Organisationen

che Handeln eine unterschiedliche Bedeutung: Sie bilden zum einen eine *Rahmenbedingung, die den Umgang von verschiedenen Fachkräften in Organisationen des Sozialbereichs miteinander regelt und steuert.* Unter diesem Aspekt ist unter anderem zu untersuchen, welche ausgesprochenen und unausgesprochenen organisatorischen Vereinbarungen das Miteinander der Fachkräfte regeln, welche dauerhaften Strukturen sich dabei herausbilden, wie Arbeitsabläufe geregelt sind und wie effektiv diese Regelungen und Strukturen sind. Zum zweiten sind organisatorische Grundlagen und deren Regelungen nicht als starre Vorgaben anzusehen, die nur nachvollzogen und umgesetzt werden sollen. Sie werden von den beteiligten Fachkräften interpretiert und damit verändert. Gerade die gegenwärtige Diskussion um die Delegation von Verantwortung in Organisationen zeigt, wie sehr ein *flexibler* und *selbstverantwortlicher Umgang mit organisatorischen Strukturen notwendig* ist. Für die Zukunft sehe ich für SozialarbeiterInnen eine Chance, die sich öffnenden Handlungsspielräume in Organisationen des Sozialbereichs offensiver zu nutzen. Und schließlich ist auf den Erfahrungstatbestand hinzuweisen, daß Organisationen im Sozialbereich den fachlichen Erfolg der Sozialen Arbeit fördern oder hemmen können. Die *AdressatInnen der Sozialen Arbeit werden direkt oder indirekt mit den organisatorischen Abläufen und Regelungen konfrontiert.* Sie erfahren beispielsweise, daß Organisationen unterschiedlich hohe Zugangsschwellen für sie haben oder sie werden mit den Folgen von ineffizienten Arbeitsabläufen, mangelhafter Koordination und Mißmanagement konfrontiert. Organisationen sind deshalb durch SozialarbeiterInnen so gestaltet, daß der fachliche Erfolg und die menschliche Ausrichtung sozialarbeiterischen Handelns unterstützt und gefördert wird.

Organisationen stehen in der Sozialen Arbeit nicht für sich selbst, sondern sind integraler Bestandteil des Erfolgs und der Wirksamkeit des professionellen Handelns. Um mit organisatorischen Regelungen, Arbeitsabläufen und Strukturen flexibel und selbstverantwortlich umgehen zu können, sind Kenntnisse über den Aufbau, die Strukturen, die Dynamik, die Prozesse und die Entwicklung von Organisationen erforderlich. In dem vorliegenden Buch wird ein Grundlagenwissen bereitgestellt, um das Geschehen in Organisationen besser wahrnehmen, analysieren und verändern zu können. Es soll Mitgliedern von sozialen Berufsgruppen helfen, die Undurchsichtigkeit von Organisationen zu reduzieren und die Möglichkeiten für das eigene berufliche Handeln zu erweitern.

0.2. Theoretische und methodische Überlegungen

Die Einordnung organisatorischer Kompetenzen in eine integrative Professionalität Sozialer Arbeit wirft grundsätzliche Fragen auf: Welches Wissen über und welche Fertigkeiten zum Handeln in Organisationen sind im Rahmen einer Theorie und Praxis Sozialer Arbeit notwendig? Auf welche wissenschaftlichen Disziplinen kann dazu zurückgegriffen werden? Wo ist der systematische Ort in dem beruflichen Handeln von SozialarbeiterInnen/SozialpädagogInnen, an dem dieses Wissen in eine Theorie der Sozialen Arbeit integriert werden kann?

Bereiche des Organisationswissens

Organisationswissen ist im Rahmen einer Theorie und Praxis Sozialer Arbeit in drei Bereichen notwendig:

(a) Theorien, die den *Gegenstandsbereich* der Organisation abstecken und theoretische Wahrnehmungsmuster zur *Beschreibung* und Analyse von Organisationen bilden. Diese Theorien sind in der Regel auf einer allgemeinen erkenntnistheoretischen Ebene angesiedelt und geben Auskunft darüber, mit welchem wissenschaftstheoretischen Konzept Organisationen betrachtet und untersucht werden (z. B. systemtheoretische Theorien, interpretative Theorien usw.).
b) *Theorien,* die verschiedene Einzelaspekte von Organisationen *beschreiben und erklären.* Dazu gehören beispielsweise Theorien über die Bedeutung von Organisationen in modernen Gesellschaften, über die Entstehung und Wirkungsweise von Regeln und Normen, über die Dynamik von sozialen Prozessen, über das Erleben und Verhalten der Individuen in Organisationen, über die Funktion und Veränderungsmöglichkeit von Machtstrukturen und die Bedingungen der Entwicklung von Organisationen.
(c) *Theorien und Modelle,* die das *Handeln* in und die *Veränderung von Organisationen steuern und gestalten* (Managementmodelle und Modelle der Organisationsentwicklung). Zu diesen gehören Theorien, die in den beiden vorangegangenen Punkten angesprochen werden, ferner diagnostische Methoden zur Erfassung des Organisationsgeschehens, Methoden zur Initiierung von Veränderungsprozessen, Modelle der Zielfindung und Zieldiskussion, Modelle des Entscheidungs- und Konfliktmanagements usw.

Modelle zur Analyse von Organisationen

In dem vorliegenden Buch werden ausgewählte Theorien und Modelle aus allen drei Bereichen vorgestellt. Neben Grundlagenwissen werden Theorien und Modelle angesprochen, die das Handeln in und das Verändern von Organisationen systematisieren und analysieren helfen.

Ebenen des Handelns in Organisationen

Auf welchen verschiedenen Ebenen ist das Handeln in Organisationen angesiedelt? Ich unterscheide drei Ebenen:

(a) Auf der Ebene des *Individuums* ist das Erleben und Verhalten des einzelnen das vorrangige Thema. So liefert beispielsweise die Psychologie Erkenntnisse über Motivation, Einstellungen, Arbeitszufriedenheit, Wahrnehmung und Bewältigungsstrategien von Mitgliedern in Organisationen.

(b) Auf der Ebene der *sozialen Beziehungen* werden die Interaktions- und Kommunikationsformen zwischen Individuen, zwischen Individuen und Gruppen, zwischen Gruppen und in Gruppen untersucht. Die Sozialpsychologie und die Soziologie liefern hier wichtige Beiträge.

(c) Die dritte Ebene bilden die *Strukturbedingungen* von Organisationen. Strukturen sind das Ergebnis von kollektiven Vereinbarungen in Organisationen, die von einer gewissen zeitlichen Dauer sind. Sie bilden Rahmenbedingungen, die dem einzelnen als Vorgaben gegenübertreten, aber dennoch verändert werden können. Die Soziologie untersucht die strukturellen Vorgaben zum Beispiel als Rollenerwartungen, die Politikwissenschaft als Verteilung von Macht und Interessen und die Betriebswirtschaftslehre als wirtschaftliche Rahmenbedingungen.

Um der Komplexität von Organisationen gerecht zu werden, beschreibe und analysiere ich das Geschehen in Organisationen aus der Sicht der drei hier angesprochenen Perspektiven. Ich wähle damit einen interdisziplinären Zugang für dieses Buch und stelle ausgewählte Erkenntnisse aus der Betriebswirtschaftslehre, der Managementlehre, der Psychologie, der Politikwissenschaft und der Soziologie vor. Dieses Vorgehen gleicht der Theoriebildung in der Sozialen Arbeit, die ebenfalls im Rahmen ihres Erklärungswissens auf verschiedene Bezugswissenschaften zurückgreift.

Stellenwert des Organisationswissens

Als letzte Anmerkung will ich die Frage beantworten, wo der systematische Ort im Handeln von SozialarbeiterInnen/SozialpädagogInnen ist, an dem das Organisationswissen integriert werden kann? Soziale

Arbeit ist eine auf praktische Veränderung ausgerichtete Disziplin, die sich im Rahmen des beruflich-methodischen Handelns wissenschaftlicher Erkenntnisse bedient (Obrecht 1993). Das beruflich-methodische Handeln folgt einem allgemeinen Planungsschema, das an folgendem groben Raster orientiert ist:

(a) Analyse der situativen Bedingungen des Handelns,
(b) Planung der Vorgehensweise,
(c) Organisation der Durchführung und
(d) Überprüfung der angestrebten Ziele.

Organisationswissen kommt *in allen vier Schritten des beruflich-methodischen Handelns* zur Anwendung:

(a) In der Situationsanalyse wird untersucht, welchen Einfluß das Geschehen in Organisationen auf das sozialarbeiterische Handeln hat.
(b) Auf der Ebene der Planung schließen sich Überlegungen an, welche Ziele in der Organisation verfolgt werden sollen und wie diese erreicht werden können.
(c) In der Phase der Durchführung werden konkrete Veränderungen realisiert, um
(d) schließlich in der Phase der Evaluierung das Erreichen der angestrebten organisationsbezogenen Ziele zu überprüfen.

Damit habe ich aufgezeigt, welche Bedeutung organisatorisches Wissen und organisatorische Handlungsstrategien für eine Praxis und Theorie der Sozialen Arbeit haben. Bei einer Ausformulierung einer Theorie der Sozialen Arbeit wäre die organisatorische Verfaßtheit Sozialer Arbeit zu berücksichtigen und entsprechend einzubringen.
Dieses Buch ist *Teil eines mehrteiligen Publikationsvorhabens:* Ergänzt werden soll diese Publikation durch ein Werk zum Thema „Sozialmanagement“ (in Vorbereitung), um das hier dargestellte Organisationswissen in das sozialarbeiterische/-pädagogische Handeln zu integrieren. Die Organisationsformen der sozialen Dienste weisen vielfältige Spezifika auf, die bedingt sind durch den jeweiligen Träger der Einrichtung oder Maßnahme. Deshalb werden die Themen „Öffentlichen Sozialverwaltung/öffentlicher Träger“ (erscheint parallel zu diesem Werk; Kulbach/Wohlfahrt 1994), „Wohlfahrtsverbände/frei-gemeinnützige Träger“ (in Planung), „Selbsthilfegruppen (in Vorbeitung“) und „Kommerzielle Träger“ (in Planung) Gegenstand von einschlägigen Publikationen sein.

0.3. Thematische und didaktische Gestaltung

Grundlagenwissen aus interdisziplinärer Perspektive

Das vorliegende Buch ist als Lehrbuch zum Thema „Organisationen im Sozialbereich“ aus einer interdisziplinären Perspektive konzipiert. Es wendet sich an Studierende und PraktikerInnen der Sozialen Arbeit mit dem Ziel, *Grundlagenwissen* zu vermitteln, um das Geschehen in Organisationen des Sozialbereichs analysieren zu können und Ansatzpunkte für eine Veränderung und Gestaltung von Organisationen zu finden. Das Buch ist in drei große Bereiche untergliedert:

Aufbau des Buches

(a) In der Einleitung werden theoretische und methodische Begründungszusammenhänge zur Sozialen Arbeit hergestellt.
(b) Der erste Teil vermittelt eine historische und systematische Einordnung der Organisationen im Sozialbereich und stellt allgemeine Organisationstheorien, deren Menschenbilder und geschichtliche Entwicklungen dar.
(c) Im zweiten Teil werden ausgewählte Themen zu Aufbau, Struktur, Dynamik und Entwicklung von Organisationen vertieft behandelt.

Der inhaltliche Aufbau des Buches orientiert sich an folgenden Überlegungen: Um das Spezifische der Organisationen im Sozialbereich deutlich zu machen, werden im ersten Teil historische und strukturelle Besonderheiten dieses Organisationstypus herausgearbeitet (Kapitel 1) und Theorien und Strukturmerkmale zur Analyse von Organisationen vorgestellt (Kapitel 2). Im zweiten Teil des Buches liegen die Schwerpunkte auf der Struktur und der Dynamik von Organisationen. Den Ausgangspunkt bilden Organisationsziele, die als Orientierungshilfe und Möglichkeit der Überprüfung des organisatorischen Handelns beschrieben werden (Kapitel 3). Durch den Aufbau einer Organisation wird festgelegt, wie die Struktur das Organisationsgeschehen prägt und wie das Verhältnis der MitarbeiterInnen untereinander geregelt ist (Kapitel 4). Eine Analyse des Spannungsverhältnisses zwischen den Anforderungen der Organisation und den Entfaltungsmöglichkeiten des Individuums schließt sich an (Kapitel 5). Die dynamischen Aspekte von Organisationen des Sozialbereichs stehen im Mittelpunkt der drei abschließenden Kapitel. Aus der Innenperspektive von Organisationen ist es der Umgang mit Macht, Herrschaft und Konflikten, der sie bestimmt (Kapitel 6). Aus der Außenperspektive ist es die Wechselwirkung zwischen Umwelt und Organisation, die zu Veränderungen führt (Kapitel 7). In einem abschließenden Kapitel

(Kapitel 8) wird auf die Entwicklung von Organisationen eingegangen und der Bezug zu den Aufgaben des Managements hergestellt.

Aufbau der Kapitel

Jedes Kapitel ist in vier Abschnitte unterteilt. Der erste Abschnitt vermittelt jeweils grundlegende *theoretische Kenntnisse* zum Thema. Der zweite Abschnitt ist – mit Ausnahme des ersten Teils – *handlungsorientiert* und geht auf Fragen der Planung, Gestaltung und Veränderung ein. Im dritten Abschnitt werden *vertiefende Materialien* dargestellt. Mit ihrer Hilfe wird das Thema ergänzt, optisch aufbereitet oder beispielhaft auf den Sozialbereich bezogen; den Abschluß dieses Abschnitts bilden ausgewählte Literaturhinweise, die eine Vertiefung ermöglichen. Der vierte Abschnitt ist als *Übungsabschnitt* angelegt und soll zur Eigenarbeit anregen. Darin werden Übungsfragen gestellt. Sie unterscheiden sich in Verständnisfragen zum dargestellten Text und Vertiefungsfragen, die einen Transfer des erworbenen Wissens möglich machen.

Teil 1
Grundlagen

1. Organisation(en) im Sozialbereich

Es gibt heute sehr viele und auf unterschiedliche Aufgaben spezialisierte Organisationen im Sozialbereich. Dies war nicht immer so. Organisationen im Sozialbereich entwickelten sich in ihrer modernen Gestalt in der Mitte des letzten Jahrhunderts. Die Verantwortung für das Armen- und Fürsorgewesen wurde von öffentlichen und freien Trägern übernommen und durch eigene rechtliche Grundlagen geregelt. Im folgenden Kapitel werden

Gliederung des Kapitels

(a) *Entwicklung* und *sozialstaatliche Gestaltungsprinzipien* von Organisationen im Sozialbereich im Überblick dargestellt (Abschnitt 1.1.) und
(b) die Konsequenzen eines sozialpolitischen Bezugs der Sozialen Arbeit für die *Steuerung der Organisationen* im Sozialbereich untersucht (Abschnitt 1.2.).

1.1. Entwicklung und sozialstaatliche Gestaltungsprinzipien im Sozialbereich

Vielfalt der Organisationen im Sozialbereich

Betrachtet man die Landschaft der Organisationen im Sozialbereich, dann zeigt sich heute ein sehr buntes und abwechslungsreiches Bild: Angehörige sozialer Berufsgruppen sind in Jugend-, Sozial- und Gesundheitsämtern, bei Wohlfahrtsverbänden, Kirchen, Jugendverbänden und Krankenkassen beschäftigt. Sie arbeiten in Kindertagesstätten, Kinder und Erziehungsheimen, Jugendwohnheimen, Jugendclubs und -zentren, Häuser der Offenen Tür, Beschäftigungsinitiativen, Strafvollzugsanstalten, Beratungsstellen, Krankenhäusern und Fachkliniken, psychiatrischen Einrichtungen, Übergangseinrichtungen, Behindertenwerkstätten und -heimen, Rehabilitationsstätten, Betrieben, Volkshochschulen, Fort- und Weiterbildungseinrichtungen, Familienbildungsstätten, Schulen, Altenclubs und Altentagesstätten. Die Aufzählung ist keineswegs vollständig, vermittelt aber einen annähernden Überblick über die Vielfalt der Organisationen im Sozialbereich. Aus einem historischen Blickwinkel zeichne ich im folgenden Abschnitt nach, wie sich diese Vielfalt *entwickelt* hat, und in einem zweiten Schritt, welche Gestaltungsprinzipien dabei grundlegend sind.

(1) Entwicklung der Organisationen im Sozialbereich

Entwicklung von Organisationen am Beispiel: Jugendhilfe

Die Organisationen im Sozialbereich haben sich in ihrer modernen Gestalt in den letzten 100 Jahren entwickelt. Bis in die Mitte dieses Jahrhunderts sind eher bescheidene Zugewinne in bezug auf Anzahl und Personal festzustellen. Einen deutlichen Entwicklungsschub bekamen die Einrichtungen seit Ende der sechziger Jahre (siehe Abbildung 2). Stellvertretend für die gesamte Entwicklung der Sozialen Arbeit wird das Arbeitsfeld der Jugendhilfe dargestellt. In der Statistik der sozialen Berufe sind neben SozialarbeiterInnen und SozialpädagogInnen auch andere soziale Berufe wie HeilerziehungspflegerInnen, ErzieherInnen usw. vertreten.

Abbildung 2: Entwicklung von Einrichtungen und Personal

(a) EINRICHTUNGEN UND PERSONAL DER JUGENDHILFE

Jahr	Einrichtungen				Personal			
	insgesamt	öffentliche	freie	privatgewerbliche	insgesamt	öffentliche	freie	privatgewerbliche
1974	ohne Angabe				222.674	75.232	142.010	5.432
1982	52.425	14.372	36.969	1.111	264.156	95.199	163.172	5.785
1990	51.709	15.340	35.507	862	300.051	87.212	207.322	5.517

(Quelle: Statistische Jahrbücher 1974, 1985, 1992)

(b) DIE ENTWICKLUNG DER SOZIALEN BERUFE

1925: 30.000 Kindergärtnerinnen und Sozialbeamte
1950: 67.000 Erziehungs- und Volkspflegeberufe
1970: 155.000 Soziale Berufe
1987: 410.000 Soziale Berufe
1991: 550.000 Soziale Berufe

(Quelle: Rauschenbach 1991/1993)

Die Ursache für die Entwicklung von immer mehr und unterschiedlichen Organisationen sehen Sozialwissenschaftler in einer „funktionalen Differenzierung" der Gesellschaft (Luhmann 1976; Coleman

1979). Um diesen Gedankengang verstehen zu können, ist es notwendig, den Blickwinkel zu verändern.
Versetzen wir uns dazu in Übergangsgesellschaften, die noch nicht so hochkomplex organisiert sind wie moderne Industriegesellschaften. Das Leben in diesen Gesellschaften ist weniger zergliedert, der Alltag eher gesamtheitlich organisiert. Die Erziehung, die Vermittlung handwerklicher Fertigkeiten, die Herstellung von Produkten, die Pflege von Hilfebedürftigen und die Bereitstellung von Dienstleistungen werden in einer Gemeinschaft erbracht, in der noch wenig Arbeitsteilung herrscht. Mit der Industrialisierung und den damit verbundenen technischen Erneuerungen vervielfältigen sich die Handlungsmöglichkeiten. Die Gesellschaft wird komplexer und die Alternativen des gesellschaftlichen Handelns umfangreicher. Immer mehr Aufgaben werden aus einem ganzheitlichen Lebens-und Arbeitszusammenhang ausgegliedert und in speziellen Organisationen angeboten. Die entstandenen Organisationen ordnen die soziale Welt neu. Sie vermittelten den Menschen Orientierung und tragen dazu bei, sich in der Komplexität zurechtzufinden. Dieser Prozeß ist seit dem letzten Jahrhundert bis heute in der Fürsorge und der Sozialen Arbeit zu finden. Die Ausdifferenzierung im Sozialbereich erfolgt nach eigenen sozialstaatlichen Gestaltungsprinzipien, die nun näher betrachtet werden.

Ausdifferenzierung

(2) Sozialstaatliche Gestaltungsprinzipien des Sozialbereichs

Die Grundlage der sozialstaatlichen Gestaltungsprinzipien bildet eine zunehmende Verrechtlichung der Sozialen Arbeit. Sozialgesetze und sozialstaatliche Prinzipien werden durch politische Instanzen formuliert und bilden die Basis für folgende *Gestaltungsprinzipien:* (1) Kommunalisierung, (2) Rationalisierung, (3) Professionalisierung und (4) Weltanschauliche Pluralität:

Von der kirchlich organisierten Nächstenliebe ...

(1) *Kommunalisierung:* Im Mittelalter war die Kirche für die Unterstützung der Armen und Hilfebedürftigen zuständig (zur gesamten Entwicklung bis in die Gegenwart siehe: Material 1.3.1. S. 38). Sie kam dieser Aufgabe nach, indem sie eine christliche Begründung für die tätige Nächstenliebe lieferte (Almosenlehre) und selber praktische Hilfe organisierte. Mit der beginnenden Neuzeit wurde die Definitionsmacht der Kirchen und ihre praktische Bedeutung im Armenwesen durch das aufstrebende Bürgertum nachhaltig eingeschränkt.

An die Stelle einer christlichen Almosenlehre traten weltliche Verordnungen, die den Umgang mit den Armen und Bedürftigen regelten. Die Anfänge dieser Entwicklung bilden städtische Bettelordnungen. Die erste bekannte Bettelordnung wurde um 1370 in Nürnberg veröffentlicht (zur Vertiefung der Geschichte siehe: Sachße/Tennstedt 1981, 1988).

Eine Vorreiterrolle bei der Entwicklung von Sozialgesetzen hatte Preußen. In dem „Allgemeinen Landrecht für die Preußischen Staaten" von 1794 wurde festgelegt, daß die Gemeinden und Städte zur Versorgung bedürftiger Personen verpflichtet sind. Einen weiteren Schritt stellt die „Preußische Städteverordnung" von 1808 dar. Sie schrieb vor, daß Bürgermeister, Armendirektoren, Stadtverordnete, Geistliche, Ärzte und Vorsteher der Polizei zu Armenpflegern berufen werden konnten. Diese hatten die Armenangelegenheiten zu regeln und die Aufsicht über die Hospitäler, Armen-, Kranken- und Pesthäuser zu übernehmen.

Mit der Reichsgründung von 1871 wurde das Preußische Recht, mit Ausnahme von Bayern, auf das Deutsche Reich ausgedehnt. Im gleichen Jahr trat das „Unterstützungswohnsitzgesetz" in Kraft. In ihm wurde das Heimatprinzip, das Unterstützung nur für die am Ort verwurzelten Bewohner vorsah, durch das Wohnsitzprinzip abgelöst. Soziale Unterstützung wurde nach dieser neuen Regelung auch dann gewährt, wenn jemand mindestens zwei Jahre in der Gemeinde lebte.

. . . zur Entwicklung von kommunalen Fachbehörden

Mit dem Ende des Ersten Weltkrieges und in der Weimarer Republik wurden neue gesetzliche Grundlagen für das Fürsorgewesen geschaffen und damit die Grundlage für ein fachliches und kommunales Fürsorgewesen gelegt. Das in seinen Aufgaben unspezifische Almosenamt wurde durch drei Ämter: das Jugend-, das Wohlfahrts- und das Gesundheitsamt abgelöst.

Jugendamt

(a) Jugendamt: Der Entwurf zum „Reichsjugendwohlfahrtsgesetz" von 1922 bildete die gesetzliche Grundlage für die Schaffung von kommunalen Jugendämtern, die als eine Fachbehörde mit Erziehungsauftrag vorgesehen waren. Organisatorisch wurde das Jugendamt als „Kollegialorgan" konzipiert. Dies bedeutete, daß neben der Verwaltung des Jugendamtes gesellschaftliche Gruppen der freien Jugend- und Wohlfahrtsorganisationen Einfluß auf inhaltliche Entscheidungen nehmen konnten. Noch bevor dieses Gesetz 1924 in Kraft trat, wurden einschneidende Einschränkungen verabschiedet. Die Einrichtung von

Jugendämtern wurde in das Belieben der Gemeinden gestellt. Diese konnten die Aufgaben auch anderen Ämtern übertragen. Die freiwilligen Leistungen der Jugendpflege wurden ganz aufgegeben und die fürsorgerischen Leistungen stark eingeschränkt. 1953 wurde die Errichtung von Jugendämtern zur Pflichtaufgabe für kreisfreie Städte und Landkreise. Das Jugendwohlfahrtsgesetz (JWG) von 1961 schuf in Teilbereichen der Jugendhilfe zwar neue rechtliche Grundlagen, doch erst das „Gesetz zur Neuordnung des Kinder- und Jugendhilferechts" (KJHG/SGB VIII) von 1991 reformierte das gesamte Jugendhilfesystem. Das Jugendamt wird darin nicht mehr als ordnungspolitische Eingriffsbehörde, sondern als sozialpädagogisches Dienstleistungsangebot angesehen. Das Jugendamt wird von JuristInnen, SozialwissenschaftlerInnen und seit einiger Zeit auch häufiger von SozialarbeiterInnen geleitet. Die Aufgaben des Jugendamtes sind im Kinder- und Jugendhilfegesetz festgelegt und umfassen Jugendarbeit, Jugendsozialarbeit, erzieherischen Kinder- und Jugendschutz, Förderung der Erziehung in der Familie, Förderung von Kindern in Tageseinrichtungen, Hilfe zur Erziehung, Mitwirkung in gerichtlichen Verfahren und Pflegschaft und Vormundschaft für Kinder und Jugendliche.

Sozialamt

(b) Sozialamt: Durch die „Reichsgrundsätze über Voraussetzung, Art und Maß öffentlicher Fürsorge" (RGr) und die Reichsfürsorgepflichtverordnung (RFV) von 1924 wurden die Grundlagen für die Wohlfahrtsämter – die Vorläufer der Sozialämter – geschaffen. Bezirksfürsorgeverbände (Stadt- und Landkreise) hatten die Fürsorgeaufgaben zu übernehmen, soweit nicht für besondere Leistungen (z. B. Anstaltsbehandlung Blinder usw.) die Landesfürsorgeverbände zuständig waren. Im Gegensatz zum Jugendamt wurde das Wohlfahrtsamt nicht als Fachamt, sondern als ein direkter Nachfahre der alten, unspezialisierten Armenverwaltung konzipiert. Mit der Verabschiedung des Bundessozialhilfegesetzes (BSHG) am 30. Juni 1961 (das Gesetz trat am 1. Juni 1962 in Kraft) wurde das Fürsorgerecht neu geregelt. Als Grundsätze der Sozialhilfe werden im BSHG die individuelle Hilfe, die Ermöglichung der Führung eines menschenwürdigen Lebens, die Befähigung zur Selbsthilfe, das Bedarfsdeckungsprinzip und die Nachrangigkeit der Sozialhilfe formuliert. Als die beiden großen Leistungsgruppen werden die Hilfe zum Lebensunterhalt und die Hilfe in besonderen Lebenslagen im Gesetz genannt. Das BSHG schließt damit die Entwicklung von der Armenfürsorge zur modernen Sozialen Arbeit vorläufig ab.

(c) Gesundheitsamt: Wohnprobleme, unzureichende Krankenbehandlung und mangelnde Hygiene führten schon zu Beginn dieses Jahrhunderts zu vereinzelten Gründungen von Gesundheitsämtern. Das von den Nationalsozialisten 1934 verabschiedete „Gesetz zur Vereinheitlichung des Gesundheitswesens" (VereinhG) und die drei Durchführungsverordnungen sahen die verbindliche Einrichtung von Gesundheitsämtern für kreisfreie Städte und Landkreise vor. Die Aufgaben der staatlichen Kreis- und Bezirksärzte und die der kommunalen Fürsorgeärzte wurden in einem selbständigen Amt zusammengefaßt. Nach dem Zweiten Weltkrieg wurde die Trägerschaft in den einzelnen Bundesländern unterschiedlich geregelt. Die Gesundheitsbehörden sind heute entweder staatliche Landesbehörden oder kommunale Behörden oder existieren in beiden Trägerschaften nebeneinander (z. B. in Bayern). Die Leitung hat ein Amtsarzt, dem ärztliches und nichtärztliches Fachpersonal zugeordnet ist. Neben den allgemeinen Gesundheitsaufgaben, wie z. B. Überwachung der Einrichtungen des Gesundheitswesens, Seuchenhygiene, Umwelthygiene, Gesundheitshilfen für Familie, Mutter und Kind, amtsärztlichen Untersuchungen usw., bieten die Gesundheitsämter auch soziale Dienste an, die durch SozialarbeiterInnen wahrgenommen werden.

Gesundheitsamt

(2) Rationalisierung: Mit der Entwicklung zu einem modernen Fürsorgewesen verstärkt sich die Tendenz, die soziale Hilfe und Unterstützung nach sachlich festgelegten und überprüfbaren Kriterien zu organisieren. Die Entscheidung über die Gewährung der sozialen Hilfe sollte, ohne das Ansehen der Person zu berücksichtigen, getroffen werden.

Von der informellen Armenpflege . . .

Prägend für die Organisation der Armenpflege und -fürsorge im neunzehnten Jahrhundert war das „Elberfelder System", das 1853 in der gleichnamigen Stadt entwickelt wurde (Sachße/Tennstedt 1988, 23ff.). Darin wurden inhaltliche und organisatorische Kriterien festgelegt, die eine rationale, bürokratische und effiziente Armenpflege möglich machte. Die wesentlichen Organisationsprinzipien bestanden in der Individualisierung, die eine Bedürftigkeitsprüfung des Einzelfalles nach überprüfbaren Kriterien vorsah, in der Dezentralisierung der Entscheidungsbefugnisse auf die Ebene der Bezirke, der ehrenamtlichen Durchführung der öffentlichen Armenfürsorge und der räumlichen Gliederung nach Quartieren. Die Stadt wurde in 20 Bezirke mit jeweils 14 Quartieren gegliedert. Durch diese Dezentralisie-

. . . zur organisierten Fürsorge

rung wurde die Organisation der Armenverwaltung übersichtlich und kontrollierbar gestaltet. Den einzelnen Quartieren wurden ehrenamtliche Armenpfleger zugeordnet. Diese hatten bis zu vier Haushalte zu betreuen und überprüften bei den vierzehntägig stattfindenden Hausbesuchen die Bedürftigkeit. Die Bedürftigkeitsprüfung wurde nach festgelegten Kriterien durchgeführt und dadurch die Entscheidung über die Gewährung von Hilfe und Unterstützung rationalen Kriterien zugänglich gemacht.
Das „Elberfelder System" mit seiner individuellen Bedürftigkeitsprüfung wurde in modifizierter Form von vielen Städten und Gemeinden des Deutschen Reiches übernommen. Bei seiner flächenmäßigen Einführung war es aber bereits veraltet. Die ehrenamtlichen Helfer waren ihren zunehmenden Aufgaben nicht mehr gewachsen. Größere Städte wie Straßburg oder Frankfurt/Main waren die ersten Gemeinden, die zusätzlich hauptamtliche Berufsarmenpfleger einstellten und damit die ehrenamtliche Arbeit durch eine beruflich organisierte soziale Hilfe und Unterstützung ergänzten. Die Trennung von Innendienst (Entscheidung über die Rechtmäßigkeit und den Umfang der Hilfe) und Außendienst (Ermittlungstätigkeit) hat hier ihren Ursprung.

Vom Ehrenamt . . .

(3) Professionalisierung: Die berufliche Entwicklung der Sozialen Arbeit hat eine ihrer Wurzeln in dem sozialen Ehrenamt. Schon in dieser frühen Entwicklung ist eine deutliche Trennung zwischen männlichem und weiblichem Ehrenamt festzustellen. Für die Männer bestand der Anreiz und die Motivation, wie z. B. im Elberfelder System, in der öffentlichen Anerkennung. Da Frauen zu jener Zeit noch aus dem beruflichen und politischen Leben weitgehend ausgeschlossen waren, sahen sie in dem Ehrenamt eine Möglichkeit, den traditionellen geschlechtsspezifischen Rollenerwartungen zu entgehen und sich für das öffentliche Gemeinwohl zu engagieren. Sie betätigten sich in sozialen Gruppen und Vereinigungen und versuchten, durch den Aufbau einer persönlichen helfenden Beziehung zu KlientInnen Einfluß auf die Lebensgestaltung, die Lebensbedingungen und die Einstellungen von einzelnen Personen und Familien zu nehmen.
Es zeigte sich sehr schnell, daß sowohl das männliche wie auch das weibliche Ehrenamt dem wachsenden Bedarf und den veränderten Anforderungen einer qualifizierten Wohlfahrtsarbeit nicht gerecht werden konnten. Zu Beginn dieses Jahrhunderts gaben sozial engagierte Personen erste Impulse für die Gründung von staatlich aner-

kannten Ausbildungsstätten für soziale Berufe. Besonderen Einfluß hatte Alice Salomon, die selbst aus dem ehrenamtlichen Engagement kam und 1908 die erste „ Soziale Frauenschule" in Berlin eröffnete. Die Sozialen Frauenschulen wandten sich an sozial engagierte Frauen und entwickelten ein eigenständiges Berufsbild, das sich gegenüber den ordnungsstaatlichen Vorstellungen einer bürokratischen Sozialverwaltung abgrenzte. Es waren drei tragende Säulen, welche die spannungsbezogenen Grundlagen für diese neue berufliche Ausbildung bildeten (Pankoke 1981, 17f.): Zum einen sollte das in den Sozialschulen vermittelte Wissen nicht der reinen Erkenntnis wegen, sondern um der Praxis willen betrieben werden; durch diese Betonung des Praxisbezuges grenzten sich die Fachschulen gegenüber den Universitäten ab. Zum zweiten sollte die Ausbildung Bezug nehmen auf Wertorientierungen und Weltanschauungen und das berufliche Tun vor dem Hintergrund dieser Weltanschauungen reflektieren und begründen; hiermit grenzte sich die Ausbildung gegenüber einer technokratischen Bürokratie ab, die ihre Entscheidungen in der Umsetzung zweckrationaler Bedürftigkeitskriterien traf. Und schließlich fand die Subjektivität der weltanschaulichen Wertorientierung ihr Gegenüber und Korrektiv in der objektivierenden Wirkung wissenschaftlicher Erkenntnisse, die aus den traditionellen universitären Disziplinen gewonnen wurden (Nationalökonomie, Medizin und Psychologie). Die Frauenschulen durchliefen verschiedene Stadien der Schulentwicklung, öffneten sich für Männer, um schließlich 1971 als Fachhochschulen für Sozialwesen in das Hochschulwesen integriert zu werden.

... zur professionellen Fachkraft

(4) Weltanschauliche Pluralität: Die Gesamtverantwortung für das System der sozialen Sicherung und Wohlfahrt ist in der Bundesrepublik Deutschland dual organisiert. Neben den öffentlichen Trägern (z. B. Städte, Kreise) übernehmen freie Träger (z. B. Wohlfahrts- und Jugendverbände) einen Großteil der Aufgaben und Angebote. Die freien Träger sind weltanschaulich geprägt und entwickelten sich aus sozialreformerischen Gruppen und Initiativen in der zweiten Hälfte des 19. und zu Beginn des 20. Jahrhunderts. Die „Innere Mission" wurde im Jahre 1848 als erster Wohlfahrtsverband gegründet. Der „Deutsche Caritasverband" (1897), die „Arbeiterwohlfahrt" (1919), das „Deutsche Rote Kreuz" (1869,1921), der „Deutsche Paritätische Wohlfahrtsverband" (1924) und die „Zentralwohlfahrtsstelle der Ju-

Von freien Assoziationen innerhalb kommunaler Unterstützung ...

den in Deutschland" (1917) folgten (ausführliche Darstellung der Wohlfahrtsverbände siehe: Flierl 1982). Die weltanschauliche Ausrichtung der Träger wurde bei der Ausdifferenzierung des Wohlfahrtssystems beibehalten und ist bis heute charakteristisch für die Organisation der sozialen Hilfe in der Bundesrepublik Deutschland.

. . . zu organisierten Wohlfahrtsverbänden im staatlichen Sicherungssystem

Von den freien Trägern gingen Impulse aus, die Angebote der Hilfe und Unterstützung im Sinne einer sozialpädagogisch ausgerichteten Verbesserung der individuellen Lebensführung zu gestalten. Johann Hinrich Wichern steht stellvertretend für dieses Verständnis. Mit dem „Rauhen Haus" bei Hamburg gründete er eine „Rettungsanstalt", die nach dem Familienprinzip organisiert wurde und deren Ziel die sozialpädagogische Beeinflussung des Verhaltens seiner verwahrlosten Jugendlichen war. Vor dem Hintergrund christlicher und weltanschaulicher Motive und Begründungen entwickelten sich weitere Gruppen und Initiativen, die die Idee der Nächstenliebe und Solidarität auf die Armenhilfe übertrugen. Diese freien Assoziationen grenzten sich gegenüber dem ordnungsstaatlichen Denken einer armenpolizeilichen Verwaltung ab und sahen ihre Aufgabe in der „Hilfe von Mensch zu Mensch" (Münchmeier 1981, 95). Helfen wurde dabei zunehmend als Hilfe zur individuellen Verbesserung von Verhaltensweisen und Bewältigungsstrategien, also sozialpädagogisch verstanden. Die Begründung dafür bildeten ethische oder weltanschauliche Motive.

1.2. Politische Steuerung der Organisationen im Sozialbereich

Merkmale von Organisationen im Sozialbereich

Im vorangegangenen Abschnitt wurden sozialstaatliche Gestaltungsprinzipien der Organisationen im Sozialbereich benannt und aus einem historischen Blickwinkel dargestellt. Im folgenden Abschnitt zeige ich die Konsequenzen auf, die sich aus der sozialpolitischen Einbettung der Organisationen im Sozialbereich ergeben. Die Konsequenzen werden dann deutlicher, wenn Organisationen des Sozialbereichs mit marktwirtschaftlichen Organisationen verglichen werden. Ich beziehe mich deshalb in den folgenden Ausführungen auf ökonomische Überlegungen, um in dem Kontrast die *Besonderheit* der hier im Vordergrund stehenden Organisationen deutlich zu machen. Es sind drei zentrale Folgerungen, auf die ich aufmerksam mache: (1) das Fehlen einer Profit- oder Gewinnorientierung, (2) das Fehlen eines wettbewerbsorientierten Marktes und (3) die politische Steuerung der Organisationen im Sozialbereich:

(1) Eine Gewinnorientierung fehlt: Organisationen im Sozialbereich befinden sich in der Regel in freier und öffentlicher Trägerschaft. Erwerbs- bzw. privatwirtschaftliche Träger sind zwar in steigendem Maße vorhanden, spielen aber zahlenmäßig noch eine untergeordnete Rolle. Organisationen im Sozialbereich unterscheiden sich von privatwirtschaftlichen Organisationen durch das Fehlen einer Profit- oder Gewinnorientierung. Sie werden deshalb auch als *„Nonprofit-Organisationen"* bezeichnet (zur Besonderheit von Nonprofit-Organisationen siehe: Schwarz 1992). Unter Profit oder Gewinn wird verstanden, daß ein Unternehmen auf einem Markt ein Produkt oder eine Dienstleistung anbietet und dafür einen Preis erhält, der so kalkuliert ist, daß der erzielte Erlös die tatsächlichen Kosten übersteigt. Privatwirtschaftliche Unternehmen, die über einen längeren Zeitraum keinen Gewinn erwirtschaften, sind nicht überlebensfähig. Bei öffentlichen und freien Organisationen im Sozialbereich fehlt dieser auf Gewinn ausgerichtete Erfolgsmaßstab – ein Beispiel:

fehlende Gewinnorientierung

> Eine Sozialarbeiterin hat beschlossen, sich selbständig zu machen. Sie möchte Fortbildungsseminare für Frauen in den mittleren Berufsjahren anbieten. Es ist das Ziel dieser Seminare, Frauen nach der Phase der Kindererziehung Informationen über den Wiedereinstieg in das Berufsleben zu geben und dies mit einer Reflexion und Beratung zur beruflichen Lebens- und Karriereplanung zu verbinden. Die Sozialarbeiterin hat reichlich Berufserfahrung in der Bildungsarbeit und beurteilt den Bedarf nach einer Analyse als ausreichend. Sie hat in der Planungsphase der Seminare die entstandenen Kosten mit ihrem privaten Geld vorfinanziert und hofft, nicht nur diese Kosten zu decken, sondern darüber hinaus noch einen Gewinn zu erwirtschaften von dem sie leben kann. Als zu Beginn die Anmeldungen für die Seminare nur zögerlich erfolgen, setzt die Sozialarbeiterin darauf, daß dies nur Anfangsschwierigkeiten sind. Schon bald muß sie allerdings erkennen, daß die erzielten Einnahmen aus Seminargebühren die entstandenen Kosten nicht decken. Sie beschließt daraufhin, den Versuch des Selbständigmachens abzubrechen.

Das geschilderte Beispiel macht deutlich: Das Überleben der privatwirtschaftlichen Bildungseinrichtung und die Existenz der Sozialarbeiterin hängt davon ab, ob mit dem Bildungsangebot auf Dauer ein Gewinn erwirtschaftet werden kann. Für die Existenz der Sozialarbeiterin ist es unerheblich, durch welches Angebot sie den Gewinn erwirtschaftet. Entscheidend bleibt unter ökonomischen Gesichtspunkten, daß das Überleben der Einrichtung und damit die Existenz der Sozialarbeiterin gesichert ist.

keine Steuerung durch den Markt

(2) Ein wettbewerbsorientierter Markt fehlt: Neben der Erwirtschaftung eines Gewinns muß die Sozialarbeiterin noch weitere Umstände berücksichtigen. Sie steht mit ihrem Angebot in Konkurrenz zu anderen Bildungsangeboten auf dem Markt. Auf Dauer kann sie mit ihrem Angebot nur dann erfolgreich sein, wenn sie in Preis und Qualität ihrer Dienstleistung konkurrenzfähig ist. Marktwirtschaftliche Organisationen verfügen damit über einen klaren wirtschaftlichen Erfolgsmaßstab. Sie erfahren unmittelbar und direkt, wie ihr Angebot im Vergleich zu anderen eingeordnet und bewertet wird. Organisationen im Sozialbereich haben keine so klare wirtschaftliche Erfolgsorientierung. Die Abnehmer der Dienstleistung zahlen in der Regel keinen oder nur einen geringen Preis für die Dienstleistung. Die notwendige Finanzierung wird überwiegend durch öffentliche Gelder bereitgestellt. Es besteht nur eine eingeschränkte Konkurrenz der Anbieter und damit eine begrenzte Wahlmöglichkeit für die Dienstleistungsnehmer. Ein weiteres Beispiel verdeutlicht diesen Gedanken:

> In einem Stadtteil der Stadt X gibt es nur wenige Angebote für Jugendliche. Zwei Kirchengemeinden bieten Jugendgruppen an, offene Angebote gibt es nicht. Die Stadt errichtet daraufhin ein Jugendzentrum in dem Stadtteil. Es gibt einen offenen Bereich, in dem man sich zwanglos treffen kann und verschiedenen Freizeitaktivitäten nachgeht. Zusätzlich gibt es noch Gruppen- und Projektangebote. Damit ist das Angebot für Jugendliche in diesem Stadtteil zwar erweitert, aber die Auswahl für die Jugendlichen bleibt dennoch sehr beschränkt. Die Jugendlichen müssen keinen Eintritt oder keine Gebühren zahlen. Das Jugendzentrum arbeitet nicht gewinn- oder profitorientiert.

Würde man die hauptamtlichen MitarbeiterInnen des Jugendzentrums danach befragen, warum sie die beschriebenen Angebote organisieren, dann könnte man vermutlich folgende Begründungen zu hören bekommen: „Die Möglichkeiten für Jugendliche, sich in dem Stadtteil zwanglos und gesellig zu treffen sind sehr eingeschränkt. Es gibt nur wenige Orte, wo dies möglich ist und diese reichen für die Jugendlichen nicht aus. Das Jugendzentrum hat die Aufgabe, diesen Mangel zu lindern und soziales Verhalten zu fördern."

Analysiert man die mögliche Antwort der MitarbeiterInnen, dann erkennt man verschiedene Begründungszusammenhänge. Es wird ein-

mal darauf verwiesen, daß für die Freizeitaktivitäten von Jugendlichen keine ausreichenden Angebote vorhanden sind. Voraussetzung für das Angebot an sozialen Dienstleistungen ist damit ein festgestellter Mangel. Dieser besteht in unserem Fall darin, daß es nicht genügend gesellige Treffpunkte gibt. Es wird ferner davon ausgegangen, daß es einen Bedarf nach geselligen Treffpunkten für Jugendliche gibt. Ein Mangel allein reicht noch nicht aus. Er muß in dem Verhalten möglicher Adressaten deutlich werden, d. h., die soziale Dienstleistung muß nachgefragt oder in Anspruch genommen werden. Man kann auch sagen, es gibt einen Bedarf an Freizeitangeboten für Jugendliche im Stadtteil. Bis zu diesem Punkt unterscheiden sich privatwirtschaftliche und öffentliche bzw. freie Organisationen nicht. Alle gehen davon aus, daß eine konkrete Nachfrage bzw. ein konkreter Bedarf im Verhalten der Jugendlichen auszumachen sei.
Der Unterschied wird da deutlich, wo die *Finanzierung* angesprochen wird. Unausgesprochen gehen die MitarbeiterInnen des Jugendzentrums davon aus, daß die Finanzierung des Jugendzentrums eine öffentliche Aufgabe ist, und deshalb die Benutzer der Einrichtung keinen Eintritt oder ein anderes Entgelt zu entrichten haben. Während privatwirtschaftliche Organisationen sich zu einem größeren Anteil über marktwirtschaftliche Preise finanzieren, verfügen Organisationen im Sozialbereich über andere Finanzierungsquellen.
Die Finanzierung der Organisationen im Sozialbereich erfolgt überwiegend über Steuern, Zuweisungen, Kredite und nur zum geringeren Teil über Mitgliedsbeiträge, Gebühren und Entgelte. Organisationen im Sozialbereich geben zu einem großen Anteil öffentliche Einnahmen aus, erwirtschaften selbst aber keinen Gewinn. Es muß deshalb entschieden werden, welche Angebote und Dienstleistungen der Organisationen im Sozialbereich mit öffentlichen Geldern finanziert werden sollen, wo Prioritäten dabei zu setzen sind und wer darüber zu entscheiden hat.

politische Steuerung der Sozialorganisationen

(3) Organisationen im Sozialbereich unterliegen einer politischen Steuerung: Bei privatwirtschaftlichen Organisationen ist das Steuerungsinstrument, mit dem Angebot und Nachfrage reguliert werden, der Markt. Nur diejenigen Angebote werden sich auf Dauer halten, die sich als konkurrenzfähig und als gewinnträchtig erwiesen haben. An die Stelle des Marktes tritt bei Organisationen im Sozialbereich eine politische Steuerung (siehe Material 1.3.2., S. 38 ff.). Demokra-

tisch legitimierte Gremien entscheiden darüber, welche öffentlichen Angebote und sozialen Dienstleistungen wünschenswert sind und wie die finanziellen Mittel verteilt werden. Sie entscheiden darüber, ob Angebote aufrechterhalten und ob Einrichtungen bestehen bleiben oder geschlossen werden.
Durch die politische Steuerung können – dies ist auf der *Habenseite* zu vermerken – soziale Ungerechtigkeiten ausgeglichen werden. Produkte und Dienstleistungen zu Marktpreisen sind in der Regel teuer und können nur von denjenigen in Anspruch genommen werden, die über ausreichende finanzielle Mittel verfügen. Werden die Dienstleistungen durch öffentliche Gelder finanziert, so können sie auch diejenigen wahrnehmen, die sich wirtschaftlich schlechter stehen. Eine städtische Erziehungsberatung steht beispielsweise auch Alleinerziehenden oder Eltern mit reduziertem Einkommen offen.
Die *Nachteile* der politischen Steuerung liegen unter anderem in der Komplexität des Verfahrens. Politische Entscheidungen sind Wertentscheidungen, die nicht im Sinne von „wahr oder falsch“ getroffen werden können. Sie sind in einem demokratischen Rechtsstaat Ergebnis eines politischen Willensbildungsprozesses, an dem die gesellschaftliche Öffentlichkeit, politischen Parteien und betroffene Fachkräfte einen erheblichen Anteil haben.
Grundlegende Wertpositionen des demokratischen Rechtsstaats sind in der Verfassung formuliert. In spezifischen Gesetzen, wie z. B. den Sozialgesetzen, finden sich besondere Auslegungen und Interpretationen. So ist etwa das „Sozialstaatspostulat“ im Grundgesetz der Bundesrepublik Deutschland verankert. Im Artikel 20, Absatz 1 heißt es: „Die Bundesrepublik Deutschland ist ein demokratischer und sozialer Bundesstaat“; im Artikel 28, Absatz 1 wird dieses Postulat nochmals genannt: „sozialer Rechtsstaat“. Diese Artikel werden in der Regel nicht als Zustandsbeschreibung der Bundesrepublik Deutschland interpretiert, sondern als eine Verpflichtung des Staates, seinem gestaltenden Auftrag in bezug auf das Ziel „soziale Gerechtigkeit“ nachzukommen. Was jedoch konkret unter „sozialer Gerechtigkeit“ zu verstehen ist, bedarf der Interpretation und Aushandlung. Die Ergebnisse dieses Prozesses werden sich je nach Weltanschauung, politischem Meinungsbild und Einflußmöglichkeit der Beteiligten unterscheiden.
Neben diesen allgemeinen Wertprinzipien gibt es in den bundesrepublikanischen *Rechtsgrundlagen* noch *konkretere Festlegungen*. So unterscheidet beispielsweise der Gesetzgeber zwischen Pflichtaufgaben

und freiwilligen Aufgaben. Wie der Name sagt, müssen die Pflichtaufgaben durch öffentliche und freie Träger wahrgenommen werden. Auch knappe Haushaltskassen entlasten hier nicht von der Verpflichtung. Freiwillige Leistungen werden von Bund, Ländern und Kommunen selbst entschieden und sind für Einsparungen anfälliger.

Die politische Steuerung von Organisationen des Sozialbereichs ist komplex und unterliegt vielen, nur schwer zu kontrollierenden Einflüssen. Organisationen im Sozialbereich sind von verfassungsmäßigen Grundlagen, allgemeinen Gesetzen und dem öffentlichen und politischen Willensbildungs- und Entscheidungsprozeß abhängig. Da die Soziale Arbeit aber selbst Teil dieses komplexen Prozesses ist, wird sie – wenn sie ihren Einfluß nicht verlieren will – auf diesen Entscheidungsprozeß einwirken müssen (siehe Abschnitt 7.2.). Politische Steuerung bedeutet für die Organisationen im Sozialbereich deshalb auch Einmischung in den Prozeß der öffentlichen und politischen Meinungsbildung.

1.3. Materialien/Dokumente, Literatur

1.3.1. Vom Almosenwesen zur Sozialen Arbeit

Die moderne Soziale Arbeit hat ihren Ursprung in dem Almosenwesen des Mittelalters. Wegmarken der weiteren Entwicklung bildete das „Allgemeine Preußische Landrecht“ von 1794 und dessen Übernahme und Veränderung nach der Reichsgründung 1871. In der Weimarer Republik gab es bereits eine ausgeprägte Wohlfahrtspflege, die sich in der Bundesrepublik Deutschland zu einem modernen Dienstleistungsangebot ausdifferenzierte (Quelle: Wienand 1988, 16).

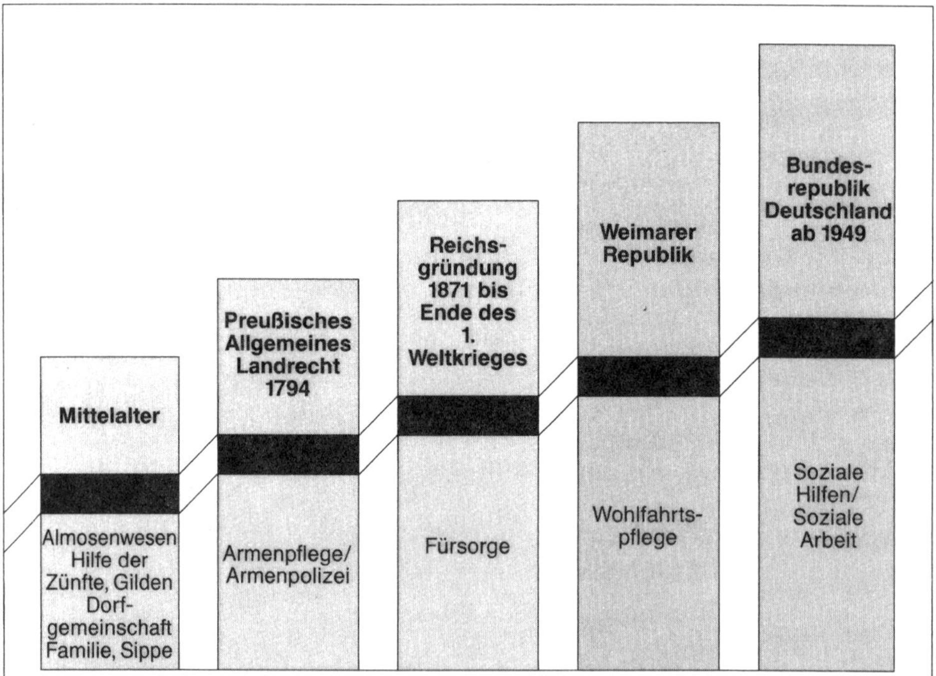

1.3.2. Folgen des fehlenden Marktes für Nonprofit-Organisationen

An die Stelle des Marktes tritt in der Sozialen Arbeit eine politische Steuerung. Dies hat Folgen für die AdressatInnen der Sozialen Arbeit sowie für die Finanzierung, den wirtschaftlichen Erfolgsmaßstab und das Management der Organisationen im Sozialbereich. Das Schaubild verdeutlicht die Konsequenzen (Quelle: Schwarz 1986, 16.)

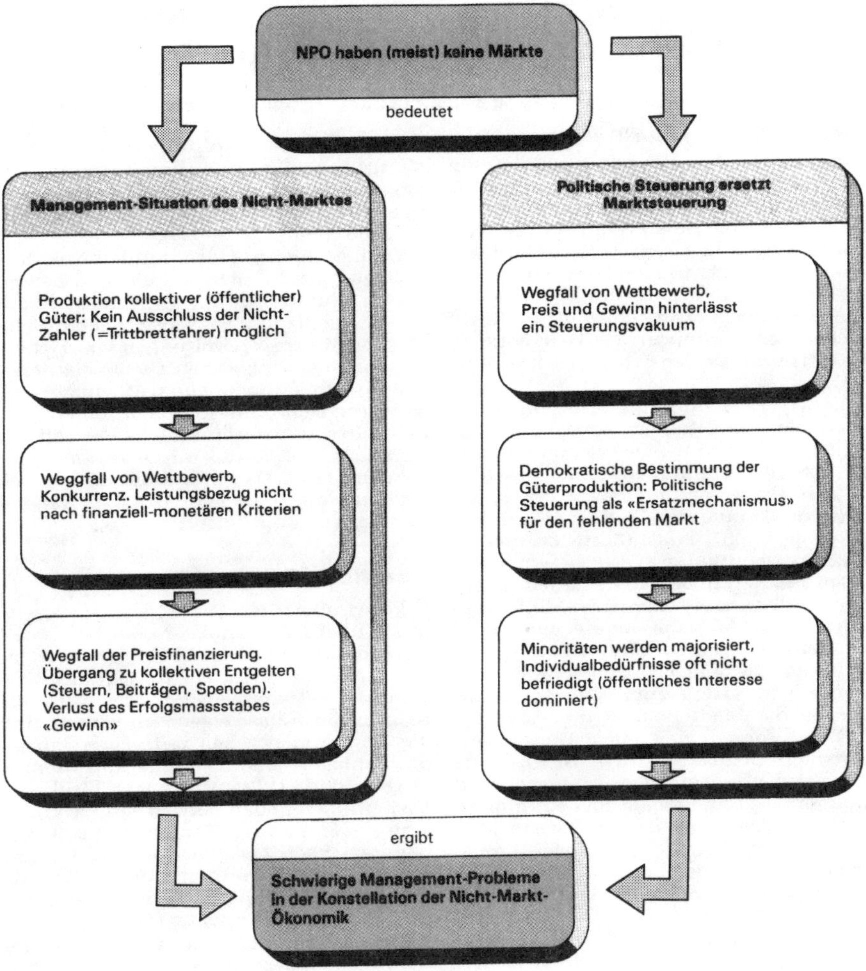

1.3.3. Privatisierung öffentlicher Aufgaben

Mitglieder verschiedener politischer Parteien fordern in den letzten Jahren eine stärkere Privatisierung öffentlicher Aufgaben. Kommunen sollen dadurch finanziell entlastet werden. Die Süddeutsche Zeitung berichtet in ihrer Ausgabe vom 19. Mai 1994 auf der Seite 46 über die Reaktionen des Bayerischen Städtetags, der sich gegen den Privatisierungsdruck wehrt und die Freiheit der Städte fordert, aus einem begründeten Gemeinwohlinteresse heraus Aufgaben in eigener Hand zu behalten.

Städtetag gegen „totale Privatisierung"

Kommunale Selbstverwaltung soll nicht zur Disposition gestellt werden

Von Dieter Baur

München – Der Bayerische Städtetag wehre sich „vehement" gegen den „massiven Druck", mit dem die Staatsregierung die Kommunen zur Privatisierung von Einrichtungen bewegen wolle. Mit dieser Erklärung reagierte der Vorsitzende der Organisation, der Landshuter Oberbürgermeister Josef Deimer, auf die in dieser Woche vom Ministerrat beschlossene „Privatisierungsoffensive für Kommunen".

Die bayerischen Städte seien nicht dagegen, im Einzelfall zu prüfen, welche Aufgaben Private besser erledigen könnten als die Kommunen, aber wer der „totalen Privatisierung das Wort redet, stellt die kommunale Selbstverwaltung zur Disposition", konstatierte Deimer in einer Pressemitteilung.

Den Städten müsse die Freiheit gelassen werden, aus Gemeinwohlinteresse heraus eine Aufgabe in eigener Hand behalten zu wollen. Wer ihnen dieses Recht streitig mache, überschreite die Grenze vom Sozial- zum Kommerzstaat: „Gerade die Städte haben die Aufgabe, dafür zu sorgen, daß auch Bürger mit schmalem Geldbeutel nicht untergebuttert werden." Ein Privatunternehmen kümmere sich anders als eine Kommune beispielsweise kaum darum, ob ein gutverdienender Single oder eine vierköpfige Arbeiterfamilie den beachtlichen Eintrittspreis in ein Schwimmbad bezahlen könne.

Der Städtetag wehre sich nicht grundsätzlich gegen den Vergleich zwischen Kommunalverwaltung und Privatwirtschaft, betont Deimer. Ein solcher Vergleich könne aber erst dann gezogen werden, wenn vergleichbare Rahmenbedingungen gegeben sind. An dieser Chancengleichheit mangele es jedoch in der Regel. Das fange beim verkrusteten Dienstrecht an und höre bei den sozial gestaffelten Leistungsentgelten auf. Während private Unternehmen ihre Mitarbeiter nach Leistung bezahlen und damit motivieren könnten, seien der Öffentlichen Hand über Beamtentarife weitgehend die Hände gebunden.

Deimer forderte den Ministerrat deshalb auf, den Städten ausreichend Zeit zu lassen, durch Einführung neuer Steuerungsmodelle und betriebswirtschaftliche Methoden ihre Verwaltungen von Behörden zu einem modernen Dienstleistungsunternehmen umzubauen. Möglicherweise werde sich dann in vielen Fällen herausstellen, daß die öffentliche Verwaltung durchaus Vergleiche mit Privaten nicht scheuen muß. Daß dies keine Utopie sei, zeigten internationale Untersuchungen der Bertelsmann-Stiftung.

Überholte Kritik

Verwundert ist der Städtetagsvorsitzende über Innenminister Günther Beckstein, der ein erhebliches Privatisierungspotential, vor allem bei Reinigungsdiensten und Wäschereien sah. Der Kommunalminister müsse eigentlich wissen, daß die Kommunen schon seit vielen Jahren die Schlacht- und Viehhöfe, die Sammlung und den Transport von Müll, die Errichtung und den Betrieb von Parkhäusern sowie die sogenannten Annexaufgaben, wie eben Gebäude- und Glasreinigung, EDV-Wartungsarbeiten oder die Bewachung öffentlicher Einrichtungen und Gebäude in private Hände gegeben hätten. Für wenig glaubwürdig hält der Städtetagvorsitzende auch die Aussage des FDP-Finanzsprechers Gerhard Zech: „Private sind immer bessere Unternehmer als der Staat." Wenn die Wirtschaft wirklich so gut wäre, wie Zech meine, dürfe man schon die Frage stellen, „warum die Wirtschaft und Industrie Milliardenverluste einfahren und bei geringstem Gegenwind sofort Massenarbeitslosigkeit stattfindet."

1.3.4. Literatur

Münchmeier, R. (1981): Zugänge zur Geschichte der Sozialarbeit. München

Der Autor analysiert aus einer historisch-kritischen Sicht die Entwicklung der Sozialarbeit. Seine zentrale These: Die Sozialarbeit konnte sich nur deshalb neben der Sozialpolitik als eigenständiger Aufgabenbereich etablieren, weil sie gesellschaftlich verursachte Probleme in individuelle Defizite von Personen umdefinierte und unter Berücksichtigung von sozialpolitischen Ordnungsprinzipien bearbeitete.

Sachße,Ch./Tennstedt, F. (1980/1988/1992): Geschichte der Armenfürsorge in Deutschland. Band 1: Vom Spätmittelalter bis zum 1. Weltkrieg. Band 2: Fürsorge und Wohlfahrtspflege 1871 bis 1929. Band 3: Der Wohlfahrtsstaat im Nationalsozialismus. Stuttgart

Ein Standardwerk der Geschichte der Sozialen Arbeit. Neben einer ausführlichen Analyse der Geschichte der Sozialen Arbeit von ihren Anfängen bis in die jüngere Vergangenheit werden viele Dokumente und Materialien zur Veranschaulichung aufgeführt.

Schwarz, P. (1992): Management in Nonprofit-Organisationen. Bern

Eine ausführliche Analyse von Nonprofit-Organisationen unter dem Gesichtspunkt von Organisations-, Führungs- und Planungsfragen. Die Effektivität und Effizienz in der Gestaltung von Strukturen und Prozessen hat einen großen Stellenwert. Der detaillierte Analyseteil wird durch viele Abbildungen und Checklisten für die praktische Arbeit ergänzt.

1.4. ÜBUNGSFRAGEN

(a) Verständnisfragen

(1) Erläutern Sie den Begriff der „funktionalen Differenzierung".
(2) Welche Aufgaben hat die Soziale Arbeit in einem gesellschaftlichen Differenzierungsprozeß übernommen?
(3) Was ist darunter zu verstehen, daß die Soziale Arbeit nach neuen Rationalitätskriterien organisiert wurde?
(4) Was waren die tragenden Elemente der beruflichen Ausbildung der Sozialen Arbeit zu Beginn dieses Jahrhunderts und welche Konsequenzen ergeben sich daraus für die Professionalisierung?
(5) Was wird unter „politischer Steuerung" der Sozialen Arbeit verstanden?

(b) Vertiefungsfragen

(1)Worin liegt die Bedeutung der weltanschaulich orientierten Trägerstruktur im System der Wohlfahrt in der Bundesrepublik Deutschland?
(2) Welche Vor- und Nachteile hat eine zunehmende Verrechtlichung für die AdressatInnen der Sozialen Arbeit?
(3) Konkretisieren Sie an einem Beispiel aus Ihrem eigenen Erfahrungsbereich, welche Folgen ein fehlender Wettbewerb und Markt für Nonprofit-Organisationen hat (siehe Material 1.3.2.).
(4) Wie läßt sich die Forderung nach Einmischung der Sozialen Arbeit in den Prozeß der politischen Willensbildung begründen?
(5) Wie stehen Sie zu der Forderung nach einer stärkeren Privatisierung der Sozialen Arbeit? Begründen Sie Ihre Position (siehe Material 1.3.3.).

2. Theoretische Grundlagen

Im ersten Kapitel habe ich dargelegt, wie es zu der gegenwärtigen Gestalt der Organisationen im Sozialbereich gekommen ist und wie diese sich von marktwirtschaftlichen Organisationen unterscheiden. So entstand ein Bild über die Organisationen im Sozialbereich. Ich möchte mich in diesem Kapitel mit der Frage auseinandersetzen, was Organisationen sind, und wie das Geschehen in ihnen erklärt werden kann. Dazu stelle ich ausgewählte theoretische Grundlagen zu dem Thema Organisation vor:

Gliederung des Kapitels

(a) Zunächst beschreibe ich, wie der *Begriff „Organisation“* definiert ist und welche Merkmale dazu herangezogen werden, um das Geschehen in Organisationen angemessen zu charakterisieren (Abschnitt 2.1.). Die hier vorgestellten Merkmale werden als Gliederungspunkte in dem zweiten Teil des Buches wieder aufgegriffen.
(b) Damit das Geschehen in Organisationen erklärt werden kann, müssen Theorien verwendet werden. Die *Theorien über Organisationen* haben sich seit den Anfängen der wissenschaftlichen Forschung verändert. Organisationswissenschaftler versuchten Antworten auf jene Fragen zu geben, die in den vorangegangenen Organisationstheorien nicht oder nicht ausreichend berücksichtigt wurden. Die Geschichte der Organisationstheorie wird deshalb als eine Reaktion auf veränderte Menschenbilder und neue praktische Probleme von Organisationen rekonstruiert (Abschnitt 2.2.). Rationale Organisationstheorien, in denen die Frage der ökonomischen Effizienz in den Vordergrund gestellt wird, bildeten den Ausgangspunkt um die Jahrhundertwende. Ihnen folgten Theorien, in denen der Mensch stärker in den Blickpunkt gerückt wird. Die jüngere theoretische Diskussion hebt die Komplexität von Organisationen hervor.

2.1. Merkmale von Organisationen

Die Standarddefinition von Organisationen in den einschlägigen Lehrbüchern lautet: Eine Organisation ist ein soziales Gebilde, „das bestimmte Ziele verfolgt und formale Regelungen aufweist, mit deren Hilfe die unter die Mitgliedschaftsbedingungen fallenden Aktivitäten der Mitglieder auf diese Ziele ausgerichtet werden sollen“ (Kieser/Kubicek 1992, 1). Als *hervorstechende Merkmale von Organisationen* werden in dieser Definition (1) Ziele und (2) Regelungen genannt. Ich möchte die Charakterisierung von Organisationen durch weitere Merkmale ergänzen (siehe Abbildung 3). Die Einhaltung von Regeln in Organisationen führt (3) zu einer Struktur, die ein typisches Bild des Aufbaus einer Organisation vermittelt. Ergänzt wird die Struktur durch (4) die Dynamik des zwischenmenschlichen Miteinanders, die den Umgang der Organisationsmitglieder prägt. Organisationen sind außerdem eingebettet (5) in eine Organisationsumwelt. Schließlich sind Organisationen keine starren sozialen Gebilde, sondern unterliegen (6) einer ständigen Veränderung:

Abbildung 3: Merkmale von Organisationen

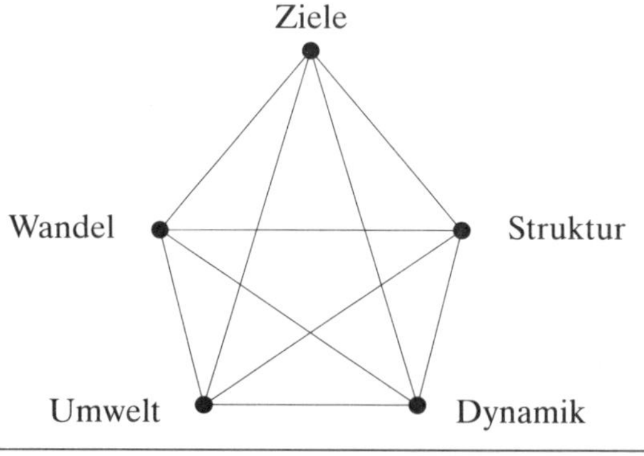

(1) Ziele

Merkmal: Zielorientierung

Organisationen werden in der o. a. Definition als zielorientierte soziale Gebilde beschrieben, d. h., Organisationsmitglieder richten ihr Handeln und die Erfüllung ihrer Aufgaben an vorgegebenen oder vereinbarten Zielen aus (siehe Kapitel 3., S. 74 ff.). Ziele sind ein Maßstab, um die Arbeit von Organisationen beurteilen zu können. Die Maßstäbe haben verschiedene Bezugspunkte: Ökonomische Ziele (z. B. Effizienz) beziehen sich auf den sparsamen Umgang mit finanziellen Mitteln. Mit ihnen wird der finanzielle Aufwand in bezug auf einen angestrebten Nutzen untersucht. Fachliche Ziele in Organisationen des Sozialbereichs richten sich auf die Bewältigung der sozialen Probleme von AdressatInnen der Sozialen Arbeit. Mit ihnen kann beurteilt werden, ob SozialarbeiterInnen ihrem fachlichen Auftrag gerecht wer-

den. Ökonomische und fachliche Ziele können miteinander in Konflikt stehen. Welche Personen in Organisationen ihre Ziele durchsetzen oder ob es zu einem Kompromiß kommt, hängt von der Argumentation der Beteiligten, den Machtverhältnissen in der Organisation und der persönlichen Durchsetzungsfähigkeit ab. Wie es zu Zielen in Organisationen kommt und welche Ziele schließlich als verbindliche angesehen werden, ist Gegenstand einer soziologischen und politologischen Betrachtung (siehe Kapitel 6., S. 151 ff.). Je nach dem welches Verständnis von Partizipation in einer Organisation vorherrscht, werden Ziele durch Leitungsgremien vorgegeben oder durch Organisationsmitglieder vereinbart.
Ziele in Organisationen haben in erster Linie eine handlungsleitende Funktion. Sie bieten den Mitgliedern eine Orientierung, welche wünschenswerten Zustände sie in der Zukunft erreichen wollen. Diese Funktion können sie aber nur dann übernehmen, wenn durch sie konkret angegeben wird, was erreicht werden soll. Zu dem Umgang mit Zielen in Organisationen gehört deshalb eine möglichst exakte Beschreibung der wünschenswerten Zustände.

(2) Organisationsstruktur

Merkmal: (in)formelle Struktur

Organisationen regeln das Miteinander ihrer Mitglieder. Die Mitglieder von Organisationen schaffen sich dazu eine formelle Struktur (siehe Kapitel 4., S. 98 ff.). Die Struktur ist das Ergebnis von getroffenen Regelungen und vereinbarten Normen, die das Verhalten und die Leistung der MitarbeiterInnen steuern. Im einzelnen regelt die formelle Struktur die Art und den Umfang der Aufgabenverteilung, die Stellenbildung, die Entscheidungs- und Weisungsbefugnisse, die Verteilung der Verantwortung, die hierarchische Über- und Unterstellung sowie die Kommunikationsbeziehungen und Informationskanäle.
Die *formelle Struktur* ist eine normative Vorgabe für den Aufbau einer Organisation. Sie beschreibt, wie das Miteinander idealerweise in Organisationen geregelt sein soll. Die formelle Struktur wird deshalb auch als Soll-Vorgabe bezeichnet, die jedoch keinerlei Aussagen darüber zuläßt, wie die tatsächlichen Beziehungen in Organisationen ablaufen. Die der Organisationsstruktur zugrundeliegenden Regeln und Normen finden ihren konkreten Niederschlag in „Allgemeinen Dienstanweisungen“, in Satzungen und in Stellenplänen. Die Soziologie untersucht die Struktur einer Organisation unter anderem im Hin-

blick auf die vorhandenen Normen, die sozialen Rollen, die Verteilung von Macht und das tatsächliche Interaktionsgeschehen.
Die formelle Organisationsstruktur kann graphisch in Form eines *Organigramms* dargestellt werden. Dadurch wird anschaulich deutlich gemacht, wie hierarchisch oder partizipativ eine Organisation aufgebaut sein soll. Die am häufigsten wiederkehrenden Organisationsformen sind die Linien-, die Stab-Linien- und die Matrixorganisation. Letztere stellt eine Organisationsform dar, in der die Verantwortung dezentral verteilt ist.
Von der formellen Struktur wird die *informelle Struktur* unterschieden. Sie wird vorrangig durch die Soziologie und die Sozialpsychologie untersucht. In der informellen Struktur zeigen sich die tatsächlichen Kommunikations-, Informations- und Entscheidungswege einer Organisation. Die informelle Struktur ist nicht geplant. Sie entsteht spontan und situationsabhängig und ist Ausdruck von Sympathie oder Antipathie zwischen den Organisationsmitgliedern.

(3) Dynamik

Merkmal: menschliches Verhalten

In Organisationen können nicht alle Verhaltensweisen der Mitglieder geregelt werden. Den einzelnen wie auch Gruppen stehen in Organisationen mehr oder weniger große *Handlungsspielräume,* die durch eigenverantwortliches Handeln genutzt werden, zur Verfügung (siehe Kapitel 5., S. 124 ff.). Erfahrungen aus Streiks, bei denen durch „Dienst nach Vorschrift“ der Organisationsablauf verlangsamt oder gelähmt wird, machen deutlich, daß die situationsangemessene Auslegung von Regelungen die Voraussetzung für ihr Funktionieren ist. In interaktionistischen Theorien von Organisationen werden diese oder ähnliche Erfahrungen zum Ausgangspunkt der Analyse gemacht. Die formellen Strukturen von Organisationen bilden für diese nur einen Rahmen, innerhalb dessen sich die zwischenmenschliche Dynamik in ihrer Vielfältigkeit entwickelt.
Menschen in Organisationen verfolgen eigene oder gruppenspezifische *Interessen* und sind nicht frei von Ambitionen der *Macht-* und *Herrschaftsausübung.* Eine politikwissenschaftliche Betrachtung der Dynamik in Organisationen betont das interessen- und herrschaftsorientierte Handeln. Menschen trachten danach, ihre eigenen Ziele und Interessen anderen gegenüber durchzusetzen (siehe Kapitel 6, S. 151 ff.). Sie bedienen sich dazu unter anderem der Instrumente

„Macht“ und „Herrschaft“. Macht meint die Möglichkeit, die eigenen Interessen gegen die Interessen der anderen Beteiligten durchzusetzen. Wer Macht besitzt, kann auf unterschiedliche Quellen zurückgreifen. Sie kann formal legitimiert sein und sich dann auf die Zuweisung von Status und Entscheidungskompetenzen gründen, wie sie im Aufbau einer Organisation festgelegt sind. Sie kann sich aber auch aus der informellen Zuschreibung durch andere Organisationsmitglieder ergeben und steht dann im Widerspruch zu der vorgesehenen Machtverteilung.

(4) Umwelt

Merkmal: Austausch mit der Umwelt

Organisationen sind keine geschlossenen sozialen Gebilde, sondern stehen in regem Austausch mit ihrer sozialen Umwelt (siehe Kapitel 7., S. 176 ff.). Die Organisationsumwelt bildet erstens eine *Rahmenbedingung,* durch die Vorgaben für Organisationen definiert werden. Für die Organisationen im Sozialbereich sind einschlägige Gesetze und politische Entscheidungsgremien Rahmenbedingungen. Gesetze definieren unter anderem einen Handlungsspielraum, indem sie Aufgaben definieren und für berufliche Situationen Handlungsalternativen vorschreiben. Politische Entscheidungsgremien steuern über die Vergabe von finanziellen Mitteln den Umfang der durch öffentliche oder freie Träger wahrgenommenen Aufgaben. Sozialstaatliche Prinzipien geben außerdem Trägerstrukturen vor und regeln das Miteinander und die Abgrenzung verschiedener Träger zueinander. Organisationen im Sozialbereich vollziehen zweitens Rahmenbedingungen nicht nur nach, sondern nehmen auch *Einfluß auf* diese. SozialarbeiterInnen mischen sich in den Prozeß der politischen Willensbildung ein und versuchen dadurch Entscheidungen i. S. ihrer fachlichen Überzeugungen zu beeinflussen. Durch Öffentlichkeitsarbeit versuchen sie darüber hinaus ein positives Bild ihrer Organisation und Arbeit zu vermitteln oder auf neue soziale Probleme und Entwicklungen aufmerksam zu machen.

(5) Wandel

Merkmal: Veränderungen

Organisationen unterliegen einer gewissen Stabilität, sie sind auf relative Dauer angelegt. Die formelle Strukturbildung, die Organisationsverfassung, die Normen und Regeln, die Stellenplanung und -gestaltung bzw. Aufgabenbeschreibung sind nur einige der Elemente, die das Beharrungsvermögen von Organisationen unterstützen. Der Stabilität von Organisationen steht die Dynamik des Wandels gegenüber (siehe Kapitel 8., S. 197 ff.). Organisationen werden erstens durch das Verhalten ihrer Mitglieder, *von innen*, zu Veränderungen angetrieben: Regeln und Strukturen sind nur begrenzt festlegbar und bedürfen der Interpretation und des Aushandelns durch die Organisationsmitglieder. Die dabei getroffenen Vereinbarungen sind meistens nur von begrenzter Dauer und werden mehr oder weniger häufig verändert. Diese Situation tritt unter anderem dann auf, wenn neue Mitglieder in Organisationen eintreten und ihre eigenen Vorstellungen und Erwartungshaltungen einbringen. Veränderungen und Entwicklungen von Organisationen werden zweitens *von außen* angestoßen: Gesellschaftliche Probleme und Lebenslagen verändern sich. Dieser Wandel wird durch Organisationsmitglieder wahrgenommen und organisationsspezifisch verarbeitet. Umweltorientierte Organisationstheorien untersuchen, wie Organisationen durch Anpassung und Veränderung überleben.

2.2. Organisationstheorien

In der wissenschaftlichen Fachliteratur werden zur Erklärung der Struktur und Dynamik von Organisationen neben dem *Begriff „Theorie“* auch andere Begriffe, wie „Konzept“, „Erklärungsansatz“ oder „Modell“ synonym verwendet. Um eine einheitliche Begrifflichkeit in dem Buch einzuhalten, verwende ich durchgängig den Begriff „Theorie“ im Zusammenhang mit der Erklärung organisatorischer Phänome.

Allerdings hat der Begriff „Theorie“ hier keine strenge wissenschaftstheoretische Bedeutung. Dafür sprechen zwei Gründe: Erstens genügen Organisationstheorien selten den strengen Regeln wissenschaftlicher Theoriebildung. So werden theoretische Aussagen oft nicht überprüfbar formuliert, Begriffe nicht klar definiert und Beobachtungs-und Theoriesprache nicht klar getrennt. Zweitens enthalten Organisationstheorien Aussagen über anzustrebende Ziele (Arbeitszufriedenheit, Effizienz) und wollen handlungsanleitend sein. Handlungsanleitungen können nicht aus reinen Theorien gewonnen werden; sie enthalten immer auch präskriptive bzw. normative Aussagen. Normative Aussagen können aber nur ethisch und nicht theoretisch oder empirisch begründet werden.

Seit Beginn der wissenschaftlichen Organisationsforschung sind viele Einzeltheorien zur Erklärung des Geschehens in Organisationen entwickelt worden. Diese lassen sich jedoch in *drei großen Hauptströmungen* zusammenfassen. Organisationen werden als (1) rationale, (2) soziale und (3) komplexe soziale Gebilde betrachtet. Allen drei Betrachtungsweisen liegen unterschiedliche Menschenbilder (siehe Material 2.3.1., S. 67 ff.) und inhaltliche Forschungsschwerpunkte zugrunde.

(1) Organisationen als rationale Gebilde

rationalistische Organisationstheorien

Die Größe und die Aufgaben vieler Organisationen veränderten sich am Ende des letzten Jahrhunderts. Industrieunternehmen verdrängten die handwerkliche Kleinproduktion, zur Bewältigung von staatlichen Aufgaben entstand ein expandierendes Verwaltungswesen und caritative Organisationen übernahmen die Wohlfahrtspflege. Mit den herkömmlichen Regeln und Aufgabenverteilungen konnten diese Organisationen nicht mehr angemessen gesteuert werden. Wirtschafts- und Sozialwissenschaftler sowie praxiserfahrene Unternehmer entwickelten neue Vorschläge, wie die Strukturen und der Aufbau von Organisationen beschaffen sein sollten und wie Arbeitsabläufe und Tätigkeiten effektiver organisiert werden können.
Die *Wertvorstellungen* und die *Menschenbilder* dieser Pioniere der Organisationslehre waren durch die Vorstellung des rationalen Handelns von Menschen geprägt. Als rational definierten sie jenes Handeln, das an Zielen orientiert ist. Ein Mensch handelt in diesem Sinne dann rational, wenn er sich Ziele setzt und sein Streben auf die Erreichung dieser Ziele ausrichtet. Um die Ziele erreichen zu können, müssen jene Mittel eingesetzt werden, bei denen die Wahrscheinlichkeit groß ist, daß sie zur Erreichung der Ziele führen.
Die Vertreter der rationalistischen Organisationstheorien sehen einen Zusammenhang zwischen der Effizienz von Organisationen und der Organisationsstruktur bzw. dem Verhalten der Organisationsmitglieder. Werden die Organisationsstruktur und das Arbeitsverhalten der Organisationsmitglieder verändert (Mittel), dann hat dies Auswirkungen auf das unternehmerische Produkt (Ziel). Rationale Planung in Organisationen heißt, daß exakt untersucht werden kann, wie Bedingungen verändert werden müssen, um einen erwünschten Erfolg zu erzielen. Verhält sich ein Mensch rational in dem hier entwickelten Sin-

ne, dann ist sein Verhalten kalkulierbar und für einen Außenstehenden nachvollziehbar und nicht willkürlich.

die ersten Theorieansätze: Taylor

Ein Pionier der rationalistische Betrachtung von Organisationen war der US-amerikanische Ingenieur Frederick Winslow Taylor (1856–1915). Er machte sich Gedanken, wie die ökonomische Zielsetzung von Organisationen verbessert werden konnte. Den Ausgangspunkt seiner Überlegungen bildeten systematische Arbeitsplatz- und Arbeitszeitstudien. Diese förderten eine Reihe von unökonomischen Organisationsabläufen zu Tage. Da Frederick Winslow Taylor rational dachte, suchte er nach geeigneten Mitteln, um sein Ziel zu erreichen. Sein Streben richtete sich darauf, wie das Verhalten von Menschen, der Einsatz von Maschinen und die Organisation von Arbeitsabläufen so zu gestalten sind, daß sie die Effizienz erhöhen (Taylor 1911; dt. 1977). Dazu entwickelte Frederick Winslow Taylor eine Reihe von Organisationsprinzipien, deren Einhaltung zur Effizienz- und Effektivitätssteigerung in Organisationen beitragen sollten. Die Zergliederung der Arbeitsaufgaben in einzelne Arbeitselemente und -schritte wurde auf der Grundlage der Ergebnisse der durchgeführten Arbeitszeit- und Arbeitsplatzstudien systematisch vorangetrieben. Umfassende Arbeitszusammenhänge wurden getrennt und nunmehr von speziell dafür ausgewählten und angelernten Arbeitskräften durchgeführt. Durch finanzielle Anreize sollten die Arbeiter motiviert werden, in möglichst kurzer Zeitoptimale Arbeitsergebnisse zu liefern. Er führte eine Trennung von Kopf- und Handarbeit ein: Planungs- und Kontrollaufgaben übernahm ein neues Management, die praktische Arbeit blieb in der Hand der Arbeiter.

Kritik

Die Organisationstheorie von Frederick Winslow Taylor wurde von verschiedenen Seiten einer Kritik unterzogen. Aus wissenschaftlicher Sicht wurde Frederick Winslow Taylor vorgehalten, von einem sehr eingeschränkten Rationalitätsbegriff auszugehen, der das Ziel Effizienz nicht mehr inhaltlich hinterfragt. Ferner würden eine Reihe von normativen Annahmen in sein Modell einfließen, ohne daß diese ausdrücklich ausgewiesen werden. Neuere empirische Untersuchungen – so die Kritik – widerlegten die Annahme eines einheitlichen unternehmerischen Ziels. Neben dieser wissenschaftlichen Kritik wurden aus der Praxis Vorbehalte formuliert: Arbeiter wehrten sich gegen die Zeitnahme, Standardisierung und Sinnentleerung ihrer Arbeit und die Arbeitgeber betrachteten die Vorschläge Taylors als eine Einmischung in ihre unternehmerische Autonomie. Trotz dieser Kritik soll die theoretische und praktische Leistung von Frederick Winslow Taylor nicht geschmälert werden. Mit seinen Organisationsvorschlägen hat er Wege gewiesen, wie unter den gegebenen historischen Bedingungen große und industriell produzierende Unternehmen zu einer effektiveren Produktionsweise gelangen können. Seine Vorschläge beeinflussen, wenn auch modifiziert, bis heute die praktische und theoretische Organisationsforschung.

Anwendung der Theorie auf die Verwaltung

Zielten die bisherigen Ausführungen primär auf die rationalistische Organisationstheorie in der Industrie ab, so soll im folgenden die Verwaltung im Mittelpunkt stehen. Organisationen im Sozialbereich sind häufig verwaltungsmäßig organisiert. In der Alltagssprache werden die Begriffe „Verwaltung" und „Bürokratie" synonym verwendet. Bürokratie hat für viele Menschen eine negative Bedeutung. Sie wird mit Ineffizienz, Anonymität und Unmenschlichkeit gleichgesetzt. In der „Verwaltungslehre" hat der Begriff Bürokratie unterschiedliche Bedeutung. Er beschreibt erstens den Bereich der staatlichen Verwaltung auf Gemeinde-, Landes- und Bundesebene und zweitens einen Typus von Organisation, der Merkmale bürokratischer Organisationen zeigt. In diesem Sinne ist der Bürokratiebegriff nicht nur für Verwaltungen reserviert, sondern kann auch in der Industrie Anwendung finden. Die dritte Bedeutung von Bürokratie meint die Zunahme von Verwaltungs- und Managementaufgaben innerhalb einer Organisation zu Lasten von produzierenden bzw. ausführenden Tätigkeiten. Diese dritte Bedeutung ist gerade gegenwärtig wieder aktuell im Rahmen der Diskussion um die „Verschlankung" von Organisationen („Lean-Management").

Die Bürokratiediskussion hat der deutsche Soziologe Max Weber (1864–1920) sehr stark beeinflußt. Um die Arbeiten von Max Weber zur Bürokratie besser verstehen zu können, will ich zunächst kurz klären, mit welchem erkenntnistheoretischen Interesse er Bürokratie analysiert:

> Max Webers grundlegendes Interesse galt der Analyse von Rationalität in der modernen Gesellschaft. Er beschrieb und analysierte in seinen Untersuchungen, wie sich in modernen Gesellschaften ein bestimmer Typus von Rationalität, die Zweckrationalität, immer mehr ausbreitet und zu einer wesentlichen Grundlage des Handelns der Menschen wird (Weber 1972). In seinen organisationssoziologischen Untersuchungen ging es ihm um die Frage, wie moderne Formen rationaler Verwaltung von früheren Formen zu unterscheiden sind.

Max Weber begreift Bürokratie bzw. Verwaltung als eine Form der politischen Herrschaft. Sie stellt eine Form der „legalen Herrschaft" dar, die durch festgelegte Amtspflichten, durch Zuständigkeiten der Verantwortung, durch Über- und Unterordnungen und durch ein System von einzuhaltenden Regeln gekennzeichnet ist. Herrschaft ist in ein sachliches System von Normen, Regeln und Strukturen einbezogen. Die Pflicht des einzelnen Mitarbeiters ist nicht die Unterordnung gegenüber Menschen, sondern die Einhaltung der als legitim anerkannten Regeln. In diesem Sinne unterscheidet sich die moderne Bürokratie von den vorangegangenen Formen feudaler Verwaltung.

das Modell bürokratischer Verwaltung: Weber

Max Weber ging es neben dem grundlegenden Erkenntnisinteresse darum aufzuzeigen, wie eine moderne Form von Verwaltung effektiv und effizient organisiert werden kann. Um eine legale Form der staatlichen Herrschaft auszuüben und diese effizient zu organisieren, sollen *bürokratische Organisationen* nach Max Weber (1972, 125 f.) folgende *Merkmale* aufweisen:

(a) Die Zuständigkeitsbereiche sind klar geregelt und voneinander abgegrenzt. Die Tätigkeiten sind arbeitsteilig gegliedert. In der bürokratischen Organisation können Personen wechseln, die Strukturen und Positionen bleiben dennoch erhalten.
(b) Die Organisation erfolgt nach dem Prinzip der Amtshierarchie. Die oberen Positionen sind gegenüber den unteren weisungs- und kontrollberechtigt. Dieses Weisungsrecht ist nicht an persönliche Eigenschaften, sondern an Regeln gebunden. Im Konfliktfall wird die nächsthöhere Stelle eingeschaltet.
(c) Amtshandlungen und Amtsentscheidungen werden über ein System erlernbarer Regeln gesteuert. Diese Regeln werden in Dienstanweisungen schriftlich festgehalten; auf sie kann sich jeder Beteiligte berufen.
(d) Die Verwaltung ist aktenmäßig organisiert. Informationen und Entscheidungen werden aktenkundig gemacht und bilden die Voraussetzung, um diese nachvollziehbar und kontrollierbar zu machen. Sie ermöglicht auch Personen, die mit der Sache nicht vertraut sind, einen schnellen Einblick.
(e) Die Mitglieder der bürokratischen Verwaltung werden auf der Basis ihrer Qualifikation ausgewählt. Sie sind Beamte. Sie werden auf Dauer eingestellt und der Aufstieg erfolgt durch vorgegebene Regelungen in der Laufbahn.

Die Vorteile dieser Prinzipien sind heute nur noch schwer nachvollziehbar. Um die Ideen von Max Weber beurteilen zu können, sei noch einmal daran erinnert, daß er ein Modell bürokratischer Verwaltung entwickelte, das im Kontrast zu vorangegangenen feudal-politischen Abhängigkeitsverhältnissen steht. Darin wurde die Ablösung der persönlichen Abhängigkeit des Untergebenen von politischen Machtzentren und der Willkürlichkeit obrigkeitsstaatlicher Entscheidungen durch ein planbares und kalkulierbares System beschrieben. Dies entsprach nicht nur einem veränderten politischen Grundverständnis, sondern bildete auch die Voraussetzung, um die sich herausbildenden staatlichen Großverwaltungen erfolgreicher organisieren zu können. Nur vor diesem Hintergrund ist zu verstehen, wenn Max Weber diese Art von bürokratischer Verwaltung als die effizienteste Form rationaler Herrschaftsausübung begreift.

Kritik

Auch gegenüber der Weberschen Theorie der bürokratischen Verwaltung wurde seitens der Wissenschaft und wie auch seitens der Praxis Kritik geäußert (zur Vertiefung der Bürokratiediskussion siehe: Mayntz 1971). Die zentralen Punkte dieser Kritik lassen sich so zusammenfassen: Max Weber entwickelt eine normative Theorie von Organisationen. Er schlägt vor, wie bürokratische Organisationen aufgebaut sein sollen, deren Herrschaft rational legitimiert ist. Wie das Geschehen und die realen Abläufe in Organisationen tatsächlich aussehen, ist jedoch zweitrangig. Im Vordergrund der Theorie stehen die formalen Rahmenbedingungen, die Regeln, Normen, Rollenerwartungen und Strukturen von Organisationen. Man erhält mit dieser Theorie Anleitungen, wie diese Regeln und Strukturen zu gestalten sind, aber erfährt wenig, wie das tatsächliche Geschehen in Organisationen abläuft. Neuere empirische Untersuchungen weisen nach, wie vielfältig die Ziele sind, die Mitglieder von Organisationen verfolgen. Insgesamt zeigte sich also, daß die Betrachtung der Organisation vielschichtiger anzusetzen ist. Diese Gesichtspunkte greifen die folgenden Organisationstheorien auf.

(2) Organisationen als soziale Gebilde

Perspektivenwechsel

An zwei Gesichtspunkten setzen die Kritiker der rationalistischen Organisationstheorien an:

(a) die Mitglieder von Organisationen folgen nicht nur einem ökonomischen Kalkül, sondern verfolgen unterschiedliche Ziele und

(b) das Geschehen in Organisationen kann nicht ausschließlich über die formale Struktur beschrieben werden. Die informellen Beziehungen in Organisationen prägen entscheidend die sozialen Beziehungen der Mitglieder.

Damit ist ein Perspektivenwechsel vollzogen: Die sozialen Bezugspunkte des Handelns von Mitgliedern in Organisationen treten schärfer hervor. Aufmerksamkeit erlangen die informellen Strukturen in Organisationen. Dazu gehören die persönlichen Wesenzüge der Menschen, ihre individuellen Vorstellungen, Erwartungen, Hoffnungen und Pläne und ihre Sympathien und Antipathien im Umgang mit anderen Organisationsmitgliedern. Der Schwerpunkt von Untersuchungen verlagerte sich von der formellen Aufbaustruktur zu der tatsächlichen Verhaltensstruktur in Organisationen. Die Motivation von MitarbeiterInnen, die sozialen Prozesse und die soziale Dynamik in Organisationen erlangten fortan größere Aufmerksamkeit. Der Umgang der MitarbeiterInnen untereinander und das Verhältnis zwischen Vorgesetzten und Mitarbeitern wurde näher untersucht.

die ersten Ansätze: Hawthorne-Experimente

Es liegen viele Organisationstheorien vor, die Organisationen als soziale Gebilde begreifen. Es fällt deshalb schwer, aus den vielen Theorien einige Vertreter auszuwählen. In der Fachliteratur besteht Einigkeit darüber, welche Untersuchungen die stärksten Impulse für diese Betrachtungsweise gegeben haben: Es sind die als klassisch zu bezeichnenden „Hawthorne-Experimente“, die in den zwanziger Jahren in einem Zweigwerk der Western Electric in Illinois, USA, durchgeführt wurden.

Die in dem Hawthorne-Zweigwerk durchgeführten Untersuchungen standen zunächst noch ganz im Zeichen der *Fragestellungen der rationalistische Organisationstheorie.* Untersucht werden sollte, welche Auswirkungen äußere Arbeitsbedingungen auf die Arbeitsproduktivität haben. Zu diesem Zweck wurde in einer Untersuchungsanordnung die Beleuchtungsstärke am Arbeitsplatz verändert. Die Ergebnisse zeigten zunächst mit zunehmender Beleuchtungsstärke eine wachsende Arbeitsproduktivität. Als jedoch die Beleuchtungsstärke wieder reduziert wurde, stieg die Arbeitsproduktivität trotzdem weiter an. Da man sich diese Ergebnisse nicht erklären konnte, wurden weitere Untersuchungen mit veränderten Versuchsanordnungen durchgeführt. So wurde z. B. untersucht, wie Arbeitsgruppen mit vorgegebenen Leistungsnormen umgehen und welche sozialen Beziehungen sich neben den vorgegebenen Kommunikationskanälen entwickeln. Die vorliegenden Ergebnisse wurden von den Forschern folgendermaßen interpretiert: Der Zuwachs an Arbeitsproduktivität ist auf die gestiegene Aufmerksamkeit zurückzuführen; die Arbeiter merkten, daß ihnen mehr wohlwollende Zuwendung durch die Vorgesetzten und durch die Forschergruppe zuteil wurde, was eine emotionale Kettenreaktion auslöste, die die Motivation steigerte und zu einer erhöhten Arbeitsproduktivität führte. Des weiteren entwickelten Arbeitsgruppen neben den formellen Leistungsvorgaben eigene informelle Leistungsstandards; diese waren sehr stark durch die spezifischen informellen Gruppennormen geprägt. Und schließlich entwickelten sich neben den vorgegebenen formalen Beziehungswegen eigene informelle soziale Beziehungen, die über Sympathie und Antipathie geregelt wurden. Damit war die Bedeutung der informellen Strukturen in Organisationen entdeckt, die fortan eine wachsende wissenschaftliche Aufmerksamkeit erlangten.

Weiterentwicklungen: Human-Relation-Ansätze

Die Perspektivenverschiebung der „Hawthorne-Experimente" führte zu einer Vielzahl neuer Untersuchungen und Organisationstheorien, die wohl am besten in dem Oberbegriff der „Human-Relation-Theorien" zusammenzufassen sind. Damit sind jene Theorien gemeint, die die Zufriedenheit der MitarbeiterInnen in Organisationen als einen wesentlichen Bestandteil der Organisationsziele auffassen. Die Themen, die damit vorrangig in das Blickfeld gerieten, beschäftigten sich mit dem Individuum, mit den Gruppen und mit dem Verhalten von Vorgesetzten in Organisationen. So wurde nach Faktoren für die Zufriedenheit und Unzufriedenheit von Mitgliedern in Organisationen gesucht und danach gefragt, welche Auswirkungen die Motivation auf das Arbeitsverhalten hat (Herzberg/Mausner/Snyderman 1959).

(a) Beim *Thema „Gruppen in Organisationen"* war unter anderem von Interesse, wie sich Gruppennormen herausbilden und welchen Einfluß die Dynamik und die Struktur von Gruppen auf das Geschehen in Organisationen haben. Stellvertretend sei hier die partizipative Theorie von Rensis Likert herausgegriffen (Likert 1972, 1975). Rensis Likert und seine Mitarbeiter kommen aufgrund umfangreicher Literaturstudien zu der Einschätzung, daß autoritäre Organisationsstrukturen und Führungstechniken zu einer geringeren Effizienz in Organisationen führen. Sie entwickeln daraufhin ein Strukturmodell der „überlappenden Gruppen", das von einem partizipativen Führungs-

verständnis ausgeht und alle Organisationsmitglieder an wichtigen Entscheidungen beteiligt (siehe Material 2.3.2, S. 68 ff.). Dies geschieht mit Hilfe von Gruppenbesprechungen. Eine Arbeitsgruppe kommt mit ihrem Vorgesetzten zusammen, bespricht gemeinsame Probleme und schlägt Lösungen vor. Der Vorgesetzte nimmt auf der nächsten Hierarchieebene als einfaches Mitglied einer Arbeitsgruppe teil und vertritt dort die Vorschläge seiner Gruppe. Dieses System setzt sich durch alle Ebenen der Organisation fort und soll so einen hohen Grad an Entscheidungsbeteiligung, eine bessere Zielerreichung und mehr Zufriedenheit garantieren.
(b) Auch das *Thema „Vorgesetzten- und Führungsverhalten"* erlangte große Aufmerksamkeit in Untersuchungen. Hier sind insbesondere die bahnbrechenden Führungsstil-Studien von Kurt Lewin und seinen Mitarbeitern zu nennen (Lewin/Lippitt/White 1939). Auf sie geht die hohe Wertschätzung des demokratischen Führungsstils zurück. In ihren Veröffentlichungen berichten sie, daß der Einsatz eines demokratischen Führungsstils zu besseren Leistungen führt als der „autoritäre" oder der „Laissez-faire-Stil". Vorgesetzte wurden daraufhin in ihrem Führungsverhalten trainiert und in demokratischem Leitungsverhalten geschult. Von diesen grundlegenden Studien und ihren Anwendungen in der Mitarbeiterschulung führt ein direkter Weg zu den Konzepten zur „Humanisierung der Arbeitswelt", wie sie im Rahmen des 1974 begonnenen Forschungsprogramms des Ministeriums für Forschung und Technologieentwicklung in der Bundesrepublik Deutschland ausgearbeitet wurden. Themen wie „kooperative Führungsmodelle", „Mitbestimmung am Arbeitsplatz" oder „neue Formen der Arbeitsgestaltung" waren hier von zentralem Interesse.

Kritik

Die Bedeutung des Perspektivenwechsels in der Betrachtung von Organisationen liegt in der Betonung der humanen und sozialen Komponenten. Der Mensch erhält in dieser Betrachtung von Organisationen einen neuen Stellenwert. Er ist nicht mehr nur der „homo oeconomicus", dessen ausschließliches Streben auf wirtschaftlichen Nutzen gerichtet ist, wie er in den rationalen Organisationstheorien gesehen wurde. Der Mensch wird nun auch in seinen sozialen Motiven, in seinen persönlichen Einstellungen, Befindlichkeiten und Wünschen ernst genommen. Die Arbeitszufriedenheit der MitarbeiterInnen, die Beteiligung an Entscheidungen und die Transparenz von Strukturen werden damit als wichtige Aspekte des Organisationsgeschehens gesehen.

In diesem *demokratischen Impuls* liegt das besondere Verdienst dieser Anregungen. Diese Forschungen waren aber nie unumstritten: Aus einer eher politischen Richtung wurde kritisiert, daß die Betonung der menschlichen Aspekte in der Arbeitswelt nur eine besonders raffinierte Form der Ausbeutung sei; der Arbeiter werde nach wie vor für die Ziele des Unternehmens eingespannt und vorhandene Interessenkonflikte werden verharmlost. Aus entgegengesetzter Richtung wurde kritisch angemerkt, daß man sich in dem harten wirtschaftlichen Leben soziale Rücksichtnahmen nur eingeschränkt erlauben könne. Neben diesen politischen Vorwürfen wurden wissenschaftliche Einwände vorgetragen: Diese beziehen sich bereits auf die methodischen Grundlagen der „Hawthorne-Studie". Nachuntersuchungen konnten belegen, daß von den Forschern ein Einfluß auf die Arbeiter ausgeübt wurde. Es kam beispielsweise in jener Zeit in den Hawthorne-Werken zu Entlassungen, die auch diejenigen, die noch Arbeit hatten, um ihren Arbeitsplatz bangen ließ; oder die Versuchsleiter drohten mit negativen Sanktionen, wenn die Testpersonen keine Leistungssteigerung erkennen ließen. Der bahnbrechende „Hawthorne-Effekt" muß also eher als ein dauerhafter Mythos bezeichnet werden (Rice 1982). Eine Vielzahl von neueren empirischen Forschungsarbeiten hat außerdem ergeben, daß der monokausale Zusammenhang zwischen Zufriedenheit und Führungsstil einerseits sowie Produktivität andererseits nicht nachzuweisen ist. Für die gleichen Korrelationen lassen sich widersprechende Untersuchungen anführen. Der Wirkungszusammenhang in Organisationen scheint komplexer zu sein, als daß er sich mit wenigen Variablen erklären ließe.
Diese Einsicht führt zu den neueren Organisationstheorien, die nun wieder ihrerseits Antworten auf die Erklärungslücken eindimensionaler Organisationstheorien darstellen. Sie versuchen durch die Einbeziehung von komplexeren Wirkungszusammenhängen zu neuen Sichtweisen und Erklärungsansätzen zu kommen.

(3) Organisationen als komplexe Gebilde

Fortschreibung und neue Ansätze der Systemtheorie

Die bisher vorgestellten Organisationstheorien waren von einer einfachen Vorstellung über Organisationen ausgegangen. Dies änderte sich nachhaltig in den sechziger Jahren. Eine Vielzahl neuer Organisationstheorien wurde damals ausgearbeitet. Wichtige Anregungen und Impulse aus der *Systemtheorie,* die sich in verschiedenen Wissenschaftsdisziplinen entwickelte, kamen dazu.

In der Allgemeinen Systemtheorie wurde nach Strukturähnlichkeiten zwischen naturwissenschaftlichen und sozialen Systemen gesucht. Danach zeichnen sich auf einer sehr formalen Ebene natürliche und soziale Systeme durch gleiche Strukturbedingungen aus. Systeme werden definiert als eine Anzahl von Elementen („Komponenten"), die miteinander in Wechselbeziehung und mit ihrer Umwelt im Austausch stehen. Elemente von Organisationen können personenbezogen oder funktionsbezogen definiert werden; als Elemente der Organisation gelten also entweder die verschiedenen Organisationsmitglieder oder die Entscheidungs- und Weisungsbefugnisse, die Produktivität, die Zielerreichung, die Zufriedenheit der Mitarbeiter, das Betriebsklima, das Führungsverhalten und die Größe der Organisation. Es würde den Rahmen dieser Einführung sprengen, wenn hier die Entwicklung und die verschiedenen Ansätze der Systemtheorie nachgezeichnet würden (zur Einführung in die Systemtheorie siehe: Willke 1987). Es soll hier genügen, die *zentralen Aspekte der Systemtheorie* für das Verständnis der neueren Organisationtheorie darzustellen. Diese sind: (1) das Verhältnis der Organisation zur Umwelt, (2) die Komplexität der Prozesse in Organisationen, (3) die Wahlmöglichkeiten und (4) die Lernfähigkeit von Organisationen.

(1) Das *Verhältnis der Organisation zur Umwelt:* Organisationen sind offene soziale Systeme, die ihr Überleben durch Rückgriff auf externe Ressourcen möglich machen. Organisationen sind nicht aus sich heraus überlebensfähig. Sie bedürfen des Austausches mit ihrer Umwelt. Bildlich gesprochen sind Organisationen keine abgeschlossenen Festungen, die die Brücken zu ihrer Umwelt abgebrochen haben, sondern eher offene Marktplätze, die im regen Austausch mit ihrer Umwelt stehen.

(2) Die *Komplexität der Prozesse in Organisationen:* Organisationen sind komplexe soziale Gebilde. „Komplexität bezeichnet den Grad der Vielschichtigkeit, Vernetzung und Folgelastigkeit" (Willke 1987, 16) von Entscheidungen. Vielschichtig sind Entscheidungen dann, wenn sie zwischen verschiedenen Funktionsebenen und Beteiligten koordiniert werden müssen. Vernetzung bezeichnet den Grad der gegenseitigen Abhängigkeit. Die einzelnen Elemente in Organisationen werden in ihren gegenseitigen Wirkungszusammenhängen betrachtet, und nicht nur monokausal in einer Richtung. Die Folgelastigkeit bezeichnet schließlich die Anzahl der Folgen, die eine Entscheidung nach sich zieht.

(3) Die *Wahlmöglichkeiten:* Die Handlungsmöglichkeiten der Mitglieder in Organisationen sind nicht festgelegt, es bestehen Wahlmöglichkeiten und Handlungsalternativen. Mitglieder in Organisationen verfügen über einen beträchtlichen Spielraum in ihren Entscheidungen. Jeder, der in Organisationen arbeitet, weiß, daß die Regelungen und Vorgaben entweder zu allgemein oder zu spezifisch sind, als daß sie in allen Situationen als Handlungsanleitung tauglich wären. Ein nicht unerheblicher Teil des Arbeitsaufwandes von Organisationsmitgliedern fließt in die Interpretation dieser allgemeinen Regeln.
(4) Die *Lernfähigkeit von Organisationen:* Organisationen sind entwicklungs- und lernfähig. In den bisherigen Konzepten wurden Organisationen eher in ihrer bestandserhaltenden Tendenz untersucht. Die Regeln, Strukturen und eingebauten Kontrollmechanismen haben bewahrenden Charakter. Damit werden Organisationen als starre soziale Gebilde betrachtet, die nicht fähig sind, sich veränderten Bedingungen anzupassen. Systemtheoretische Betrachtungen öffnen den Blick dafür, daß neben den Beharrungstendenzen von Organisationen auch solche der Entwicklung und Erneuerung festzustellen sind. Ein Impuls der Veränderung und Entwicklung wird durch ihre Umweltoffenheit angestoßen. Verändern sich die Umweltbedingungen von Organisationen, dann müssen die Organisationen den neuen Gegebenheiten angepaßt werden, wenn sie nicht erstarren wollen. Ein zweiter Impuls zu Veränderung und Wandel wird durch die Organisationen selbst gegeben. Systemtheoretische Betrachtungen gehen davon aus, daß Organisationen die Fähigkeit zur Selbstorganisation haben, d. h. sie erneuern ihre Elemente mit Hilfe der Elemente, aus denen sie bestehen. Organisationen produzieren, reproduzieren und verändern dadurch die ihnen eigenen strukturellen Muster. Neben ihrer Umweltabhängigkeit sind Organisationen zugleich auch autonom gegenüber ihrer Umwelt, denn die Impulse aus der Umwelt werden nicht einfach bruchlos umgesetzt: Organisationen als Systeme nehmen die Anforderungen aus der Umwelt auf und verändern diese im Sinne ihres eigenen Selbstverständnisses und ihrer eigenen Ziele.

Organisationstheorien

Im folgenden stelle ich exemplarisch drei komplexe Organisationstheorien vor: (1) die Situationstheorie, (2) die Aushandlungstheorie und (3) die Kulturtheorie

Situationstheorie

(1) Die Situationstheorie: Die Situationstheorie ist in den siebziger Jahren international am stärksten durch die englische Forschergruppe

Ansatz von Pugh

um Derek S. Pugh an der Universität Aston (Aston-Gruppe) geprägt worden. Im deutschsprachigen Raum hat Wolfgang Staehle den Begriff eingeführt. Alfred Kieser und Herbert Kubicek haben die Situationstheorie differenziert ausgearbeitet (zur Vertiefung der Situationstheorie siehe: Kieser/Kubicek 1992). Die anfänglichen Ausarbeitungen zur Situationstheorie stehen an der Schwelle zwischen sozialer und komplexer Betrachtungsweise von Organisationen. Frederick Taylor und Max Weber suchten nach allgemein anwendbaren und gültigen Prinzipien für die Gestaltung von Organisationen. Auch Kurt Lewin war mit seinen Führungsstiluntersuchungen auf der Suche nach einem universellen Führungsverhalten. Die Vertreter der Situationstheorie kritisieren die Suche nach allgemeinen Organisationsprinzipien. Sie gehen von der Beobachtung aus, daß es eine bunte Vielfalt an bestehenden Organisationsstrukturen gibt. Aus dieser Vielfalt und Zufälligkeit leiten sie die Folgerung ab, daß es keine allgemein gültigen Prinzipen des Organisationsaufbaus geben kann. Die Struktur der Organisation hängt vielmehr nach Ansicht der Vertreter der Situationstheorie von den spezifischen *Bedingungen der Situation* ab, die auf die Organisation einwirken. Die Unterschiede zwischen den tatsächlichen Organisationsstrukturen sind demnach auf Unterschiede in den Situationen zurückzuführen.

Die Situationstheorie hat einen starken *Einfluß auf die Praxis des Managements und der Organisationsgestaltung*. Anwendungsorientierte Vertreter der Situationstheorie untersuchen, wie die Situation und Struktur von Organisationen beschaffen sein sollte, um ökonomisch effizient und sozial verträglich zu sein (siehe Abbildung 4). Sie gehen

Abbildung 4: Situationstheorie

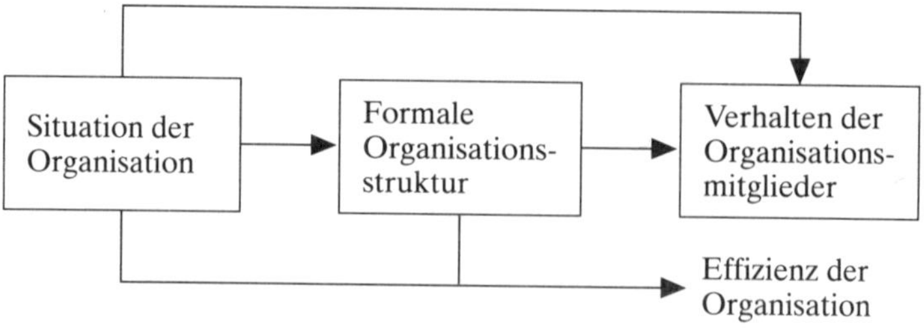

(Quelle: Kieser/Kubicek 1992, 57)

in ihren Überlegungen von der Annahme aus, daß eine hohe Übereinstimmung zwischen Situation und Struktur von Organisationen zu einer höheren Effizienz führt. Um jedoch zu empirisch gehaltvollen Aussagen über den formulierten Zusammenhang zu kommen, müssen Faktoren benannt werden, welche jeweils die Situation und die Struktur von Organisationen kennzeichnen. Alfred Kieser und Herbert Kubicek (1992) benennen solche Faktoren. Sie definieren die Struktur einer Organisation über die Faktoren „Grad der Spezialisierung von Aufgaben", „Koordination von Funktionen und Tätigkeiten", „Delegation von Entscheidungen" und „Formalisierung von Arbeitsabläufen". Die Situation von Organisationen ist gekennzeichnet über die Faktoren „Größe der Organisation", „technologischer bzw. professioneller Standard", „Einfluß der Umwelt der Organisation" und das „Angebotsprogramm". Die Faktoren werden in einzelnen Forschungsprogrammen operationalisiert und auf ihre Wirkungszusammenhänge untersucht. Ein Beispiel:

> Zwischen einem selbstverwalteten Kleinstheim und einem Jugendamt in einer mittleren Großstadt bestehen erhebliche situative und strukturelle Unterschiede in der Organisation. Das Kleinstheim hat eine überschaubare Größe und ein spezielles sozialpädagisches Angebot. Es wird weniger spezialisiert und in den Arbeitsabläufen weniger formalisiert sein. Die Bedingungen begünstigen einen informelleren Umgang der MitarbeiterInnen mit der Gefahr einer geringeren Verbindlichkeit und Kalkulierbarkeit. Das Jugendamt ist unübersichtlicher und verfügt über ein vielfältiges Angebot. Es wird mehr spezialisierte MitarbeiterInnen geben, und die Arbeitsbeziehungen sind formalisierter. Die Bedingungen begünstigen einen formelleren Umgang der MitarbeitertInnen mit der Gefahr eines unflexibleren Verhaltens.

Die Kritik an der Situationstheorie entzündete sich unter anderem an dem deterministischen Verständnis der Theorie. Es wird von einem monokausalen Zusammenhang zwischen Situationsfaktoren und Strukturbedingungen der Organisation ausgegangen. Sozialpsychologische Einflüsse bleiben weitgehend unberücksichtigt. Die Organisationsumwelt wird dadurch zu einem Selektionsmechanismus für die „richtige" Organisationsstruktur. In neueren Organisationstheorien wird demgegenüber zum einen die wechselseitige Beeinflussung von Situation und Struktur und zum anderen die Existenz eines Handlungsspielraums für die MitarbeiterInnen von Organisationen betont. Menschen in Organisationen vollziehen situative und strukturelle Bedingungen nicht nur nach, sondern interpretieren und verändern die- Kritik se. Damit wird der Bedeutung des Menschen als Subjekt in der Organisationstheorie Rechnung getragen.

Aushandlungstheorie Ansatz von Weick

(2) Die Aushandlungstheorie: Stellvertretend für interpretative Organisationstheorien wird das Konzept von Karl Weick herausgegriffen (Weick 1985). Es baut auf dem Konstruktivismus und der Systemtheorie auf. Karl Weick interessieren in erster Linie die sozialpsychologischen Prozesse, die zwischen den Handelnden in Organisationen ablaufen. Er wendet sich gegen eine Sichtweise, die Organisationen als mit Leben ausgestattete selbständige Subjekte, die zu sinnhaftem Handeln fähig sind, betrachtet. Einer solchen verdinglichten Betrachtungsweise von Organisationen stellt er das Handeln der Subjekte in Organisationen gegenüber. Es sind immer die Menschen, die handeln und nicht die blutleeren Strukturen. Dies drückt Karl Weick selbst so aus: „Das Wort Organisation ist ein Substantiv und ein Mythos zugleich. Sieht man sich nach einer Organisation um, findet man keine" (Weick 1974, 358, zit. nach Scott 1985,168).

Weick weist darauf hin, daß wir nicht von Organisationen, sondern vom *Prozeß des Organisierens* reden sollen. Um dieses Verständnis deutlicher zu machen, soll der Unterschied zur Situationstheorie herausgearbeitet werden. In der Situationstheorie hängen der Erfolg und das Überleben von Organisationen davon ab, wie gut die organisationsspezifischen Strukturen den äußeren Bedingungen der Umwelt angepaßt werden; komplexe Umweltbedingungen verlangen nach differenzierten Organisationsstrukturen und umgekehrt. Karl Weick bestreitet mit seinem Konzept, daß Organisationen in der Lage sind, Umweltanforderungen objektiv zu analysieren und dazu passende Organisationsstrukturen zu entwickeln. Er argumentiert, daß die Umweltinformationen keineswegs eindeutig und klar sind. Ganz gleich, um welche Informationen es sich handelt, sie müssen ausgewählt und interpretiert, d.h. mit einem den Organisationsmitgliedern eigenen Sinn versehen werden. Bei der Auswahl und Interpretation der Umweltinformationen bedienen sich die Organisationsmitglieder der für die jeweilige Organisation spezifischen Sinn- und Deutungsmuster. Diese haben die Funktion, die schier unerschöpflichen Umweltinformationen im Sinne einer Suchmatrix auf relevante Informationen hin abzusuchen und sie so zu interpretieren, daß sie in die organisationsspezifischen Deutungsmuster passen.

Der Deutungsprozeß geschieht in folgenden *Schritten*: In einem ersten Schritt werden jene Umweltanforderungen herausgefiltert, die als beachtenswert angesehen und weiterverfolgt werden sollen. Im zweiten Schritt werden den ausgewählten Aspekten spezifische Deutungen oder ein besonderer Sinn zugeordnet. Dieser Deutungsprozeß legt fest, wie die Handlungsanforderungen zu „lesen“ sind und welchen „Landkarten“ das Handeln zu folgen hat. Im dritten Schritt werden die so erzeugten Orientierungs- und Interpretationsmuster gespeichert; sie bilden die Grundlage für das aktuelle Handeln.

Karl Weick verdeutlicht mit diesem Ansatz, daß Organisationen nicht auf vorgegebene Umwelten festgelegt reagieren, sondern daß sie sich diese Umwelt in einem aktiven Deutungs- und Interpretationsprozeß selbst erst schaffen. Die gleichen Überlegungen finden bei der Betrachtung der internen Organisationsstrukturen Anwendung. Auch diese werden nicht als objektiv vorgegebene Strukturen betrachtet. Sie stellen kollektive Gedankengebäude dar, die von den betroffenen Organisationsmitgliedern mehr oder weniger geteilt werden. Welche Organisationsstrukturen in welcher Art und Weise wirksam sein sollen, ist Ergebnis eines Aushandlungsprozesses zwischen den beteiligten Organisationsmitgliedern.

Weicks Organisationstheorie hat den Vorteil, daß mit ihm die Organisationsmitglieder als Subjekte in dem Organisationsgeschehen ernst genommen werden. Er steht damit in der Tradition eines humanistischen Menschenbildes. Die Menschen werden nicht als Marionetten vorgegebener Organisationsstrukturen betrachtet. Sie haben die Verantwortlichkeit und die Entscheidungsmöglichkeit über ihr Handeln, bzw. diese werden ihnen zugemutet. Kritik

Sozialpsychologische Untersuchungen zeigen, daß Handlungsmuster zu Routinen erstarren können. Sie verlieren dann den ihnen eigenen Sinn und bestimmen als inhaltsleere Hülle das Handeln. Damit Organisationen nicht in Routinen erstarren, müssen eingefahrene Wahrnehmungs- und Denkmuster auf ihre Brauchbarkeit hin überprüft werden. Dies geschieht durch unkonventionelle Sichtweisen, die in den Prozeß der Interpretation eingebracht werden. Chaos, der Schreck aller rationalen Organisationskonzepte, stellt deshalb für Weick keinen Prozeß der Desorganisation dar; er sieht in ihm vielmehr die Voraussetzung für die Entwicklung und Veränderung von Organisationen – ein Beispiel:

> Die MitarbeiterInnen der Abteilung Jugendarbeit in einem Jugendamt haben den Auftrag, ihre Abteilung zukünftig dezentral und stadtteilorientiert zu strukturieren. Dadurch sollen die Organisationsstrukturen und Arbeits-

abläufe besser den aktuellen Problemen und Aufgaben der Jugendarbeit angepaßt werden. Es liegen dazu bereits Erfahrungen aus anderen Städten vor, die berücksicht werden sollen. In der Umsetzung werden die Vorschläge aus anderen Städten von den MitarbeiterInnen nur in Teilen übernommen, da in der Abteilung Jugendarbeit andere Traditionen, Erfahrungen und Strukturen vorliegen und die MitarbeiterInnen sehr klare Vorstellungen davon haben, was bei ihnen realisierbar ist und was nicht.

Kulturtheorie

(3) Die Kulturtheorie: In enger Verwandtschaft zu den vorangegangenen Ausführungen steht die Kulturtheorie. Im deutschen Sprachraum haben Mark Ebers, Eberhard Dülfer, Ain Kompa, Oswald Neuberger und Georg Schreyögg Impulse für die Kulturtheorie geliefert (zur Vertiefung siehe: Kompa/Neuberger 1993). Sie erfreut sich in der Praxis der Organisationsberatung und des Managements einer wachsenden Beliebtheit. Die theoretischen Anstöße kamen aus der Ethnologie, der Anthropologie und dem Konstruktivismus. Die praktischen Anregungen lieferten Organisationsberater, die Schwierigkeiten in der Umsetzung ihrer Beratungsvorschläge damit erklärten, daß diese an den Grundüberzeugungen der jeweiligen Organisationsmitglieder vorbeigingen und deshalb von diesen nicht in das eigene Handeln integriert wurden.

verschiedene Ansätze

In der Kulturtheorie werden *zwei verschiedene Untersuchungsansätze* unterschieden. In dem einen Fall wird die Organisationskultur als Teil der Situation von Organisationen gesehen. Sie ist damit ein Faktor neben anderen und wird in ihrem Einfluß auf andere Faktoren des Organisationsgeschehens untersucht. In dem anderen Fall wird die gesamte Organisation als Ausdruck einer bestimmten Kultur verstanden. Die Mitglieder von Organisationen bilden eine Kulturgemeinschaft, die Wertvorstellungen und Handlungen gemeinsam teilen und sich dadurch von anderen Organisationen unterscheiden. Georg Schreyögg (1992, 1526) sieht über die Unterschiede in den einzelnen Richtungen der Kulturtheorie hinaus einige Kernelemente, die ein gemeinsames Verständnis des Kulturbegriffs ausdrücken:

(a) Organisationskulturen sind gemeinsam geteilte Überzeugungen, die das Selbstverständnis und die Eigendefinition der Organisation prägen.
(b) Organisationskulturen werden als selbstverständlich hingenommen; ihre kritische Reflexion ist nicht die Regel.
(c) Organisationskultur bezieht sich auf gemeinsame Einstellungen

und Werte der Mitglieder; dadurch wird das Handeln in Organisationen einheitlich.
(d) Organisationskultur ist das Ergebnis eines Lernprozesses im Umgang mit der externen und internen Umwelt.
(e) Organisationskultur vermittelt den Mitgliedern Sinn und Orientierung.
(f) Organisationskultur wird nicht bewußt gelernt, sondern in einem Sozialisationsprozeß vermittelt.

Kultur gehört zu jenen Begriffen, die in der Wirklichkeit nicht direkt beobachtbar sind. Auf ihre Existenz kann nur indirekt geschlossen werden. Die Kultur einer Organisation zeigt sich unter anderem in symbolhaften Sprachregelungen, wie dies in Anekdoten, Geschichten, Anreden zum Ausdruck kommt. Sie ist beobachtbar in immer wiederkehrenden Mythen oder Annahmen über besonders zentrale Organisationsprinzipien und -ziele (siehe Material 2.3.3., S. 69 ff.). Sie drückt sich in Ritualen und Bräuchen aus, die auf Außenstehende manchmal befremdlich wirken und sie findet sich in künstlichen Produkten und Objekten, wie sie sich in Gebäuden, Büromöbeln, Kleidung und Schriftstücken niederschlagen. In der Literatur der Kulturtheorie werden drei Medien der symbolischen Kulturvermittlung unterschieden. Es sind dies die Sprache (z. B. durch Ideologien, Mythen und Geschichten), die Interaktionen (z. B. durch Sitten, Gebräuche und Rituale) und die Objekte (z. B. Architektur, Statussymbole, Kleidung und Schriftstücke).
Mit der Kulturtheorie wird die Aufmerksamkeit auf den Alltag von Organisationen gerichtet und untersucht, welche spezifischen Mythen, Umgangsformen, Rituale, Anekdoten, Tabus, Zeremonien, Statussymbole usw. in einer Organisation anzutreffen sind; symbolhafte Äußerungen werden entschlüsselt und kollektiv geteilte Verhaltensweisen und Normen in Organisationen rekonstruiert. Wie kommt es aber dazu, daß die Kultur der Organisation durch eine Mehrheit der Mitglieder geteilt wird? Aus der Sicht der Leitung von Organisationen gibt es dazu verschiedene Möglichkeiten. Die eine setzt bereits bei der Auswahl neuer Organisationsmitglieder an. Bewerbungsverfahren haben auch die Aufgabe, die von ihrer Persönlichkeit, Einstellungen und Verhaltensweisen „passenden“ Organisationsmitglieder auszuwählen. Aus der Perspektive der Kulturtheorie ist die Personalauswahl nicht nur eine Frage der stimmigen Qualifikation, sondern

auch eine der sozialen Integration. Die zweite Möglichkeit besteht in der Vermittlung der Kultur einer Organisation durch eine organisationsspezifische Sozialisation. Neue Mitglieder durchlaufen einen bewußten oder unbewußten Lernprozeß in der Organisation, der ihnen vermittelt, wie z. B. die tatsächlichen Machtverhältnisse verteilt sind, welche Ziele und Aufgaben als wichtig oder weniger wichtig anzusehen sind, wie man sich untereinander zu verhalten hat u. v. m. Dieser Prozeß sichert eine gemeinsame Identität der Organisationsmitglieder, schafft Loyalitäten gegenüber der Organisation, bildet eine gemeinsame Basis der Verständigung, die nicht immer wieder neu ausgehandelt werden muß und gibt Verhaltenssicherheit im Umgang mit anderen Organisationsmitgliedern – ein Beispiel:

> Die MitarbeiterInnen eines Jugendzentrums haben vor einigen Jahren beschlossen, eine sog. „rotierende Leitung“ einzuführen. Ein Mitglied aus dem Team übernimmt jeweils für einen Zeitraum von einem Jahr die offizielle Leitung der Einrichtung, um sie danach an ein anderes Mitglied abzugeben. Im Umgang mit diesem System haben sich bei den MitarbeiterInnen eigene Rituale und Begriffe gebildet, die für Außenstehende eher fremd wirken. Der oder die jeweilige LeiterIn wird als „König“ bezeichnet und durch eine eigene „Einführungszeremonie“ offiziell mit dem Amt betraut. Obwohl die MitarbeiterInnen die Aufgabe sehr unterschiedlich bewältigen und über manche hinter vorgehaltener Hand geschimpft wird, wird jeder Versuch darüber offiziell zu reden geflissentlich vermieden.

Die in diesem Kapitel vorgestellten Organisationstheorien und ihre spezifischen Blickwinkel bei der Betrachtung von Organisationen werden die einzelnen Kapitel in dem Buch begleiten. Egal, ob Ziele, formelle und informelle Strukturen, die sozialen Prozesse sowie die Veränderung und Entwicklung von Organisationen zum Thema gemacht werden, immer wird die konkrete Betrachtungsweise dadurch geprägt sein, welche Organisationstheorie zugrunde gelegt wird. Organisationstheorien bieten eine Hilfe zum grundlegenden Verständnis von Organisationen, sie geben darüber hinaus aber auch eine Orientierung, um die vielfältigen Einzelthemen der gegenwärtigen Diskussion besser einordnen und verstehen zu können.

2.3. Materialien/Dokumente, Literatur

2.3.1. Menschenbild und Konsequenzen für Führung und Organisation

Den Organisationstheorien liegen unterschiedliche Menschenbilder zugrunde. Je nach Menschenbild ergeben sich daraus verschiedene Konsequenzen für das Führungsverhalten und die Struktur der Organisation. Wilfried Krüger (1993, 300) hat das Verhältnis in einem Schaubild dargestellt; es wird in Auszügen hier übernommen:

Menschenbild	Konsequenzen für Führung und Organisation
(1) rational economic man	
Ist in erster Linie durch monetäre Anreize motiviert; ist passiv und wird von der Organisation manipuliert, motiviert und kontrolliert; sein Handeln ist rational;	Klassische Führungsfunktionen: Planen, Organisieren; Motivieren, Kontrollieren und deren Effizienz stehen im Mittelpunkt; die Organisation hat die Aufgabe, irrationales Verhalten zu neutralisieren und zu kontrollieren.
(2) social man	
Ist in erster Linie durch soziale Bedürfnisse motiviert; als Folge der Sinnentleerung der Arbeit wird in sozialen Beziehungen am Arbeitsplatz Ersatzbefriedigung gesucht; wird stärker durch soziale Normen seiner Arbeitsgruppe als durch Anreize und Kontrollen des Vorgesetzten gelenkt; Annahmen der „Human-Relations-Bewegung".	Aufbau und Förderung von Gruppen; soziale Anerkennung der MitarbeiterInnen durch Führungskräfte und Gruppe; die Bedürfnisse nach Anerkennung; Zugehörigkeitsgefühl und Identität müssen befriedigt werden; Gruppenanreizsysteme treten an die Stelle von individuellen Anreizsystemen.
(3) complex man	
Ist äußerst wandlungsfähig; die Dringlichkeit der Bedürfnisse unterliegt einem Wandel; der Mensch ist lernfähig, erwirbt neue Motive; in unterschiedlichen Systemen werden unterschiedliche Motive bedeutsam; Annahmen der Situationstheorie.	Führungskräfte sind Diagnostiker von Situationen; sie müssen Unterschiede erkennen können und Verhalten situationsgemäß variieren können; es gibt keine generell richtige Organisation.

2.3.2. Partizipative Organisationsstrukturen und kooperative Führung

Vorschläge für kooperative Organisationsstrukturen sind in ihren Grundzügen bereits von Rensis Likert in den siebziger Jahren ausgearbeitet worden. Er kommt zu der Überzeugung, daß ein kooperatives Führungsverständnis und durchlässigere Entscheidungsstrukturen (zum Modell der „überlappenden Gruppen“ siehe S. 55 ff.) die Bedingung für erfolgreichere Organisationen sind. Wegen der grundsätzlichen Bedeutung seiner Vorschläge für die aktuelle Diskussion zur Organisationsreform werden seine Anregungen hier in Auszügen dokumentiert.
Nach Rensis Likert soll das Verhältnis zwischen Vorgesetzten und MitarbeiterInnen durch eine „unterstützende Beziehung“ gekennzeichnet sein. Diese zeigt sich in folgenden Einstellungen und Verhaltensweisen von Vorgesetzten:

> „Er ist hilfsbereit und freundlich. Er ist umgänglich, aber entschlossen, er droht nie, er ist ehrlich besorgt um das Wohlergehen der MitarbeiterInnen und bemüht sich, die Leute feinfühlig und überlegt zu behandeln.
> Er ist gerecht, wenn nicht sogar großzügig. Er ist bemüht, den Interessen seiner MitarbeiterInnen wie der Unternehmung bestens gerecht zu werden.
> Er hat Vertrauen in die Integrität, die Fähigkeit und die Leistungsfreude seiner MitarbeiterInnen; er ist nicht mißtrauisch.
> Das Vertrauen in seine MitarbeiterInnen wirkt sich in hohen Erwartungen bezüglich ihrer Leistungen aus. Das führt zu einem aufgeschlossenen, nicht zu einem gespannten Verhältnis.
> Er sorgt dafür, daß jede(r) MitarbeiterIn für ihre/seine besondere Aufgabe gut vorbereitet wird. Er bemüht sich auch, die Beförderung seiner MitarbeiterInnen zu erleichtern, indem er sie in die Aufgaben höherer Stufen einführt.
> Er unterstützt auch jene MitarbeiterInnen, deren Leistungen sich unter dem festgelegten Standard bewegen. Ist ein(e) MitarbeiterIn offensichtlich am falschen Platz eingesetzt und daher unfähig, seine/ihre Aufgaben befriedigend zu erfüllen, bemüht er sich, einen Platz zu finden, der seinen/ihren Fähigkeiten angemessen ist und sorgt für seine/ihre Versetzung“ (1972, 100f.).

Das Prinzip der „unterstützenden Beziehung“ setzt eine gewisse Übereinstimmung zwischen den Zielen der Organisation und den Wünschen der einzelnen Mitglieder voraus. Likert fordert deshalb:

> „Die Ziele der gesamten Organisation und einzelner Teile müssen sich in befriedigender Harmonie mit den wesentlichen Wünschen und Bedürfnissen der Mehrzahl, wenn nicht aller ihrer Mitglieder und Partner befinden;
> die Ziele und Aufgaben eines jeden Organisationsmitgliedes müssen so festgelegt werden, daß dieses stark motiviert ist, sie zu erfüllen;
> die Methoden und das Vorgehen zur Erreichung der festgelegten Ziele der Organisation müssen so gewählt und entwickelt werden, daß die Mitglieder motiviert werden, deren Möglichkeiten voll zu nutzen;

die Mitglieder der Organisation und der mit ihr verbundenen Personen müssen das Gefühl haben, das Entschädigungssystem – Gehälter, Löhne, Gratifikationen … – verschaffe ihnen ein angemessenen Entgelt für ihre Anstrengungen und Leistungen“ (1972, 114).

2.3.3. Die Organisationskultur in der Sozialen Arbeit

In Organisationen des Sozialbereichs findet man eine Reihe von Ritualen und Mythen, die Ausdruck einer spezifischen Organisationskultur sind. Armin Wöhrle hat Aussagen dazu zusammengetragen. Er sieht diese Mythen als Teil eines Teufelskreises, die ineffiziente Organisationsstrukturen stabilisieren (Quelle: Wöhrle 1993, 132).

Mythen, die den gegenwärtigen Zustand erhalten

“Aus der Not eine Tugend machen“

Planlosigkeit wird zur Spontaneität und Behelfsmäßigkeit zu Improvisation uminterpretiert. Dadurch entsteht die Selbsttäuschung, man würde kreativ handeln.

Die Kultur des Machens

1. “Das Ziel ist das, was wir tun.“
2. “Viel tun hilft viel.“
3. “Erfolg ist in der Sozialarbeit nicht meßbar.“
4. “Mangelnde Rückmeldungen über die Arbeit führen zu Unsicherheit und schlechtem gewissen.“

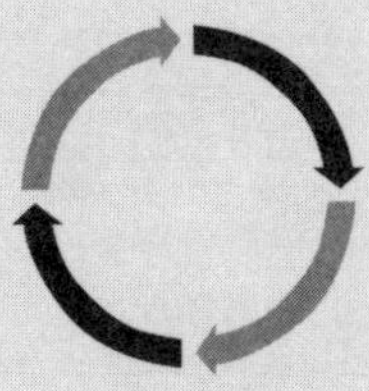

Die Kultur des Familienmodells

1. “Wir sind alle gleich und entscheiden alles gemeinsam.“
2. “Überfrachtung von Teamsitzungen mit endlosen und ineffektiven Diskussionen.“
3. “Innovationen werden nicht zielstrebig angegangen, sondern totgeredet.“
4. “Hoher Energieverbrauch für die Bearbeitung emotionaler Störungen.“

“Die Mißerfolgsorientierung“

1. “Die Legitimation der eigenen Arbeit wird häufig durch Abgrenzung und Rechtfertigung zu erreichen gesucht.“
2. “Man kann ja doch nichts machen“
3. “Nicht Inhalte stiften den sozialen Zusammenhang, sondern die Beziehungen.“

2.3.4. Literatur

Greif, S. (1983): Konzepte der Organisationspsychologie. Eine Einführung in grundlegende theoretische Ansätze. Bern
Eine grundlegende Einführung in Theorien der Organisationspsychologie. Gleiche Gliederungskriterien erleichtern den Vergleich der verschiedenen Theorien. Im zweiten Teil wird der Rahmen für eine Handlungstheorie der Organisationspsychologie differenziert entwikelt.

Kieser, A./Kubicek, H. (1992): Organisation. Berlin, New York 1992, 3. Auflage
Das Grundlagenwerk zur Situationstheorie der Organisation. Die zentralen Variablen der Situation und die der Struktur bilden die Gliederungsgesichtspunkte für eine differenzierte Darstellung und Begründung der Theorie.

Scott, W. R. (1986): Grundlagen der Organisationstheorie. Frankfurt/Main
Eine übersichtliche und gut lesbare Einführung in die Organisationstheorie. Die Gliederung des Buches orientiert sich an drei Perspektiven: Organisationen als rationale, als natürliche und als offene Systeme. Die neuesten Ergebnisse der wissenschaftlichen Organisationsforschung werden unter dem Blickwinkel dieser Perspektiven vorgestellt.

Türk, K. (1989): Neuere Entwicklungen in der Organisationsforschung. Ein Trend Report. Stuttgart
Das Buch ist aus einem Vorlesungsmanuskript entstanden und bietet dem Leser einen Überblick über die neuesten Fragestellungen in der Organisationsforschung.

2.4. Übungsfragen

(a) Verständnisfragen

(1) Skizzieren Sie die Idee der rationalen Organisationstheorie.
(2) Überlegen Sie, wie der Begriff „Bürokratie" im Alltag verwendet wird und vergleichen Sie dies mit den im Text vorgestellten Bedeutungen.
(3) Was versteht Max Weber unter „legaler Herrschaft" und welche Bedeutung hat dieses Verständnis für seine Organisationstheorie?
(4) Worin liegt die Bedeutung der „Hawthorne-Experimente" und welche methodische Kritik wurde daran geäußert?
(5) Von welchen Annahmen gehen systemtheoretische Organisationstheorien aus?
(6) Welcher Zusammenhang besteht zwischen der Struktur und der Situation einer Organisation aus Sicht der Situationstheorie?
(7) Wie wird der Zusammenhang zwischen Umwelt und Organisation im Aushandlungskonzept von Karl Weick begründet?

(b) Vertiefungsfragen

(1) Erinnern Sie sich an eigene Erfahrungen mit Vorgesetzten. Welche Menschenbilder können Sie in dem Führungsverhalten entdecken und welche Konsequenzen hatte das Verhalten auf den Umgang und die Motivation der MitarbeiterInnen (siehe Material 2.3.1.)?
(2)Wählen Sie eine Einrichtung aus Ihrem Praktikum oder aus einem anderen Erfahrungszusammenhang aus. Wie lassen sich die Vorschläge von Rensis Likert (siehe Material 2.3.2.) auf diese Einrichtung übertragen?
(3) Armin Wöhrle spricht von Mythen in der Praxis der Sozialen Arbeit, durch die ein „Teufelskreis" an ineffizienten Organisationsstrukturen stabilisiert wird (siehe Material 2.3.3.) Überprüfen Sie an einem ausgewählten Beispiel, ob diese Mythen Ihrer Erfahrung nach in der Sozialen Arbeit anzutreffen sind und wenn ja, wie sie sich im Verhalten von SozialarbeiterInnen niederschlagen.

Teil 2
Struktur und Dynamik von Organisationen

3. Organisationsziele

„Solange das Ziel nicht klar ist, ist jeder Weg der richtige!", sagt ein Sprichwort. Ziele sind wie Lichtpunkte im Dunkeln, die Menschen den Weg weisen. Die Bedeutung des Ziels als „Wegweiser" für das Handeln von Menschen gilt auch für Organisationen im Sozialbereich. Ziele bieten Mitgliedern in Organisationen eine Orientierung für ihr Handeln; in ihnen wird sprachlich ausgedrückt, was erreicht werden soll. Stellt man die Organisationsziele in das Zentrum der Betrachtung, kann gefragt werden, welche Tätigkeiten und Aufgaben der Erreichung der Ziele dienen oder welche weniger dazu geeignet sind. Ziele sind deshalb auch ein Maßstab, um die Tätigkeiten von Menschen in Organisationen beurteilen zu können. Mitglieder von Organisationen verfolgen nicht nur ein Ziel, sondern mehrere. Diese Ziele können in Konflikt zueinander treten. Im folgenden Kapitel wird beschrieben,

Gliederung des Kapitels

(a) durch welche formalen *Eigenschaften* Ziele gekennzeichnet sind und welches die *Maßstäbe* von Organisationszielen und *Einflußfaktoren* auf Ziele sind (Abschnitt 3.1.);
(b) in welche *systematischen Schritte die Zielplanung* gegliedert werden kann, um den Prozeß der Zielfindung, Zielvereinbarung und Zielerreichung transparent zu machen und die Organisationsmitglieder daran zu beteiligen (Abschnitt 3.2.).

3.1. Orientierung und Kontrolle

Eigenschaften von Zielen

Bevor ich inhaltlich auf Organisationsziele eingehe, möchte ich anhand einiger knapper wissenschafttheoretischer Aussagen die formalen Eigenschaften von Zielen charakterisieren: (1) Sie formulieren wünschenswerte Zustände oder Ereignisse, die erreicht werden sollen. Diese Zustände oder Ereignisse liegen (2) in der Zukunft. Die Grundlage für Ziele bilden (3) Werte oder Normen. Und die Ziele bieten (4) einen Orientierungs- und Beurteilungsmaßstab für das Handeln von Menschen.

(1) Ziele bringen einen *wünschenswerten Zustand* oder eine *Absicht* zum Ausdruck (intentionaler Aspekt): In Zielen kann formuliert werden, wie ein Zustand sein soll, nicht wie er gegenwärtig ist. Wenn sich der wünschenswerte Zustand auf das Handeln oder die Einstellungen von Menschen bezieht, spreche ich von handlungsorientierten Zielen. Wenn sich Ziele auf soziale Gebilde wie Organisationen beziehen, spreche ich von organisationsorientierten Zielen. Auf den Zusammenhang von handlungs- und organisationsorientierten Zielen wird in diesem Abschnitt an anderer Stelle eingegangen. Sieht man von spezifischen Inhalten der Ziele ab, so beschreiben sie – unter formalen Gesichtpunkten betrachtet – einen „Soll-Zustand“. Dieser kann von einem „Ist-Zustand“ unterschieden werden, der gegenwärtig anzutreffen ist und verbessert werden soll.
(2) Die wünschenswerten Zustände, die in Zielen zum Ausdruck kommen, liegen nicht in der Gegenwart oder der Vergangenheit, sondern in der *Zukunft* (zukunftsorientierter Aspekt): Die Vergangenheit entzieht sich der Intention menschlichen Handelns. Das, was zurückliegt, ist vergangen und vorbei. Es kann durch menschliches Handeln real nicht mehr verändert werden. In bezug auf die Gegenwart von Zielen zu sprechen, ist aus logischen Gründen nicht sinnvoll, da Ziele über die Differenz von einem Ist-Zustand (Gegenwart) zu einem Soll-Zustand definiert sind. Was bleibt, ist die Zukunft. Ziele können in einer sehr nahen Zukunft, aber auch in der Ferne liegen. Je weiter Ziele in der Zukunft liegen, desto schwerer ist es, über deren Erreichen eine Aussage zu machen.
(3) Ziele werden auf der *Grundlage von normativen Aussagen* formuliert: Sie liefern keine Beschreibung oder Erklärung für vergangene oder gegenwärtige Tatbestände, sondern schreiben vor, wie ein Zustand auszusehen hat (präskriptiver Aspekt). Fragt man danach, warum ein bestimmtes Ziel verfolgt werden soll, wird dies direkt oder indirekt mit bestimmten Wertvorstellungen begründet. Diese Wertvorstellungen können sich unter anderem in Verhaltensnormen oder Menschenbildern niederschlagen. Ziele sind deshalb nicht objektiv. Sie dokumentieren subjektive Entscheidungen, in denen sich die Wertvorstellungen der Beteiligten widerspiegeln. Ziele haben nicht den Charakter von wahren oder falschen Aussagen. Sie können nur in bezug auf eine Wertannahme angemessen oder nicht angemessen sein.
(4) Ziele bieten eine *Orientierung für das Handeln von Menschen:* Streng genommen bildet diese vierte Aussage keine Eigenschaft von

Zielen, sondern stellt eine Folgerung aus den vorangegangenen Überlegungen dar. Sie ist selbst eine normative, d. h. zielorientierte Aussage, die exakt lautet: „Ziele sollen eine Orientierung für das Handeln von Menschen bieten!“ Wird diese Zielformulierung akzeptiert, dann ergeben sich daraus *zwei Folgerungen:* Es muß erstens angegeben werden, welches die Maßstäbe für das Handeln von Menschen sind. Wie im zweiten Kapitel ausgeführt wurde, unterscheiden sich die Zielmaßstäbe in den einzelnen Organisationstheorien deutlich. So stellen rationalistische Organisationstheorien eher die ökonomische Effizienz in den Vordergrund, während soziale Organisationstheorien humane Zielmaßstäbe betonen. Ziele müssen zweitens überprüfbar formuliert werden. Vage formulierte Ziele bieten keine Orientierung für ein bestimmtes Handeln. Mit ihnen läßt sich jedes Handeln rechtfertigen. Dies kommt anschaulich in folgendem Aphorismus zum Ausdruck: „Wenn man nicht weiß, wo man hin will, darf man sich nicht wundern, wo man herauskommt!“ Die Formulierung überprüfbarer Ziele wird in der empirischen Sozialforschung als *„Operationalisierung“* bezeichnet. Damit ist gemeint, daß Meßgrößen oder Indikatoren angegeben werden, mit deren Hilfe die Zielerreichung beobachtet werden kann (zum methodischen Vorgehen bei der Zielplanung siehe Abschnitt 3.2., S. 83 ff.) – ein Beispiel:

> Die Arbeitszufriedenheit ist in sozialen Organisationstheorien ein wichtiges Ziel. Arbeitszufriedenheit kann aber nicht direkt beobachtet werden. In der Organisationspsychologie werden deshalb Indikatoren benannt, die Rückschlüsse auf die Arbeitszufriedenheit zulassen. Diese sind unter anderem der Krankenstand und die Fluktuation von MitarbeiterInnen, die Häufigkeit und der Umgang mit Konflikten, das Verhalten gegenüber Vorgesetzten und KollegInnen und viele andere Indikatoren.

formelle und informelle Ziele

Das, was bisher über Ziele ausgesagt wurde, ist formal und kann auf verschiedenste Bereiche des Lebens übertragen werden. Im Vordergrund der Fragestellungen dieses Buches stehen jedoch *Organisationsziele.* Erfahrene OrganisationsberaterInnen wissen, daß zwischen formellen und informellen Zielen in Organisationen unterschieden werden kann. Die *formellen Ziele* einer Organisation sind zumeist als offizielle Ziele fixiert. Sie finden sich in Satzungen, Organisationsverfassungen, Verlautbarungen über die Unternehmensphilosophie, Gesetzen, Leitsätzen und Entwicklungsplänen der Organisation. Sie dokumentieren gegenüber den Organisationsmitgliedern, woran diese ihr Verhalten und ihre Tätigkeiten auszurichten haben, und gegenüber dem gesellschaftlichen Umfeld das besondere Profil der Organisation. Die *informellen Ziele* sind die Ziele von einzelnen Organisationsmitgliedern oder Gruppen, die inoffiziellen Charakter haben. Sie können, aber müssen nicht bewußt sein und bestimmen häufig das tatsächliche Handeln der Organisationsmitglieder. Um die tatsächlichen Handlungsleitlinien einer Organisation zu erfassen, müssen neben den formellen auch die informellen Ziele erkundet werden.

Schritte der Zielbildung in Organisationen

Die Unterscheidung zwischen formellen und informellen Zielen ist eine statische Betrachtung. Sie berücksichtigt nicht, wie es zur Bildung von Zielen in Organisationen kommt. In Anlehnung an Wolfgang Staehle (1991, 407) unterscheide ich drei Schritte der Zielbildung in Organisationen:

(1) Eine Organisation besteht aus vielen Mitgliedern, die jeweils persönliche Zielvorstellungen bezüglich ihrer beruflichen Tätigkeit haben. Diese Ziele können sich auf die eigene Situation in der Organisation oder auf die der AdressatInnen beziehen. Die Ziele sind Ausdruck der persönlichen Lebenserfahrung und der beruflichen Sozialisation und werden je nach sozialer Situation unterschiedlich sein.
(2) Die Mitglieder von Organisationen wählen aus diesem Bündel von persönlichen Zielen für sie bedeutsame aus und bringen diese in die Organisation ein. Dort treffen sie auf die Zielvorstellungen anderer Organisationsmitglieder, die formellen Zielvorgaben der Organisation und die Erwartungen des sozialen Umfeldes. In der Folge kommt es zu einem Aushandlungsprozeß, bei dem einzelne Ziele verändert oder zurückgestellt werden, andere mit einem stärkeren Grad an Verbindlichkeit eingebracht werden. Wie durchsetzungsfähig die einzelnen Mitglieder mit ihren Zielvorstellungen sind, hängt von den realen Machtverhältnissen in Organisationen und der Bereitschaft zu partizipativen Zielvereinbarungen ab (siehe Kapitel 6, S. 151 ff.).
(3) Das Ergebnis des Aushandlungsprozesses bilden die formellen Ziele der Organisation. Sie stellen vorübergehende, kollektive Vereinbarungen dar, an denen die Organisationsmitglieder ihr Handeln ausrichten und mit deren Hilfe ihr Handeln beurteilt wird. Dynamisch betrachtet ist der Zielkonsens nur ein vorübergehender. Mit der Veränderung von Personen und Situationen ändern sich die Zielvereinbarungen und der Prozeß des Aushandelns beginnt von vorne.

Inhalte von Organisationszielen

Nachdem die Eigenschaften von Zielen und der Prozeß der Zielvereinbarung in Organisationen vorgestellt wurde, beschäftige ich mich nun mit den Inhalten von Organisationszielen. Im Kapitel 2 wurde der Zusammenhang von Organisationstheorien und Menschenbildern verdeutlicht. Im folgenden gehe ich der Frage nach, welche Organisationsziele aus den Menschenbildern abgeleitet werden können und welchen Zielmaßstäben diese entsprechen.

In *rationalistischen Organisationstheorien* (siehe oben S. 49 ff.) werden die ökonomische Effizienz und die Effektivität als zentrale Zielmaßstäbe formuliert. Christian Scholz (1992, 534) definiert Effizienz unter Bezug auf die im angloamerikanischen Raum verwendeten Definitionen als die Maßgröße für die Wirtschaftlichkeit von Organisationen. Mit ihrer Hilfe kann zum Ausdruck gebracht werden, in welchem Verhältnis die eingesetzten Kosten (input) zu einem möglichen Nutzen (output) stehen. Bei der Überprüfung der Effizienz einer Organisation steht deshalb im Vordergrund, welcher finanzielle Aufwand für fachliche Angebote, Personal, Räumlichkeiten und Büroorganisation betrieben wird. In verwandtschaftlicher Nähe dazu steht der Begriff der Effektivität. Er ist definiert als die Maßgröße für die Zielerreichung. Ziele müssen nicht immer vollständig erreicht werden. Die tatsächliche Zielerreichung kann von der gewünschten abweichen. Die Effektivität gibt dann Auskunft darüber, wie stark die Abweichung ist (zur Vertiefung des Zusammenhangs von Effizienz und Effektivität siehe: Puch 1993). Dieser abstrakte Zusammenhang kann an einem einfachen Beispiel verdeutlicht werden:

> Die MitarbeiterInnen einer „Beschäftigungs-GmbH für arbeitslose Jugendliche“ formulieren als Ziel, daß 50 % ihrer Jugendlichen nach Ablauf eines Jahres in ein normales Beschäftigungsverhältnis integriert werden sollen. Nach Ablauf dieser Frist stellt sich heraus, daß nur 40% der Jugendlichen in einem Betrieb untergekommen sind. Die Effektivität der Zielerreichung liegt damit bei 80%.

Die VertreterInnen eines humanen Menschenbilds (siehe oben S. 55 f.) wenden sich gegen eine Überbetonung von wirtschaftlichen Zielmaßstäben. Sie legen ihr Augenmerk auf das soziale Geschehen und die sozialen Prozesse in Organisationen. Es wird genauer untersucht, wie sich Organisationsziele herausbilden, welche Ziele tatsächlich das Organisationsgeschehen beeinflussen und ob diese Ziele im Einklang mit humanitären Werten stehen. Interne humanitäre Ziele von Organisationen beziehen sich auf die Arbeitszufriedenheit von MitarbeiterInnen, auf die Erhaltung oder Verbesserung der Motivation, auf ein transparentes und kooperatives Führungsverhalten von

Vorgesetzten und auf den Grad der Entscheidungsbeteiligung von MitarbeiterInnen in Organisationen. Externe humanitäre Ziele von Organisationen im Sozialbereich beziehen sich auf den Umgang mit den AdressatInnen und thematisieren unter anderem, wie hoch die Mitwirkungsmöglichkeiten von Betroffenen bei der Organisation von sozialer Hilfe und Unterstützung sind.
In *komplexen Organisationstheorien* (siehe oben S. 57 ff.) wird noch ein weiterer Zielmaßstab hervorgehoben. Organisationen existieren nicht für sich allein, sondern sind Teil einer umfassenderen Umwelt (siehe Kapitel 7, S. 176 ff.). Im Rahmen der Aufgabenwahrnehmung greifen Organisationsmitglieder auf Ressourcen dieser Umwelt zurück und verändern sie. Die Eingriffe in die Organisationsumwelt können neben positiven Wirkungen auch negative Nebenwirkungen haben. Ein umweltbezogener Zielmaßstab ist deshalb darauf gerichtet, die negativen Nebenwirkungen des Handelns möglichst gering zu halten und die ökologische Verantwortlichkeit organisatorischen Handelns zu unterstreichen.
Die organisationsexternen unbeabsichtigten Folgen soll folgendes Beispiel illustrieren:

> Der „Allgemeine Sozialdienst" einer Stadt hat eine dezentrale Beratungsstelle in einer Obdachlosensiedlung eingerichtet. Damit sollen die Wege der BewohnerInnen zum ASD verkürzt und der Zugang zu der Einrichtung erleichtert werden. Die Beratungsstelle wird rege nachgefragt. Nach einiger Zeit zeigt sich, daß die Sozialkontakte zu außerhalb der Siedlung lebenden Menschen bei einigen BewohnerInnen abgenommen haben. Auf Rückfrage begründen die Betroffenen dies damit, daß sie nun weniger Möglichkeiten hätten, in die Stadt zu kommen.

Die organisationsinternen unbeabsichtigten Folgen sollen in folgendem Beispiel konzentriert werden:

> In einer Einrichtung wird beschlossen, die Verantwortung dezentraler zu verteilen. Es wird aber nicht überlegt, wie die neu gewonnenen Handlungsspielräume der MitarbeiterInnen koordiniert werden können. Die Folge sind unübersichtliche Entscheidungsstrukturen und Unzufriedenheit bei den MitarbeiterInnen. Eine eigentlich positive Maßnahme hat zu negativen Auswirkungen geführt.

Neben den bisher genannten Zielmaßstäben kommt in Organisationen des Sozialbereichs noch ein weiterer hinzu (siehe Material 3.3.2., S. 94 ff.). Das Handeln der Organisationsmitglieder kann auch danach beurteilt werden, wie *professionell* sie *ihre beruflichen Aufgaben wahrnehmen.* Dazu gehört unter anderem, daß das berufliche Handeln fachlich begründet wird, Ziele im Hinblick auf Wertvorstellung transparent gemacht und überprüfbar formuliert werden und insbesondere die Wirksamkeit der eingesetzten Methoden und Handlungsstrategien einer kritischen Prüfung unterzogen werden – ein Beispiel:

> In einem Heim wird danach gefragt, wie Situationen zu gestalten sind, damit sie einen erwünschten pädagogischen Effekt haben. Bei der Hausaufgabenbetreuung wird überlegt, wie unter anderem Raum für individuelle Zuwendung geschaffen werden kann; bei der Situation des Zubettgehens, wie emotionale Zuwendung und Geborgenheit gegenüber den Kindern und Jugendlichen berücksichtigt werden kann.

Zielmaßstäbe

Organisationen im Sozialbereich können nach verschiedenen Zielmaßstäben beurteilt werden (siehe Abbildung 5). Diese Ziele können in Konflikt zueinander stehen. Das Streben nach ökonomischer Effizienz kann beispielsweise in Konflikt zu fachlichen Zielen treten. Die eigentlich schwierige Aufgabe besteht dann darin, die verschiedenen Zielmaßstäbe so in Einklang zu bringen, daß sie sich gegenseitig nicht ausschließen oder behindern.

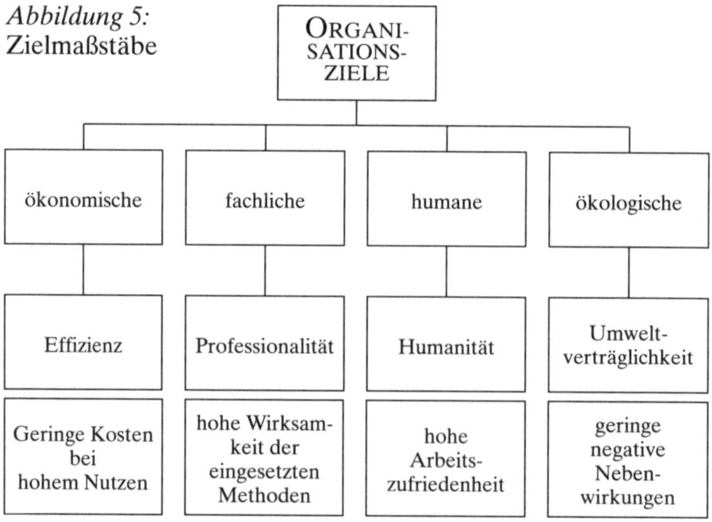

Abbildung 5: Zielmaßstäbe

Nachdem die Zielmaßstäbe der Organisationen im Sozialbereich formuliert sind, betrachte ich die Einflußfaktoren im Prozeß der Zielplanung genauer. Dazu unterscheide ich folgende Faktoren: (1) persönliche, (2) sachliche, (3) umweltbezogene und (4) führungsstilbezogene.

Einflußfaktoren im Prozeß der Zielplanung

(1) *Persönliche Einflußfaktoren:* Zu diesen Einflußfaktoren im Prozeß der Zielplanung gehören die Motive, sozialen Einstellungen, Interessen und Wertvorstellungen der Beteiligten. Jedes Organisationsmitglied oder jede Person, die auf das Organisationsgeschehen Einfluß ausüben will, hat eigene Vorstellungen über die Bedeutsamkeit und den Stellenwert von Zielen, die sich aus der Summe der persönlichen Orientierungsmuster ergeben. Je näher diese persönlichen Ziele zusammenliegen, desto leichter wird der Aushandlungsprozeß vonstatten gehen. Je unterschiedlicher und unvereinbarer die persönlichen Orientierungsmuster sind, desto schwieriger wird es sein, Zielkonflikte einvernehmlich zu lösen. Neben den Unterschieden, die in der Persönlichkeit begründet sind, werden hier auch berufsspezifische Unterschiede deutlich. So durchlaufen zum Beispiel Verwaltungsfachleute eine andere berufliche Sozialisation als SozialarbeiterInnen (Frank/Wolf 1988; Heinrich/Bosetzky 1993). Deshalb liegen ihrem beruflichen Handeln in Organisationen des Sozialbereichs i. d. R. jeweils unterschiedliche Maßstäbe zugrunde.

(2) *Sachliche Einflußfaktoren:* Ein solcher Faktor ist unter anderem die Art der auszuführenden Aufgabe. So lassen sich beispielweise bei technischen Aufgaben die Ziele relativ klar und und überprüfbar formulieren. Ein Maschine muß am Ende eines komplizierten Produktionsprozesses funktionieren. Tut sie dies nicht, dann ist das Ziel nicht erreicht. In der Sozialen Arbeit richten sich fachliche Ziele auch auf soziale Prozesse mit AdressatInnen. Ergebnisse sind da nicht so einfach zu formulieren und feststellen. Eine Verhaltensänderung bei Heimjugendlichen stellt sich u. U. erst nach einer längeren Zeit ein, unterliegt verschiedenen, z. T. nur schwer kalkulierbaren Einflußfaktoren und zeigt sich eventuell erst dann, wenn die Jugendlichen nicht mehr in dem Heim sind. Diese Schwierigkeit spricht allerdings nicht grundsätzlich gegen eine Zielüberprüfung in der Sozialen Arbeit. Auch soziale Ziele lassen sich nach Zielmaßstäben und -indikatoren ausdifferenzieren.

(3) *Umweltbezogene Faktoren:* Organisationen im Sozialbereich agieren in einem sozialen Umfeld, das indirekt oder direkt Einfluß auf die

Zielvereinbarung ausübt (siehe Kapitel 7., S. 176 ff.). Auf einer indirekten Ebene ist es die öffentliche Meinung, die Ziele in Organisationen des Sozialbereichs mit beeinflußt. Ob familienergänzende oder familienunterstützende Aufgaben stärker gefördert werden, hängt mit von den Einstellungen einer Öffentlichkeit zur Familie ab. Entsprechend dieser aktuellen Strömungen werden finanzielle Mittel für einzelne Einrichtungen üppiger oder sparsamer fließen. Über die Vergabe von öffentlichen Mitteln entscheiden Politiker i. d. R. entsprechend der Mehrheitsverhältnisse in ihren Parteien. Neben der Öffentlichkeit und der Politik spielen bei Organisationen des Sozialbereichs auch die Träger der Einrichtungen eine wichtige Rolle. Da Ziele ihre Grundlagen in Wertorientierungen haben, versuchen Träger über die Organisationsziele auch ein bestimmtes weltanschauliches Profil zum Tragen zu bringen (siehe Abschnitt 1.1.). Dies findet sich besonders bei Wohlfahrtsverbänden. So orientieren sich die Caritasverbände und die Diakonischen Werke eher an christlichen Wertvorstellungen, während sich beispielsweise bei der Arbeiterwohlfahrt eher gesellschaftliche Reformvorstellungen finden. Einfluß auf die Zielvereinbarungen nehmen in meist indirekter Form auch die Klienten und Adressaten der Sozialen Arbeit. Dies geschieht insbesondere auf der Ebene der Handlungsziele. So gehört zum Beispiel zu einem Beratungsprozeß dazu, daß alle Beteiligten ihre Zielvorstellungen darlegen und zu einer gemeinsamen Zielvereinbarung kommen.

(4) *Führungsstilbezogene Einflußfaktoren:* Die Zielplanung hängt auch mit dem praktizierten Führungsstil in einer Organisation zusammen. Es lassen sich dazu grob zwei Modelle unterscheiden, die jeweils noch ausdifferenziert werden können: Ziele der Organisationen können patriarchalisch oder durch eine Führungselite vorgegeben werden. Sie können aber auch durch die beteiligten Organisationsmitglieder ausgehandelt und vereinbart werden. Je größer Organisationen des Sozialbereichs sind und je stärker sie in übergeordnete Organisationsstrukturen eingebunden sind, desto wahrscheinlicher wird es sein, daß Organisationsziele durch die Mitglieder der Führungsebene vorgegeben werden. In kleineren und überschaubareren Einrichtungen des Sozialbereichs findet sich häufiger ein partnerschaftliches Aushandeln von Zielvereinbarungen. Ob Ziele vorgegeben oder kooperativ vereinbart werden, ist nicht nur von der Größe einer Organisation abhängig. Auch größere Organisationen können zu einer koope-

rativen Zielvereinbarung kommen. Dies erfordert dann allerdings durchlässige Organisationsstrukturen, mehr Abstimmungsaufwand und die Bereitschaft bei allen Beteiligten, zu gemeinsamen Zielvereinbarungen zu kommen. Politikwissenschaftliche Organisationsuntersuchungen zeigen, daß die Art der Zielvereinbarung sehr eng mit dem Thema Macht in Organisationen verbunden ist. Macht bedeutet, das Verhalten einer anderen Person beeinflussen zu können. Um Einfluß auszuüben, stehen in Organisationen verschiedene Instrumente zur Verfügung. Einer Person kann formelle Entscheidungsmacht durch ihre Position oder ihren Status zugeschrieben sein. Diese Macht kann aus der Stellung im Organisationsaufbau abgelesen werden. Daneben gibt es die informelle Macht, die eine Person ausübt, ohne formell dafür legitimiert zu sein (siehe Kapitel 6., S. 151 ff.).

In den bisherigen Ausführungen habe ich Grundlagen für das Verständnis von Zielen im allgemeinen und für Ziele in Organisationen im besonderen dargelegt. In dem folgenden Abschnitt gehe ich auf den technischen Aspekt der Planung und Umsetzung von Zielen ein. Dazu stelle ich die einzelnen Schritte des Vorgehens bei der Zielplanung in einem Ablaufschema dar. Das Schema soll dabei helfen, den Zielplanungsprozeß transparenter zu gestalten und dadurch mehr Beteiligungsmöglichkeiten in der Zielplanung zu ermöglichen.

3.2. Dialogische Zielplanung in Organisationen (DZO)

dialogische Zielplanungsstrategien in Organisationen

Der Prozeß der Zielplanung ist Teil der Dynamik und der sozialen Prozesse in Organisationen. Durch Ziele werden die Leitlinien des Handelns, die Aufgabenstruktur und die Maßstäbe des Erfolgs von Organisationen vorgegeben. An diesem Prozeß sind die Mitglieder in Organisationen und das soziale Umfeld beteiligt. Die Zielvorstellungen, die von den Beteiligten eingebracht werden, unterscheiden sich mehr oder weniger deutlich voneinander. Widersprechen sich diese, so treten Konflikte auf. Unter einem sozialen Konflikt wird alltagssprachlich das Aufeinandertreffen von gegensätzlichen Interessen bezeichnet. Zielkonflikte sind also Vorstellungen über wünschenswerte Zustände, die nicht miteinander vereinbar sind. Zur Vermeidung bzw. Reduzierung von Zielkonflikten in Organisationen können verschiedene Strategien eingesetzt werden (zu Einbindungsstrategien in Organisationen siehe Abschnitt 5.1., S. 124 ff.). *Drei verschiedene Strategien* der Zielplanung greife ich heraus:

(1) Die Ziele der Organisation werden durch Einzelpersonen, durch eine Leitungsgruppe oder durch Vorschriften vorgegeben. Diese Ziele sind verbindliche Leitlinien für alle Mitglieder der Organisation. Offiziell können sie nur durch die dazu autorisierten Personen verändert werden. Zielkonflikte entstehen dadurch, daß Vorgaben und Vorschriften nicht eingehalten werden. Durch eine System von Kontrolle und Sanktionen sollen Abweichungen von den Zielvorgaben so gering wie möglich gehalten werden.
(2) Die Ziele der Organisation werden von den Mitgliedern durch Identifikation oder Belohnung (Anreiz) übernommen oder nur so geringfügig abgeändert, daß sie in ihrem Grundgedanken erhalten bleiben. Im ersten Fall spielt die Personalauswahl und die organisationsinterne Sozialisation eine zentrale Rolle. Bei Auswahlverfahren wird darauf geachtet, daß neben den fachlichen Qualifikationen auch die spezifisch geforderten Werthaltungen und das weltanschauliche Profil vorhanden sind. Ergänzt wird diese Strategie durch eine organisationsinterne Sozialisation. Diese trägt dazu bei, sich verbindlicher mit den Organisationszielen auseinanderzusetzen. Im zweiten Fall können sich Schwierigkeiten dann ergeben, wenn die (im)materiellen Anreize nicht mehr als solche wirken und die Übernahme der Ziele durch die Person in Gefahr gerät. Es müssen dann neue Anreize geschaffen werden.

dialogische Zielplanung (DZO)

(3) Die Ziele der Organisation werden ausgehandelt oder dialogisch vereinbart. Diese Strategie bezeichne ich als dialogische Zielplanung in Organisationen (DZO). Hierbei geht es nicht um die strategische Überlegung, wie vorgegebene Organisationsziele am effektivsten durch die Organisationsmitglieder übernommen werden, sondern um die Frage, wie der Zielfindungs-, Zielvereinbarungs- und Zielerreichungsprozeß transparent und durch einen hohen Grad der Beteiligung organisiert werden kann. Dieser Zielplanungsprozeß stellt hohe Anforderungen an die dialogischen Fähigkeiten aller Beteiligten. Auch er ist nicht frei von Zielkonflikten. Von seinen Rahmenbedingungen her garantiert er aber einen hohen Grad an Partizipation und in der Folge eine ausreichende Akzeptanz und hohe Verbindlichkeit der Ziele bei den Beteiligten. Die DZO ist, um erfolgreich zu sein, an folgende Voraussetzungen geknüpft:

(a) Die von dem Zielplanungsprozeß Betroffenen sollen an der Zielvereinbarung beteiligt sein;
(b) die Schritte des DZO-Prozesses sollen transparent und für Beteiligte und Außenstehende nachvollziehbar sein; dazu ist die Anwendung eines formalen Zielplanungsschemas notwendig;
(c) die DZO soll den Kriterien eines komplexen Planungsmodells genügen; dies bedeutet, daß monokausale Ziel-Mittel-Beziehungen durch die Betrachtung der wechselseitigen Wirkungszusammenhängen ergänzt werden;
(d) Ziele werden in diesem Modell nicht gesetzt, sondern dialogisch vereinbart; dazu ist es notwendig, daß Kriterien und Maßstäbe für die Beurteilung von Zielen angegeben werden.
(e) Neben den Zielen müssen auch die Zielaktivitäten oder Mittel begründet werden; dazu ist die Kenntis theoretischer Wirkungszusammenhänge und ein ethischer Beurteilungsmaßstab notwendig.
(f) Die an der DZO Beteiligten gehen eine Selbstbindung ein, die vereinbarten Ziele auch tatsächlich zu verfolgen.

Zielfindung, Zielvereinbarung und Zielerreichung sind Teil eines Planungsprozesses. Planung bedeutet die gedankliche Vorwegnahme eines erstrebenswerten Zustandes und die Überlegungen dazu, wie dieser am wirkungsvollsten erreicht werden kann. Das Thema „Planung“ wurde in Organisationen des Sozialbereichs – mit Ausnahme der Sozialplanung – häufig vernachlässigt. In neueren Veröffentlichungen spielen sie eine zunehmend wichtigere Rolle (Müller-Schöll/Priepke 1983; Deutscher Verein 1986; Ulrich/Probst 1988; Dörner 1989; Wendt 1991; Sauer 1992; Gehrmann/Müller 1993; Hussy 1993). Diese Planungsüberlegungen sind in das folgende Ablaufschema eingearbeitet (siehe Abbildung 6, S. 86). Um die Schritte der DZO transparent und nachvollziehbar zu gestalten, sind die linearen Planungsschritte mit Fragen versehen worden.

acht Schritte der DZO

(1) *Zielfindung:* In der ersten Phase des Planungsverfahrens stellt sich die Frage, wie man zu erstrebenswerten Zielen kommt. Dazu stehen *zwei Verfahrensmöglichkeiten* zur Verfügung (Deutscher Verein 1986, 347 ff.):

(a) Ziele können aus allgemeinen Wertvorstellungen oder globalen Zielvorschlägen abgeleitet und konkretisiert werden. Dies wird als deduktive Vorgehensweise bezeichnet. Dieses Verfahren wird dann ein-

Abbildung 6: Schritte der DZO

1. Welche Ziele sollen angestrebt werden?
(Zielfindung)

↓

2. Wie müssen Ziele formuliert sein?
(Zielformulierung)

↓

3. Wie können Ziele beurteilt werden?
(Zielbewertung)

↓

4. Welche zusätzlichen Zielbedingungen müssen erfüllt werden?
(Zielbedingungen)

↓

5. An welchen Indikatoren soll die Zielerreichung
beobachtet werden?
(Zielerreichung)

↓

6. Welche Vorgehensweisen und Mittel sollen eingesetzt werden,
um die Ziele zu erreichen?
(Zielaktivitäten)

↓

7. Welche Vorgehensweisen und Zielaktivitäten sollen
ausgewählt werden?
(Zielaktivitätenbewertung)

↓

8. Wurden die vereinbarten Ziele auch tatsächlich erreicht?
(Zielüberprüfung)

gesetzt, wenn aus globalen pädagogischen Zielen konkrete Handlungsziele entwickelt werden sollen. Allgemeine Erziehungsziele wie Mündigkeit oder Emanzipation können so auf eine bestimmte pädagogische Situation hin angewandt werden.
(b) Das zweite Verfahren wird als induktive Vorgehensweise bezeichnet. Hier bildet der Ausgangspunkt die Analyse der situativen Bedingungen des Handelns. In manchen Planungsverfahren wird dieser Schritt deshalb auch als Situationsanalyse bezeichnet. Um diesen Schritt durchführen zu können, ist es notwendig, Kriterien zu benennen, anhand derer die situativen Bedingungen untersucht werden können. Mögliche Kriterien für eine Situationsanalyse von Organisationen sind: Wie wird mit den personellen und finanziellen Ressourcen umgegangen? Wie ist die Zufriedenheit der MitarbeiterInnen? Wie ist das Arbeitsklima? Welche fachliche Kompetenz steht zur Verfügung? Wie ist die Organisationsstruktur gestaltet? Dieser Sammlung des Ist-Zustandes wird ein gewünschter Soll-Zustand gegenübergestellt. So könnte ein Soll-Zustand in unserem Beispiel durch eine hohe Arbeitszufriedenheit der MitarbeiterInnen, durch ein freundliches Arbeitsklima, eine hohe fachliche Qualität der Arbeit und eine flexible Organisationsstruktur gekennzeichnet sein. Das Ergebnis der Zielfindung sind teils konkrete, teils vage Zielvorstellungen.

(2) *Zielformulierung:* In dem zweiten Schritt müssen die Ziele in eine bestimmte Systematik gebracht und überprüfbar formuliert werden. Eine häufige Schwierigkeit bei der Formulierung von Zielen besteht darin, daß anstatt von positiven, wünschenswerten Zuständen negative Ziele benannt werden. Negative Ziele oder Vermeidungsziele kommen dann zustande, wenn nicht angegeben wird, was erreicht, sondern was vermieden werden soll. „In unserer Organisation sollen nicht mehr so viele Konflikte auftreten“ wäre ein typisches Vermeidungsziel. Niemand kann sich dabei konkret vorstellen, wie der entsprechende wünschenswerte Zustand aussehen soll. Eine Zielerreichung kann nicht angegeben werden. Befinden sich in der aus dem ersten Schritt vorliegenden Zielsammlung Vermeidungsziele, dann sind diese in positive oder Anstrebungsziele umzuformulieren.
Um einen systematischen Überblick über die Zielsammlung zu erreichen, werden den Zielen Zielobjekte und Zielmaßstäbe zugeordnet. Zielobjekte in Organisationen können einzelne Personen, soziale Gruppen, Teams, Abteilungen oder die gesamte Organisation sein.

Das Ziel, die Arbeitszufriedenheit zu erhöhen, kann sich auf einzelne unzufriedene MitarbeiterInnen, auf einzelne Gruppen oder auf eine Mehrheit von Organisationsmitgliedern beziehen. Der Begriff Zielmaßstab wurde im Abschnitt 3.1. erläutert. Dort wurde ein ökonomischer, ein fachlicher, ein humaner und ein ökologischer Zielmaßstab unterschieden. Die formulierten Ziele können diesen Zielmaßstäben zugeordnet werden.

(3) *Zielbewertung:* Zur Bearbeitung im dritten Schritt liegen die Ziele systematisiert und positiv formuliert vor. Die Zielbewertung erfordert eine grundsätzliche Reflexion. Dazu ist es notwendig danach zu fragen, wie Ziele begründet und bewertet werden können. Hierbei können folgende Maßstäbe der Begründung und Bewertung offengelegt werden:

(a) Wurden Anstrebungs- anstatt Vermeidungsziele formuliert?
(b) Stehen die genannten Ziele im Einklang mit vorgeschlagenen allgemeinen Organisationszielen oder sozialpolitischen Prinzipien?
(c) Sind die Ziele realistisch; d. h. können sie erreicht werden?
(d) Stoßen die Ziele auf Zustimmung bei den Beteiligten?
(e) Ist die Erreichung des Zieles dringlich?
(f) Entsprechen die vorgeschlagenen Ziele ethischen Beurteilungsmaßstäben?

Nachdem die Formulierung der Ziele überprüft und nach grundlegenden Begründungen gesucht wurde, müssen die Ziele in eine Reihen- oder Rangfolge gebracht werden. Diese Rangfolge drückt eine Wertigkeit darüber aus, welche Ziele mit mehr oder weniger Nachdruck verfolgt werden sollen. In dieser Phase entscheidet sich, ob Ziele gleichrangig verfolgt werden oder einzelne Zielmaßstäbe Vorrang genießen.

(4) *Zielbedingungen:* Ziele in Organisationen stehen in einem komplexen Wirkungszusammenhang. Wird in diesen Zusammenhang eingegriffen – und dies muß spätestens dann geschehen, wenn Mittel eingesetzt werden, um die vereinbarten Ziele zu erreichen –, dann werden beabsichtigte Wirkungen (Zielerreichung) aber auch unbeabsichtigte Nebenwirkungen erzielt.
Um das Eintreten von unbeabsichtigten Nebenwirkungen gering zu halten, müssen die Folgen der geplanten Eingriffe überlegt werden. Dies gelingt leichter, wenn von vornherein diejenigen Bedingungen

aufgeführt werden, die auf alle Fälle unverändert bleiben sollen. Wie sozialpsychologische Untersuchungen zeigen, neigen wir Menschen dazu, jenen Fragen mehr Aufmerksamkeit zu schenken, die gerade aktuell unsere Interessen betreffen. Dies läßt sich an vielen Alltagsbeispielen demonstrieren. Eine Beziehung zu einem Partner oder einer Partnerin mag an vielen Punkten als unzureichend wahrgenommen werden. Das, was eigentlich positiv in der Beziehung ist tritt dagegen zurück und wird erst dann deutlich, wenn die Beziehung beendet ist. Sollen unbeabsichtigte Nebenfolgen in der DZO gering gehalten werden, dann muß analysiert und festgehalten werden, welche Bedingungen in der Situation auf jeden Fall beibehalten werden sollen.

(5) *Zielerreichung:* Um angeben zu können, ob ein vereinbartes Ziel auch tatsächlich erreicht wurde, müssen Ziele so formuliert werden, daß die Zielerreichung konkret beobachtet werden kann. Es gibt Ziele, deren Erreichung ergibt sich bereits aus der Zielformulierung selbst. Ökonomische Ziele haben häufig diesen Charakter. Gibt es in einer Einrichtung das Ziel, 10 % der Sachkosten einzusparen, dann läßt sich die Zielerreichung unmittelbar aus der Bilanz ablesen. In der Sozialen Arbeit haben wir es häufig mit Zielen zu tun, die nicht unmittelbar beobachtbar sind. Gerade bei den fachlichen Zielen ist dies die Regel. Um nun trotzdem angeben zu können, ob diese Ziele erreicht sind, müssen sog. Indikatoren angegeben werden, mit deren Hilfe auf die Zielerreichung geschlossen werden kann. Dieser Prozeß der Indikatorenbildung wird in den Sozialwissenschaften als Operationalisierung bezeichnet.

(6) *Zielaktivitäten/Mittelüberlegungen:* Welche Möglichkeiten gibt es, zu Vorschlägen über Zielaktivitäten zu kommen? Da ist einmal die eigene Erfahrung. Wir verfügen über eine breite Palette von Alltagstheorien, die in unserem täglichen beruflichen und privaten Handeln mehr oder weniger bewußt eingesetzt werden. Durch Erfahrung haben wir gelernt, daß mit einem bestimmten Handeln eine Wirkung erzielt werden kann. Die singuläre Erfahrung wird verallgemeinert und in verschiedenen Situationen angewandt. Die Grenzen dieser Strategie liegen in ihrer Subjektivität. Singuläre Erfahrungen können nur bedingt verallgemeinert werden. Geschieht dies trotzdem, besteht die Gefahr der Vorurteilsbildung. Eine andere Möglichkeit zu Vorschlägen über Zielaktivitäten zu kommen besteht in der Übernahme fremder und überprüfter Erfahrungen. Anregungen dazu finden sich in der

einschlägigen Fachliteratur und im Erfahrungsaustausch mit KollegInnen. Allerdings gilt auch hier: die Vorschläge können nicht ungeprüft übernommen werden. Sie müssen dahingehend befragt werden, worin ihre Wirkungen bestehen und unter welchen Bedingungen diese Wirkungen entstanden sind. Der Vorschlag, der sich für die eine Einrichtung als sinnvoll herausgestellt hat, kann für eine andere Einrichtung nicht taugen, weil dort völlig andere Voraussetzungen herrschen.
Überprüfte Erfahrungen finden sich in *wissenschaftlichen Theorien.* Sie sind der Versuch, verallgemeinerbare Aussagen über Wirkungszusammenhänge zu formulieren. So finden sich in den Motivationstheorien Aussagen darüber, wie die Motivation von MitarbeiterInnen beeinflußt werden kann. Aber auch hier gilt die gleiche Einschränkung wie bei dem Erfahrungsautausch mit KollegInnen: Es muß berücksichtigt werden, unter welchen Bedingungen die Aussagen über einen Wirkungszusammenhang gemacht wurden. Nur dann lassen sich die Aussagen verallgemeinern.
Eine Variante bei der *Suche nach Zielaktivitäten* schlägt Peter Sauer vor. Um nicht in einen unnötigen Aktionismus zu verfallen, wird zunächst untersucht was geschieht, wenn nichts unternommen wird. Er nennt diese Variante die Überprüfung der „Null-Option" (Sauer 1992, 16). Mit ihr wird die Aufmerksamkeit auf die Selbsthilfekräfte eines Systems gelenkt. So kann sich dabei herausstellen, daß die Beteiligten ohne äußere Eingriffe eigene Problemlösungen erzeugen.

(7) *Zielaktivitätenauswahl:* Die Überlegungen zu den Zielaktivitäten führen zu einer Anzahl von Vorschlägen, wie das Ziel erreicht werden kann. Diese Vorschläge müssen bewertet, d. h. in eine Rangfolge gebracht werden. Dazu bieten sich folgende Kriterien an:

(a) Wie hoch ist die Wahrscheinlichkeit, daß mit der vorgeschlagenen Zielaktivität das angestrebte Ziel auch tatsächlich erreicht wird?
(b) Steht der finanzielle, zeitliche und personelle Aufwand in einem angemessenen Verhältnis zu der erwartbaren Wirkung (Kosten-Nutzen-Analyse)?
(c) Welche unbeabsichtigten Nebenwirkungen haben die geplanten Zielaktivitäten?
(d) Welche Hindernisse sind bei der Umsetzung der Zielaktivitäten zu erwarten?
(e) Werden die Zielaktivitäten von den Betroffenen akzeptiert?

Wurden die vorgeschlagenen Zielaktivitäten mit Hilfe der genannten Kriterien bewertet, dann läßt sich eine Prioritätenliste über Vor- und Nachrangigkeit der einzelnen Zielaktivitäten aufstellen. Damit ist der wesentliche Teil der Planung abgeschlossen. Auf die Umsetzung der Planungsvorschläge wird hier nicht mehr eingegangen. In der Logik der bisherigen Argumentation ist es aber notwendig, auf die Frage der tatsächlichen Zielerreichung einzugehen. Dies geschieht im letzten Planungsschritt.

(8) *Zielüberprüfung:* Wurden im Rahmen der Zielplanung Indikatoren der Zielerreichung formuliert, so kann an diesen die Zielüberprüfung erfolgen. Geschieht die Zielüberprüfung durch Außenstehende mit den Techniken der empirischen Sozialforschung, dann wird dieser *Prozeß als „Evaluation"* bezeichnet (zum Überblick von Techniken der Evaluation siehe: Wottawa/Thierau 1990). Überprüfen die Beteiligten selbst ihre Zielerreichung, so sprechen wir von „Selbstevaluation" (Heiner 1988). Wurden die angestrebten Ziele nicht erreicht, dann kann dies verschiedene Gründe haben: Die Ziele wurden nicht richtig formuliert und können nicht überprüft werden. Die eingesetzten Zielaktivitäten stehen in keinem Zusammenhang zu den angestrebten Zielen. Die Zielaktivitäten wurden durch andere Einwirkungen unwirksam gemacht. Es bedarf einer genaueren Analyse, um festzustellen, woran die Ursachen für das Nichterreichen der Ziele festzumachen sind.
Dietrich Dörner (1989, 97 ff.) weist auf einige psychologisch bedingte *Gefahren* bei der Zielüberprüfung hin:

(a) So besteht ein Problem darin, daß das ursprüngliche Ziel unbewußt in sein Gegenteil verkehrt wird. Dies geschieht besonders dann, wenn mehrere unvereinbare Ziele formuliert wurden und dies nicht deutlich zu Tage trat. – Ein Beispiel:

> Es wird eine höhere Mitbestimmung in einem Team bei weniger Zeit für die Entscheidung angestrebt. Die beiden Ziele schließen sich aus. Da sie beide nicht zusammen erreichbar sind, wird unterderhand ein neues Ziel formuliert. Entscheidungen werden nur von einem/-er Teamverantwortlichen getroffen. Ein ursprüngliches Ziel wurde damit in sein Gegenteil verkehrt. Sind die unvereinbarten Ziele bewußt, so werden sie manchmal auch verbal verschleiert. In unserem Beispiel könnte dies bedeuten, daß den MitarbeiterInnen des Teams gesagt wird: „Ihr könnt bei Entscheidungen mitbestimmen, aber nehmt euch dafür nicht zu viel Zeit!"

(b) Eine weitere Strategie besteht darin, daß eine „Verschwörungstheorie“ entwickelt wird. Die Schuld für das Nichterreichen der Ziele wird in der „bösen“ Absicht von anderen gesucht. So können die Teammitglieder auf die Idee kommen, eine Teilgruppe im Team hat absichtlich einen raschen Entscheidungsprozeß boykottiert.

Mit diesem achten Schritt sind die Überlegungen zu einer DZO abgeschlossen. Ich weise nochmals darauf hin, daß die einzelnen Schritte der Planung hier nur aus Gründen der Übersichtlichkeit in aufeinanderfolgenden Phasen dargestellt wurden. Tatsächlich wird es notwendig sein, zwischen den einzelnen Schritten zu springen. Die Vernetzung der einzelnen Planungsschritte und deren Dynamik wird in der Abbildung 7 symbolisiert.

Abbildung 7: Die Vernetzung der DZO

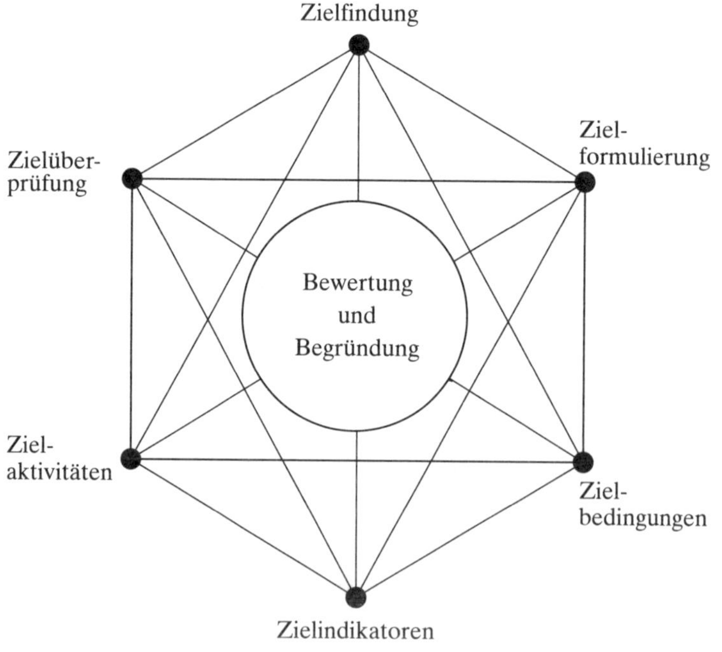

3.3. Materialien/Dokumente, Literatur

3.3.1. Fachlichkeit und Wirtschaftlichkeit in der Sozialen Arbeit

Fachlichkeit und Wirtschaftlichkeit stehen in einem Spannungsverhältnis in der Sozialen Arbeit, schließen sich aber nicht grundsätzlich aus. Das fachliche Ziel ist auf die Optimierung der eingesetzten professionellen Methoden gerichtet; das wirtschaftliche Ziel auf den sparsamen Umgang mit den zur Verfügung stehenden Ressourcen. Strukturorientierte Steuerungselemente in diesem Prozeß sind die Regeln, Normen und Strukturen in Organisationen; personenorientierte Steuerungselemente sind die Personalführung, die Gruppe und die MitarbeiterInnen. Das Schaubild veranschaulicht den Zusammenhang.

3.3.2. Ziele der Sozialen Arbeit

Louis Lowy, Professor für Social Work in den USA, hat 1983 im Auftrag der „Bundeskonferenz der Rektoren und Präsidenten kirchlicher Fachhochschulen in der Bundesrepublik Deutschland" (RKF) eine Expertise über „Sozialarbeit/Sozialpädagogik als Wissenschaft im angloamerikanischen und deutschsprachigen Raum" verfaßt. In einem Kapitel werden verschiedene Zielvorstellungen der Sozialen Arbeit behandelt (S. 53 ff.). Dort heißt es unter anderem:

> „Menschen ein besseres Leben und Zusammenleben in Freiheit und Selbstbestimmung zu ermöglichen;
> den Interessen Benachteiligter Geltung zu schaffen;
> auf die Ursachenbeseitigung von Notsituationen hinzuwirken;
> einzelne und Gruppen von Menschen zu befähigen, sich selbst für die Vermeidung, Überwindung oder Minderung eigener und fremder Not einzusetzen."

Neben Zielvorschlägen aus der deutschsprachigen Fachliteratur werden auch solche aus dem angloamerikanischen Raum vorgestellt. Der Council of Social Work Education (CSWE) hat 1982 ein neues „Curriculum Policy Statement" herausgebracht, das unter anderem auch ein Statement über Ziele der Social Work enthält:

> „Social Work, das in der Regel in sozialen Einrichtungen praktiziert wird, hat drei aufeinander bezogene Ziele:
> 1. Förderung, Wiederherstellung, Aufrechterhaltung und Entwicklung erhöhter Wirksamkeit von einzelnen, Familien, Haushalten, sozialen Gruppen, Organisationen, Gemeinwesen, indem den Menschen geholfen wird, gegebene Hilfsquellen zu nutzen und zu mobilisieren und dadurch Not zu verhindern. Diese Hilfsquellen lassen sich sowohl in persönlichen und zwischenpersönlichen Fähigkeiten von Menschen als auch in sozialen Dienstleistungseinrichtungen, sozialen Institutionen sowie in Gegebenheiten und Maßnahmen in der Umwelt finden.
> 2. Planung, Entwicklung und Ausführung von effektiver und humaner Gesellschaftspolitik, von Sozialdiensten, Sozialprogrammen und von Maßnahmen, die einerseits notwendig sind, um Grundbedürfnisse von Menschen zu befriedigen, andererseits, um menschliche Fähigkeiten und Potentialitäten weiter zu entwickeln.
> 3. Entwicklung und Überprüfung von beruflichem Wissen und Können, das diesen Zielen gerecht wird."

Ernst Engelke (1992, 96) beschäftigt sich in seinem Buch „Soziale Arbeit als Wissenschaft" ebenfalls mit der Frage nach den Zielen der Sozialen Arbeit. Er schreibt:

> „In den Theorien der Sozialen Arbeit werden in großer Zahl Werte, Ziele und Normen genannt. Das Reservoir für Wert- und Zielbestimmungen der Sozialen Arbeit ist schier unerschöpflich: Solidarität, Subsidiarität, Partizipation, Emanzipation, Normalität, Subjektivi-

tät, Personenwürde, Partnerschaft, Bewußtsein, Bewußtheit, seelische und körperliche Gesundheit, Selbstbestimmung, Selbstverwirklichung, Veränderung, Integration, Gesellschaftskritik, Reform, Evolution, Revolution, gerechter Austausch, Chancengleichheit, soziale Gerechtigkeit, Echtheit, Bildung, gerechter Güteraustausch, Liebe, Hoffnung, Wohlbefinden, Zukunft usw. So unterschiedlich diese Wertangaben sind, so lassen sie sich doch insgesamt dem Wert der Humanität und der menschlichen Würde unterordnen, was auch immer im einzelnen darunter verstanden wird. Die von den Vereinten Nationen erklärten Menschenrechte werden von allen AutorInnen – ohne daß das jeweils eigens gesagt wird – offensichtlich als vorrangige Werte anerkannt."

3.3.3. Formelle Organisationsziele des Paritätischen Wohlfahrtsverbandes

Prof. Dr. Dieter Sengling, Vorsitzender des Paritätischen Wohlfahrtsverbandes, nennt 1989 in einer Informationsschrift „Offenheit", „Toleranz" und „Vielfalt" als tragende Ziele des Verbandes. Er schreibt:

> „Ich denke, es ist für unsere eigene Identität als Solidargemeinschaft und auch für die existenzielle Sicherung der Zukunft unseres Verbandes wichtig, das Besondere des Paritätischen Wohlfahrtsverbandes, das es ja gibt, so zu formulieren, daß wir uns verstehen und auch draußen verstanden werden.
> Es genügt nicht festzustellen, daß wir der ‚5. Wohlfahrtsverband' sind, daß wir nicht die Caritas, nicht die Diakonie, nicht die Arbeiterwohlfahrt, nicht die Zentralwohlfahrtsstelle der Juden in Deutschland, nicht das Rote Kreuz sind, daß wir aber dennoch als freie Wohlfahrtspflege soziale Arbeit leisten.
> Es genügt nicht, allein über verbandsspezifische Strukturen und Organisationsformen, über personelle Ressourcen, über Finanzierungen zu sprechen. Dies ist alles wichtig, aber dies sind Fragen an die Rahmenbedingungen für ganz bestimmte Inhalte, Zielvorstellungen, ja auch für Haltungen, Einstellungen und gesellschaftliche Wertmuster, die wir als PARITÄTISCHER Wohlfahrtsverband vertreten wollen. (..)
> Die Grundidee unseres Verbandes ist die der Parität, d. h. auf Gleichheit bedacht zu sein und sich so zu verhalten, daß jede unserer Mitgliedsorganisationen gleiche Möglichkeiten hat. Dies ist mehr als die Summe von Eigenständigkeiten. Dieses Prinzip setzt Gegenseitigkeit voraus, die Bereitschaft also zu dialogischem Lernen und die Bereitschaft zur Kooperation, zur Solidarität gegenüber dem Ganzen. (..)
> Der Idee der Parität entspricht es allerdings auch, daß die neuen Wege (in der Sozialen Arbeit) als Erprobung gegangen werden können, daß der Verband offen ist für die Vielfalt der Formen von sozialer Arbeit und daß er dabei unterstützende und helfende Funktionen wahrnimmt.
> Die Bühne, auf der sich diese Suche nach der Zukunftsgestaltung unserer Gesellschaft abspielt, bildet eine demokratische Gesellschaftsordnung, die durch Toleranz und Vielfalt geprägt ist: Gruppeninteressen bilden sich heraus: Weltanschauliche Grundrichtungen, Arbeitsgeber, Gewerkschaften, Verbände, und Parteien formulieren ihre Standpunkte und lei-

ten daraus Ansprüche ab. Soll diese Gesellschaft funktionieren, muß der Staat dafür Sorge tragen, daß die Interessen der Gruppen, die sich ihrerseits gegenseitig tolerieren, sich in einer Balance halten und aus einem Grundkonsens heraus formuliert werden. (..)
Die Idee der Parität, der Vielfalt, der Toleranz und der Offenheit meinen nicht innerverbandliches Laissez-Faire, sondern die aktive Mitwirkung. Die Wichtigkeit unserer Zielsetzung, die Fülle der alltäglichen Arbeit bedeuten äußerste Anstrengung; das gilt nicht nur für die hauptamtlich Tätigen, sondern auch für uns, die wir Ehrenämter innehaben und Mitgliedsorganisationen angehören."

3.3.4. Literatur

Dörner, D. (1989): Die Logik des Mißlingens. Reinbek bei Hamburg
In anschaulicher Art wird in das strategische Denken in komplexen Situationen eingeführt. Dem Leser werden leicht verständlich Grundlagen der kognitiven Psychologie vermittelt und viele praktische Anregungen für das Planen und Problemlösen in komplexen Situationen gegeben.

Sauer, P. (1992): Zielorientierte Projektplanung im sozialen Bereich. BBJ Consult Info Nr. 29. Berlin
Eine knappe Darstellung der Zielorientierten Projektplanung (ZOPP) als Planungsverfahren für den sozialen Bereich. In grafischen Übersichten werden praktische Anwendungsbeispiele aufgeführt und die Schritte der ZOPP erläutert.

Will, H. (1992): Zielarbeit in Organisationen. Analyse, Bewertung und Entwicklung von Organisations- und Unternehmenszielen. Frankfurt/Main
Auf der Grundlage eines systemischen Zielkonzepts beschreibt der Autor das notwendige Instrumentarium, um Zielsysteme in Organisationen griffig und transparent zu machen und systematisch weiter zu entwickeln.

3.4. Übungsfragen

(a) Verständnisfragen

(1) Welche Konsequenzen ergeben sich aus der Überlegung, daß die Grundlage von Zielen allgemeine Werte und Normen sind?
(2) Begründen Sie die Aussage, daß Ziele eine Orientierung für das Handeln von Menschen bieten.
(3) Beschreiben Sie den Prozeß der formellen Zielbildung in Organisationen des Sozialbereichs.
(4) Welche Zielmaßstäbe können für Organisationen im Sozialbereich angegeben werden und was soll mit ihnen erreicht werden?
(5) Stellen Sie Einflußfaktoren auf den Prozeß der Zielplanung dar.

(b) Vertiefungsfragen

(1) Erinnern Sie sich zunächst an eine Aufgabe, die Ihnen in einer sozialen Einrichtung gestellt wurde. Versuchen Sie nun diese Aufgabe nach den einzelnen Schritten der DZO zu bearbeiten.
(2) Beschreiben Sie bitte aus Ihrer Praktikums- oder Berufserfahrung
(a) ein Beispiel, bei dem Fachlichkeit und Wirtschaftlichkeit im Widerspruch standen;
(b) ein Beispiel, bei dem Fachlichkeit und Wirtschaftlichkeit in Einklang gebracht wurden.
Überlegen Sie nun, was die Ursachen für die Spannung bzw. die Übereinstimmung waren. Beziehen Sie sich mit Ihren Überlegungen auf das Material 3.3.1.
(3) In dem Material 3.3.2. werden Ziele der Sozialen Arbeit vorgestellt. Finden Sie heraus, welche Ziele in dem Text von Louis Lowy genannt werden und welche allgemeinen Werte zur Begründung dieser Ziele herangezogen werden können.
(4) Dieter Sengling formuliert „Offenheit", „Toleranz" und „Vielfalt" als Leitziele des Paritätischen Wohlfahrtsverbandes (siehe Material 3.3.3.). Überlegen Sie, wie diese Ziele für eine kleine soziale Einrichtung Ihrer Wahl konkretisiert werden können.

4. Aufbau und Struktur

Damit Organisationsziele erreicht werden können, müssen dazugehörige Aufgaben benannt, Tätigkeiten koordiniert sowie Entscheidungs- und Weisungsbefugnisse geregelt werden. Das technische Verfahren dazu erfolgt in zwei Schritten. Zunächst werden die gesamten zu erledigenden Aufgaben so zergliedert, daß sie jeweils einen Umfang haben, der von einzelnen MitarbeiterInnen bewältigt werden kann. Das Ergebnis kann in Arbeitsplatzbeschreibungen festgehalten werden. Danach wird festgelegt, welche Weisungs- und Entscheidungsbefugnisse den Stellen zugeordnet werden, und wie sie sinnvoll koordiniert werden können. Das Ergebnis dieser Vorgehensweise bildet den Aufbau einer Organisation und kann in einer jeweils typischen Struktur (Organigramm) dargestellt werden. Idealtypische Organisationsstrukturen sind die Einlinienorganisation, die Stab-Linien-Organisation, die Mehrlinien- und die Matrixorganisation. In dem folgenden Kapitel werden

Gliederung des Kapitels

(a) Vorgehensweisen beim Aufbau einer Organisation und *idealtypische Aufbaustrukturen von Organisationen* beschrieben (Abschnitt 4.1.);
(b) wird eine gegenwärtig *neu vorgeschlagene Aufbaustruktur* vorgestellt, die bei öffentlichen und freien Trägern die Verantwortung von MitarbeiterInnen dezentraler verteilen soll (Abschnitt 4.2.).

4.1. Differenzierung und Integration

Gestaltung der Organisationsabläufe

Die wahrzunehmenden Aufgaben müssen in Organisationen so organisiert werden, daß sie dem zu erreichenden Organisationsziel wirksam dienen. Damit dies koordiniert geschieht, werden Organisationsabläufe festgelegt sowie die sozialen Beziehungen der Mitglieder, die Verteilung der Ressourcen und die geplanten Aktivitäten geregelt und geordnet. Diese Regelungen und Festlegungen der Organisationsabläufe bezeichnen wir als *Strukturen*. Die Strukturen umfassen

(a) die Verteilung der Aufgaben,
(b) die Zuordnung von Weisungsbefugnissen,

(c) die Verteilung von Entscheidungskompetenzen,
(d) den Verlauf der Informationskanäle und
(e) die Zuweisung von Verantwortung.

Mit den geschaffenen Regelungen und Organisationsabläufen (Dienstanweisungen, Stellenbeschreibungen und Geschäftsverteilungspläne) soll das Geschehen in Organisationen planbarer und kalkulierbarer gemacht werden. Alle Beteiligten können so das Verhalten der anderen Mitglieder besser vorhersagen und ihr eigenes Verhalten und die durchzuführenden Aufgaben darauf einstellen. Die Organisationsstrukturen bilden bestimmte Muster aus und lassen sich optisch sehr gut in Schaubildern, sogenannten Organigrammen, darstellen. Sie vermitteln einen anschaulichen Eindruck über Aufgaben- und Kompetenzverteilung.
Bei den Organisationszielen wurde bereits die Unterscheidung in formelle und informelle Ziele getroffen (siehe oben S. 76). In der *formellen* Organisationsstruktur werden die offiziellen Regelungen und Kompetenzverteilungen dargestellt. Sie ist ein Vorschlag, wie die Beziehungen und Aufgaben in Organisationen geregelt sein sollen. Sie vermittelt ein Bild von den geplanten Abläufen und Kommunikationskanälen.
Davon zu unterscheiden sind die tatsächlichen sozialen Beziehungen, Regelungen und Organisationsabläufe. Sie werden als *informelle* Organisationsstruktur bezeichnet. In ihr drücken sich die soziale Dynamik, die tatsächlichen Machtverhältnisse und die Sympathie und Antipathie der in einer Organisation zusammenarbeitenden Menschen aus (siehe Material 4.3.1., S. 117 f.).

Aufbau der Organisation

Für den Aufbau einer Organisationen müssen *zwei Probleme* bearbeitet werden (siehe Abbildung 8, S. 100): Organisationen haben eine Reihe von komplexen Aufgaben zu bewältigen, die zunächst so unterteilt werden müssen, daß sie von MitarbeiterInnen sinnvoll bewältigt werden können, d. h. die Aufgaben werden solange in Teilaufgaben zergliedert, bis sie der Leistungskapazität einer Person entsprechen; diese Tätigkeit wird als Differenzierung bezeichnet (1). Sodann müssen, nachdem die Aufgaben in ihre einzelnen Elemente zerlegt wurden, sie wieder zusammengefügt und koordiniert werden, d. h. die Teilaufgaben werden auf einzelne Stellen verteilt und diese so zueinander in Beziehung gesetzt, daß sich daraus eine erkennbare Organisationsstruktur ergibt; dieser Prozeß wird als Integration bezeichnet (2).

Abbildung 8: Differenzierung und Integration von Aufgaben

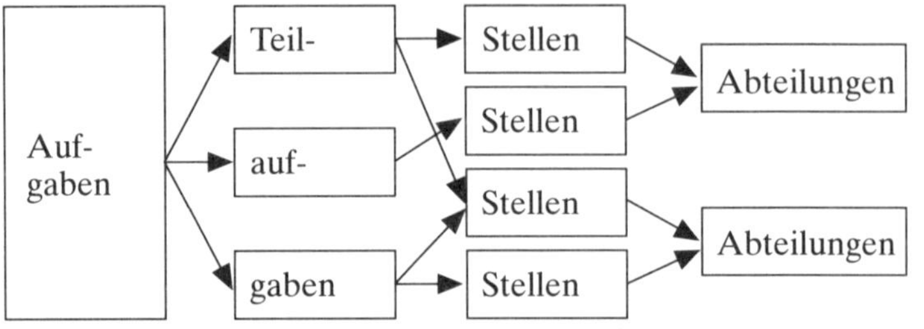

(Quelle: Steinmann/Schreyögg 1991, 365)

Differenzierung

(1) Differenzierung: Der erste Schritt im Prozeß der Differenzierung ist die Aufgabenanalyse. Unter Aufgaben in Organisationen wird ein Bündel von Tätigkeiten und Handlungsfelder verstanden, die sinnvoll aufeinander bezogen sind. Ich unterscheide *drei verschiedene Aufgabenarten:* die fachbezogenen, die managementbezogenen und die Serviceaufgaben.

(a) Die *fachbezogenen Aufgaben* in Organisationen des Sozialbereichs umfassen das gesamte Feld der sozialarbeiterischen Tätigkeiten (siehe Material 3.3.2., S. 94 f.). Dazu gehören unter anderem, Menschen zu befähigen und zu unterstützen, Eigenkräfte zu entwickeln; Nachfrage nach Hilfe und Angebote der Hilfe aufeinander abzustimmen; Menschen während kritischen Lebensphasen zu begleiten und zu beraten; auf Not aufmerksam machen und Vorschläge zu machen, wie diese gelindert werden kann; Kinder und Jugendliche erzieherisch zu begleiten; Einfluß auf Entscheidungsgremien in Politik und Verwaltung zu nehmen. Teresa Bock (1986, 748) faßt diese Aufgaben in beruflichen Rollen zusammen, die sie Erziehen, Informieren, Aktivieren, Beraten, Befähigen, Behandeln, Beistehen, Vermitteln, Vertreten und Organisieren nennt.
(b) Die *managementbezogenen Aufgaben* umfassen jene Handlungsfelder, die auf die Gestaltung von Organisationsabläufen und den Umgang mit MitarbeiterInnen gerichtet sind. Dazu gehören die Planung, die Steuerung, die Kontrolle und die Führung. Die Planung beinhaltet das Nachdenken darüber, was in einer Organisation erreicht oder verändert werden soll; die Steuerung umfaßt die tatsächlichen Eingriffe in die Regelungen und Arbeitsabläufe; die Kontrolle beinhaltet die

Überprüfung von getroffenen Vereinbarungen und Zielvorgaben; zur Führung gehört der Umgang mit MitarbeiterInnen und die Motivation. (c) Die *Serviceaufgaben* bilden den dritten Typus von Organisationsaufgaben. Zu den Serviceaufgaben gehören insbesondere jene, die dazu dienen, MitarbeiterInnen bei der Wahrnehmung ihrer fach- und managementbezogenen Aufgaben zu unterstützen. Dies können unter anderem Schreib- und Sekretariatsdienste, Rechnungs- und Haushaltswesen, Hausmeister- und Reinigungstätigkeiten sowie Fort- und Weiterbildung sein. Serviceaufgaben müssen nicht unbedingt durch angestellte MitarbeiterInnen erfolgen. Sie können auch ausgelagert sein und als externe Dienstleistungen „eingekauft" werden. Im Sozialbereich ist dies beispielsweise bei der Supervision häufiger der Fall.

In größeren Organisationen werden die drei genannten Aufgabenarten personell getrennt. Je kleiner Organisationen jedoch sind, desto stärker mischen sich diese Aufgaben. Dies kann soweit gehen, daß alle Aufgaben einer Stelle zugeordnet sind. In Organisationen des Sozialbereichs ist diese Mischung häufiger anzutreffen – ein Beispiel:

> Die Leiterin einer Kindertagesstätte hat neben ihrer pädagogischen Arbeit mit den Kindern auch noch Schreibarbeiten, Verwaltungsarbeiten, die Haushaltsüberwachung, Konzeptplanungen und Führungsaufgaben zu übernehmen.
> Bei der Aufgabenanalyse werden die Aufgaben so lange in Teilaufgaben untergliedert, bis diese einen Umfang erreicht haben, der von einer dafür qualifizierten Person bewältigt werden kann. Die Aufgabenanalyse geht damit in die Stellenbildung über.

Eine Stelle ist die kleinste Einheit in einer Organisation. Die *Stellenbildung* steht an der Nahtstelle zwischen Differenzierung und Integration. Die Zergliederung in Teilaufgaben ist noch Teil des Differenzierungsprozesses, die Bündelung der Aufgaben und ihre Zuordnung zu einer Stelle hat bereits integrativen Charakter. Die Zusammenfassung der Teilaufgaben hat so zu geschehen, daß sie dem Leistungsvermögen und der durchschnittlichen Qualifikation einer Person entsprechen. Die Stellenbildung geschieht in der Regel unabhängig von dem Persönlichkeitsprofil und der Qualifikation einer bestimmten Person. Es ist dabei zu entscheiden, wie die Weisungskompetenzen verteilt sind. In der Sozialen Arbeit wird unter Handlungskompetenz die fachliche Zuständigkeit, die Qualifikation und das Können einer Person (Niecke 1984) verstanden. Die betriebswirtschaftliche Organisations-

lehre definiert Kompetenz als die stellenbezogenen Weisungs- und Entscheidungsrechte (Groell 1986).
Bei der Stellenbildung muß entschieden werden, wie die *Verantwortung in Organisationen* verteilt wird. Unter Verantwortung wird die Übernahme der persönlichen Rechenschaft für die Erfüllung einer Aufgabe verstanden. Rolf Bronner (1992, 2511) unterscheidet in bezug auf die Stellenbildung drei Verantwortungsarten: die Handlungsverantwortung, die sich auf die korrekte Ausführung der vorgegeben Aufgaben; die Ergebnisverantwortung, die sich auf die Erreichung vereinbarter Ziele und die Führungsverantwortung, die sich auf die sach- und personenbezogenen Führungsaufgaben bezieht. Aufgaben, Kompetenzen und Verantwortung einer Stelle sollten möglichst aufeinander abgestimmt sein. Sie bilden die Grundlage für das Anforderungsprofil und die Bewertung einer Stelle – ein Beispiel:

> In einem stadtteilorientierten Bürgertreff arbeiten mehrere Honorarkräfte und vier SozialarbeiterInnen. Die Leiterin ist ebenfalls eine Sozialarbeiterin. Ein Ziel der Einrichtung ist darauf gerichtet, den Stadtteilbezug der BesucherInnen zu erhöhen. Dazu werden verschiedene Aktivitäten geplant und durchgeführt. Die Honorarkräfte haben in dem Beispiel eine Handlungsverantwortung. Sie müssen dafür sorgen, daß die von ihnen angebotenen Aktivitäten vereinbarungsgemäß durchgeführt werden. Die SozialarbeiterInnen werden für das Ergebnis der gesamten Aktion in die Verantwortung genommen, d. h. sie müssen über die Zielerreichung Rechenschaft ablegen. Die Leiterin hat die Führungsverantwortung und muß dafür sorgen, daß die Honorarkräfte und SozialpädagogInnen entsprechend ihrer Fähigkeiten eingesetzt und die Tätigkeiten koordiniert werden.

Integration

(2) Integration: Der nächste Schritt im Aufbau einer Organisation besteht in der Zusammenfassung von Stellen in kleinere organisatorische Einheiten. *Sachgebiete* sind in Organisationen des Sozialbereichs die nächste Ebene der organisatorischen Zusammenfassung. In ihnen sind sachlich und fachlich verwandte Aufgaben zusammengefaßt – ein Beispiel:

> In einem Jugendamt gibt es das Sachgebiet „Offene Jugendarbeit". Daneben gibt noch die Sachgebiete „Jugendbildungsarbeit", „Projektarbeit" und „Verwaltung".

Sachgebiete werden bei einer ausreichenden Größe zu *Abteilungen* zusammengefaßt – ein Beispiel:

Die Sachgebiete in dem o.g. Beispiel bilden die Abteilung „Jugendarbeit". Diese Abteilung wird ihrerseits von den Abteilungen „Kindertagesstätten" und „Soziale Dienste" flankiert.

Der geschilderte Aufbau ist hierarchisch gegliedert, d. h. die Sachgebiete stehen zu den Abteilungen in einem weisungsgebundenen Verhältnis; sie sind Teil der „Linie". Daneben gibt es noch Stellen, die nicht so eindeutig in den geschilderten Organisationsaufbau passen. Dazu gehören die *„Stäbe"*. Stäbe sind Stellen oder organisatorische Einheiten innerhalb einer Organisation, die keine Entscheidungs- und Weisungsbefugnisse besitzen. Ihre Aufgabe besteht darin, den Fach- und Führungsstellen beratend zur Seite zu stehen. Mit Hilfe von Stäben wird der Entscheidungsprozeß in zwei Teile gegliedert. Während die Stäbe die Aufgabe haben, die notwendigen Grundlagen und Informationen für eine Entscheidung zusammenzutragen (Entscheidungsvorbereitung), verbleibt die eigentliche Entscheidung bei den Fach- und Führungsstellen (Entscheidungskompetenz) – ein Beispiel:

Die Stelle einer Psychologin ist in einem Heimverbund als Stabsstelle eingeordnet. Sie hat die Aufgabe, den ErzieherInnen und SozialarbeiterInnen beratend zur Seite zu stehen. Die eigentlichen Entscheidungen treffen aber die zuständigen Fachkräfte.

Instrumente zur Gestaltung der Organisationsstruktur

Um die Organisationsstruktur gestalten zu können, stehen *personenbezogene* und *sachbezogene Instrumente* zur Verfügung:

(1) *Personenbezogene Instrumente:* Ein personenbezogenes Instrument der Organisationsgestaltung ist die Führung. Unter Führung wird die direkte oder indirekte Einwirkung auf das Verhalten von MitarbeiterInnen in Organisationen verstanden. Sie ist darauf gerichtet, die Motivation, das Arbeitsverhalten und die Arbeitszufriedenheit von MitarbeiterInnen zu erhalten oder zu erhöhen.

(2) *Sachbezogene Instrumente:* Sachbezogene Instrumente der Integration sind (Steinmann/Schreyögg 1991, 376): Über- und Unterordnung (Hierarchie) (1), Handlungs- und Tätigkeitsanweisungen (Pläne und Programme) (2) und Selbststeuerung (Regeln der Selbststeuerung) (3).

(a) *Hierarchie:* Sie „stellt ein Ordnungsmuster komplexer Systeme dar, das stets dadurch gekennzeichnet ist, daß eine Gesamtheit von Elementen durch Über- und Unterordnungsbeziehungen miteinander verbunden ist" (Krüger 1993, 62). Die Hierarchie in Organisationen ist durch die „Leitungsspanne“ und die „Leitungstiefe“ gekennzeichnet. Eine Leitungsspanne bezeichnet die Anzahl der Stellen, die einer Leitungsstelle direkt untergeordnet sind (siehe Abbildung 9). Das Verhältnis hängt von der Art der Aufgabe, der Qualifikation der Beteiligten und dem Selbstverständnis der Organisation ab. Die Leitungstiefe ist über die Anzahl der Hierarchiestufen definiert. Je weniger Hierarchiestufen eine Organisation aufweist, desto flacher ist ihr Aufbau und umgekehrt. Leitungsspanne und Leitungstiefe hängen voneinander ab.

Abbildung 9: Leitungsspanne

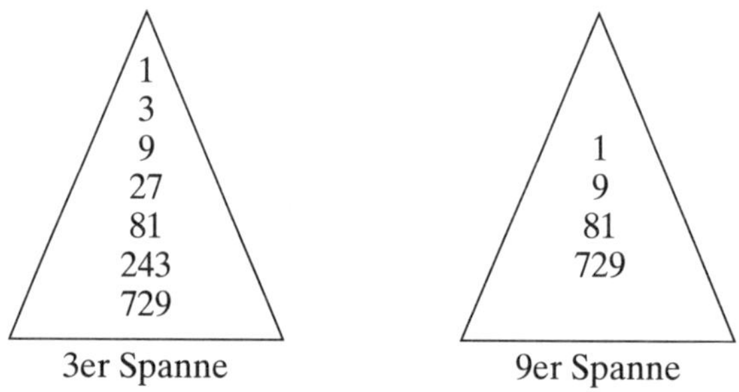

(b) *Programme:* Dies sind verbindlich festgelegte Richtlinien, die Handlungsanweisungen geben, wie in einer bestimmten Situation zu verfahren ist. Die Voraussetzung für den Einsatz von Programmen ist das regelmäßige Wiederkehren von Problemen und Situationen in Organisationen, für deren Bewältigung standardisierte Lösungen denkbar sind – Beispiel:

> Beim Antrag auf Sozialhilfe gibt es eine standardisierte Reihenfolge, die über Informationssammlung, Bedürftigkeitsprüfung bis zur Anweisung der zustehenden Unterstützungsleistung reicht. Als Hilfe stehen dafür vorbereitete Fragebögen und Formulare zur Verfügung.

Ein großer Teil der Tätigkeiten in der Sozialen Arbeit sind nicht in dieser Form programmier- und standardisierbar. So verlangen zum Beispiel psychosoziale Beratungstätigkeiten ein hohes Maß an flexibler Situationseinschätzung.

(c) *Selbststeuerung:* Dieses Instrument findet in neueren Managementtheorien zunehmend Beachtung. Die Vorschläge zur Selbststeuerung ziehen die Konsequenz aus der Erfahrung und der Einsicht, daß in Organisationen nicht alle sozialen Beziehungen formell zu regeln sind. Die tatsächlichen oder die informellen sozialen Beziehungen werden nicht länger als Störfaktor im Organisationsgeschehen betrachtet; es wird Raum zu spontanen Kooperationen zwischen den Organisationsmitgliedern eingeplant – Beispiel:

> In einem Altersheim wird eine Problemlösegruppe eingerichtet. MitarbeiterInnen treffen sich dort in regelmäßigen Abständen, um mit Hilfe eines Moderators aktuelle Probleme im Heimalltag zu besprechen und nach Lösungen zu suchen.

idealtypische Aufbaumodelle

Für den *idealtypischen Aufbau* von Organisationen wurden in der Organisationslehre *verschiedene Modelle* entwickelt (zur Vertiefung siehe: Hill u. a. 1989, Band 1).

> Mit dem *Begriff „Modell"* wird eine Unterscheidung zu dem Begriff „Theorie" (siehe oben S. 48) eingeführt. Modelle haben die Funktion, ein vereinfachtes Abbild von der Wirklichkeit zu schaffen. Zentrale Eigenschaften werden dazu hervorgehoben und in eine Beziehung zueinander gesetzt. Unwesentliche Eigenschaften werden nicht berücksichtigt.
> In der Organisationslehre haben Modelle eine normative Funktion. Sie schreiben vor, wie Organisationen aufgebaut und wie die Kompetenzen von MitarbeiterInnen verteilt sein sollen. Modelle für den Aufbau von Organisationen nähern sich der Wirklichkeit nur an, sind mit dieser aber nicht identisch. Unter ideologiekritischen Vorzeichen können Modelle auf ihre impliziten Wertannahmen hin untersucht und kritisiert werden.

Folgende Modelle für den Aufbau von Organisationen werden unterschieden: Einlinienorganisation (1), Stab-Linien-Organisation (2), Mehrlinienorganisation (3) und Matrixorganisation (4).

Einlinienorganisation

(1) Einlinienorganisation: In der Einlinienorganisation (siehe Abbildung 10, S. 106) erhält jede untergeordnete Stelle nur von einer übergeordneten Stelle Anweisungen. Sie geht in ihrem Grundmodell auf Henri Fayol (1841–1925), einen französischen Industriellen und Begründer der Organisationslehre, zurück, der das Prinzip der „Einheit der Auftragserteilung" formulierte (Fayol 1929). Die formal ausgewiesene Linie stellt den Informations- und Entscheidungsweg dar. Die Anweisungen oder Anordnungen gehen von oben nach unten, die Rückfragen oder Vorschläge von unten nach oben. Das Ziel dieses Organisationsmodells ist eine straffe Regelung sämtlicher Kommunika-

tionsbeziehungen und eine einheitliche Willensbildung und -durchsetzung. Trotz dieses Regelungswillens muß das Modell der Einlinienorganisation Zugeständnisse an die informellen Organisationsstrukturen machen. Die informellen Beziehungen zwischen gleichen Hierarchieebenen, eigentlich nicht vorgesehen, werden als „Fayolsche Brüken“ in das Modell eingebaut – Beispiel:

Der Leiter eines Sozialamtes gibt Weisungen an die Abteilungsleiterin, diese an die Sachgebietsleiterin, diese an die SozialarbeiterInnen und SachbearbeiterInnen. Bei Rückfragen ist der umgekehrte Weg einzuhalten („Dienstweg“).

Abbildung 10: Einlinienorganisation

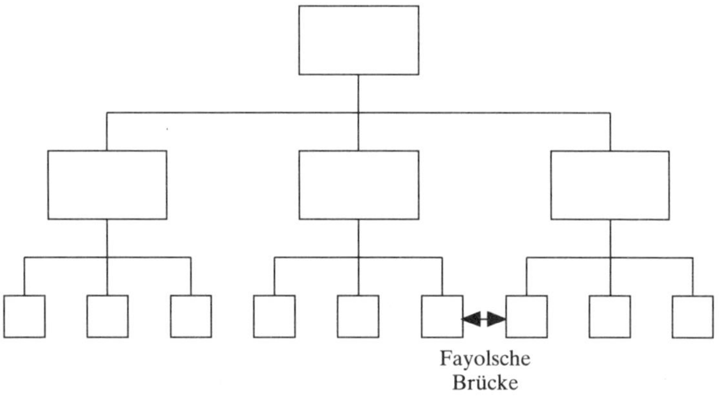

Stablinien-organisation

(2) Stab-Linien-Organisation: In dem Modell der Stab-Linien-Organisation (Abbildung 11) sind den Entscheidungsinstanzen Stäbe zugeordnet. Sie haben unterstützende und beratende Funktion und verfügen in der Regel über keine Weisungs- und Entscheidungskompetenz – Beispiel:

In einem Jugendamt ist die Jugendhilfeplanung aus der Linie herausgenommen und direkt der Amtsleitung unterstellt. Aufgabe der Stelleninhaberin ist es, Planungs- und Entscheidungsgrundlagen für künftige konzeptionelle Veränderungen zu liefern. Dazu werden von ihr nur Alternativen vorgeschlagen, aber keine Entscheidungen getroffen.

Abbildung 11: Stab-Linien-Organisation

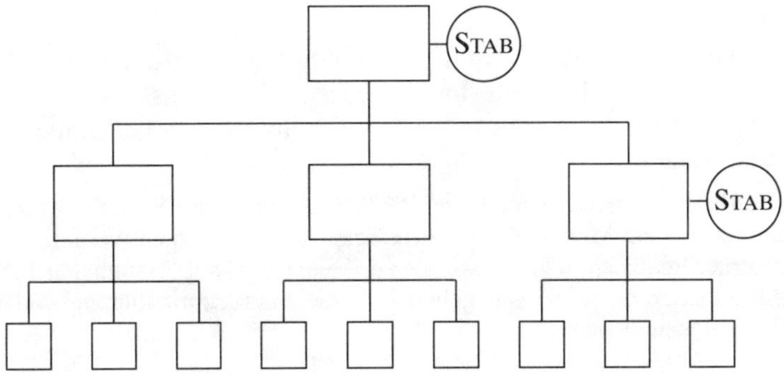

(3) Mehrlinienorganisation: Die Einlinienorganisation ist zentralistisch aufgebaut. Die Entscheidungs- und Weisungskompetenz konzentriert sich bei einer Führungsinstanz. Eine zunehmende Spezialisierung von Aufgaben in Organisationen kann eine Führungsinstanz überfordern. Dem versucht das Modell der Mehrlinienorganisation (Abbildung 12) Rechnung zu tragen. Die Führungsebene kann nach Funktionen unterteilt werden. MitarbeiterInnen sind dann nicht mehr nur einer Führungsinstanz zugeordnet, sondern bekommen von verschiedenen Vorgesetzten Weisungen und Anordnungen – Beispiel:

Mehrlinienorganisation

Der Träger eines Abenteuerspielplatzes in ein eingetragener Verein. Die MitarbeiterInnen des Abenteuerspielplatzes sind dienstrechtlich aber bei

Abbildung 12: Mehrlinienorganisation

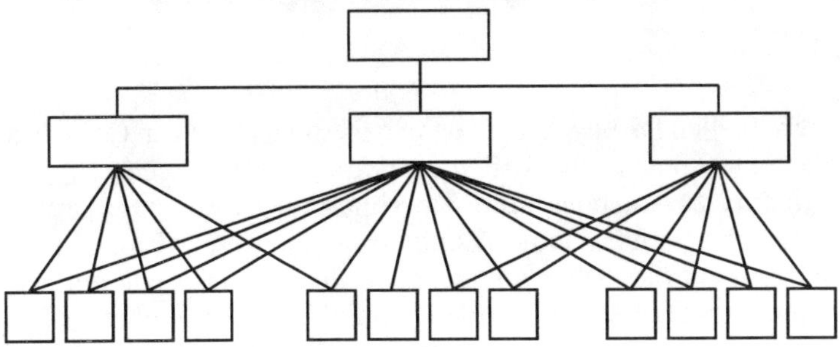

der Kommune angestellt. Sowohl der städtische Dienstvorgesetzte als auch der Vorstand des Vereins sind damit formal weisungsbefugt.

Matrix-organisation

(4) Matrixorganisation: Eine besondere Form der Mehrlinienorganisation ist die Matrixorganisation (Abbildung 13). Die Hierarchie ist hier flacher, und den MitarbeiterInnen sind zwei Weisungs- und Entscheidungsinstanzen zugeordnet. Auch in der Sozialen Arbeit findet sich dieses Modell:

Die Stadt Bremen hat im Jahre 1987 die Jugend- und Sozialhilfeverwaltung nach dem Modell einer Matrixorganisation aufgebaut (vertiefend zur Matrix-Organisation in der Sozialen Arbeit siehe: Dolls/Hammetter 1988). Als Gliederungsprinzipien gelten hier die Stadtteilorientierung und die Zielgruppenausrichtung.

Abbildung 13: Matrixorganisation

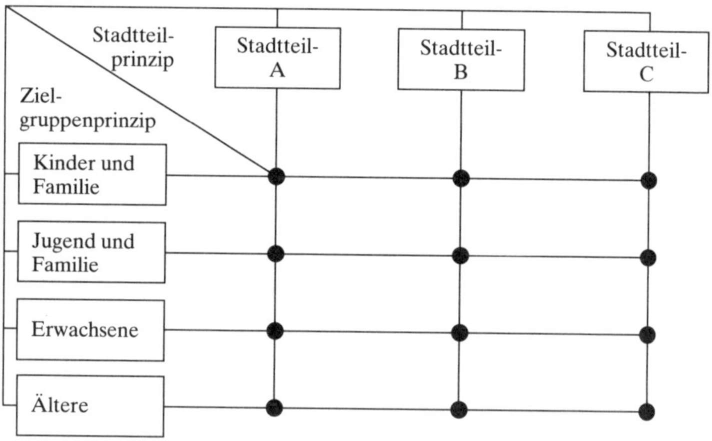

In der aktuellen Diskussion um neue Aufbaumodelle von Organisationen ist eine *Tendenz zur Abkehr von dem zentralistischen Organisationsaufbau* zu erkennen (zum Überblick über dezentrale Organisationsmodelle siehe: Gomez/Zimmermannn 1992). Ein deutlicher Trend zielt auf die *Abflachung von Hierarchien*. Dies soll durch eine Verringerung der Leitungstiefe und einer Vergrößerung der Leitungsspanne erreicht werden. Neben den formellen Aufbaustrukturen wird

vermehrt Raum für informelle Kommunikationsbeziehungen eingeplant. Im Brennpunkt der Kritik stehen auch die bürokratischen Hindernisse in Organisationen. Um den bürokratischen Aufwand zu reduzieren, wird vorgeschlagen, unnötige formelle Regelungen abzuschaffen, mehr Handlungsspielraum für MitarbeiterInnen einzuplanen und die Entscheidungskompetenzen zu vergrößern. Dazu gehört, daß die Verantwortung nicht mehr nur auf die Leitungsebene verteilt wird. Die Entscheidung über einzusetzende Mittel und Vorgehensweisen (Handlungs- und Ergebnisverantwortung) zur Erreichung vereinbarter Organisationsziele wird stärker in die Kompetenz der zuständigen MitarbeiterInnen gelegt.
Diese Tendenz zeigt sich auch bei den Vorschlägen zur *Organisationsreform im öffentlichen Dienst*. Auch hier wird unter dem Stichwort „dezentrale Ressourcenverantwortung" verstärkt darüber nachgedacht, wie Verantwortung auf untere Hierarchieebenen verlagert werden kann (KGSt 1991). Dies soll im folgenden Abschnitt vorgestellt werden.

4.2. Dezentrale Ressourcenverantwortung: ein neues Steuerungsmodell für die Verwaltung

Aufgaben, Kompetenzen und Verantwortung müssen in Organisationen so miteinander verbunden werden, daß die vereinbarten ökonomischen, fachlichen, humanen und ökologischen Ziele erreicht werden können. Die Abstimmung zwischen Aufgaben, Kompetenzen und Verantwortung wird „Steuerung von Organisationen" genannt. Steuerung bezeichnet alle diejenigen Formen der Einwirkung in Organisationen, die darauf gerichtet sind die vereinbarten Ziele zu erreichen und die dazu notwendigen Aufgaben zu koordinieren.

Instrumente zur Steuerung von Organisationen

(a) *Dynamische Instrumente des Steuerungsprozesses* sind die Planung, die Organisation und die Kontrolle der Arbeitsabläufe sowie die Personalauswahl und die Personalführung.
(b) Die *strukturellen Steuerungsinstrumente* sind die Regeln und Strukturen des Organisationsaufbaus, wie sie in dem vorangegangenen Abschnitt dargestellt wurden.

Die Überlegungen zu strukturellen Steuerungsinstrumenten teilen sich in *zwei* grundlegende *Varianten:* Die eine Gruppe von Steue-

rungsinstrumenten geht auf eine unmodifizierte Linienorganisation zurück. „Einheit der Auftragserteilung“ und Trennung von Ausführung und Verantwortung sind hier die tragenden Prinzipien. Die Verantwortung der unteren Hierarchieebenen ist deutlich reduziert. In der anderen Gruppe von Steuerungsinstrumenten wird die Verantwortung stärker auf die ausführende Ebene in Organisationen verlagert. Die informellen Beziehungen und Regelungen werden nicht als Störfaktor in der Organisation begriffen, sondern konstruktiv in den Organisationsaufbau und das -geschehen aufgenommen. Dadurch können Fehlentwicklungen in Organisationen frühzeitig erkannt werden.
In vielen kommunalen Verwaltungen der Bundesrepublik Deutschland, aber auch im Ausland, werden gegenwärtig Vorschläge für *neue Steuerungsmodelle* diskutiert. Die neuen Modelle gehen unter anderem auf Überlegungen der „Kommunalen Gemeinschaftstelle für Verwaltungsvereinfachung“ (KGSt) zurück. In der KGSt sind alle kreisfreien Städte, nahezu alle Gemeinden und etwa die Hälfte der Landkreise Mitglied. Sie ist eine von ihren Mitgliedern getragene Beratungsstelle, die Grundsätze und Regeln für eine wirtschaftlich arbeitende Verwaltung entwickelt und dazu Fortbildung anbietet und Gutachten herausgibt (Siepmann 1986). Auf das von ihr 1991 vorgelegte Gutachten mit dem Titel: „Dezentrale Ressourcenverantwortung: Überlegungen zu einem neuen Steuerungsmodell“ wird in den folgenden Ausführungen näher eingegangen.

(1) Bisheriger Aufbau und Steuerung der öffentlichen Verwaltung

Der gegenwärtige Verwaltungsaufbau trennt bisher zwischen Fachämtern und Querschnittsämtern:

(a) *Querschnittsämter:* Die Querschnittsämter entscheiden innerhalb der Verwaltung zentral über die Vergabe von Ressourcen, d. h. sie verfügen über die Einstellung von Personal und die Verteilung finanzieller Mittel, während die Fachämter in der Regel die fachliche Verantwortung tragen. Zu den Querschnittsämter zählen das Personal- und Hauptamt sowie die Kämmerei.

(b) *Fachämter:* Die Fachämter sind in ihren Planungen von den Entscheidungen der Querschnittsämter abhängig, während diese nicht unbedingt die notwendige fachliche Beurteilungskompetenz besitzen.

Die MitarbeiterInnen vor Ort sind dadurch in ihren Spielräumen eingeengt, was zu erhöhter Unzufriedenheit führen kann. Zu den Fachämtern zählen aus dem sozialen Bereich das Jugend- und Sozialamt.

Die Trennung von Fach- und Ressourcenverantwortung führt zu einem unzureichenden Kosten-Leistungs-Denken. Wie teuer eine Dienstleistung oder ein Angebot eines Fachamtes ist, bleibt für den einzelnen Mitarbeiter relativ unbedeutend. Entscheidend ist für ihn in dem gegenwärtigen System, daß er im folgenden Jahr wieder genügend Geld für die geplanten Maßnahmen zur Verfügung hat. Ob die finanziellen Mittel kostengünstig eingesetzt werden, ist von zweitrangiger Bedeutung.
Ein anschauliches Beispiel für diese Denkweise liefert die Bezeichnung „Dezember-Fieber". Damit ist gemeint, daß Dienststellen vor dem Jahresende in hektische Aktivitäten verfallen, um das noch vorhandene Geld auf den Haushaltsstellen möglichst vollständig auszugeben. So werden beispielsweise in einem Heim noch schnell technische Geräte angeschafft, auch wenn nicht geklärt ist, ob sie überhaupt ausreichend benötigt werden.
Dazu kommt, daß die finanziellen Mittel in der Regel zweckgebunden eingesetzt werden. So können sie nicht zwischen verschiedenen Haushaltstellen umgeschichtet werden und dort zum Einsatz kommen, wo sie gerade dringlicher gebraucht werden. Eng mit dem Fehlen betriebswirtschaftlichen Kosten-Nutzen-Denkens hängt eine unklare Vorgabe von fachlichen Leistungszielen zusammen. Die Qualität, die Standards und die Wirkungsweisen von Dienstleistungen werden in der Regel nicht durch meßbare Indikatoren angegeben. Sie verbleiben in einem Feld von vieldeutigen Interpretationen und entziehen sich damit einer klaren Wirkungskontrolle.

(2) Zukünftiger Aufbau und Steuerung der öffentlichen Verwaltung

Neues Steuerungsmodell

Das neue Steuerungsmodell der KGSt (siehe Abbildung 14, S. 113) will die durch das bisherige Modell hervorgerufenen Probleme mindern oder vermeiden. Es setzt dazu auf mehr Eigenverantwortlichkeit aller beteiligten Stellen, mehr Transparenz bei den Kosten und den Leistungen der Verwaltung, mehr Handlungsspielraum der Ämter für fachliche und finanzielle Entscheidungen und eine zentrale Vorgabe von Leistungs- und Finanzzielen. Um dies zu erreichen, werden *drei Steuerungsinstrumente* vorgeschlagen: Verbindliche Vereinbarung von Zielen (1), dezentrale Ressourcenverantwortung (2) und Controlling (3).

Instrument: Zielvereinbarung

(1) Zielvereinbarung: Das Steuerungsmodell unterscheidet zwischen *Leistungs- und Finanzzielen,* die verbindlich verfolgt werden sollen. Die Leistungsziele beziehen sich auf die Qualität und den Standard der Produkte und Dienstleistungen des öffentlichen Dienstes. Die Finanzziele sind auf die Einhaltung des vereinbarten finanziellen Rahmens gerichtet. Die Höhe dieses Rahmens kann sich an den zur Erstellung der Dienstleistung notwendigen Gesamtkosten oder, sofern vorhanden, an vergleichbaren Marktpreisen orientieren. Leistungs- und Finanzziele hängen eng zusammen. So bestimmt der Standard der Leistung die Höhe des finanziellen Rahmens.
Zur Beurteilung von Leistungszielen zählen z. B. die Qualität der Bürgerberatung, die Ausstattung städtischer Einrichtungen, der Standard und die Wirkungsweise pädagogischer Angebote, die Benutzerhäufigkeit von Einrichtungen, die Bürgerfreundlichkeit in der Verwaltung, die Breite des Angebots einer städtischen Bücherei, die Schnelligkeit bei der Vergabe von Bescheiden usw.
Das Steuerungsmodell sieht vor, daß die grundsätzlichen Ziele und Aufgaben durch die Instanzen der Politik und die Führungsebenen der Verwaltung entschieden werden. Je nach dem Grad der *Partizipation* werden unterschiedlich viele der betroffenen MitarbeiterInnen an dem Prozeß beteiligt. Für alle Formen gilt aber gleichermaßen, daß die einmal vereinbarten Ziele und Aufgaben einen hohen Grad an Verbindlichkeit haben. Werden sie einmal entschieden, so verpflichten sich die MitarbeiterInnen in einem symbolischen Kontrakt, ihr Handeln an der Erreichung dieser Ziele auszurichten.
Leistungs- und Finanzziele müssen in einem *Zielfindungsprozeß* entwickelt und vereinbart werden. Entscheidend ist hierbei, daß Indikatoren für die Zielerreichung angegeben werden. Geschieht dies nicht, besteht keine Möglichkeit die Zielerreichung zu kontrollieren. In welchen Schritten und nach welchen Kriterien der Zielfindungs- und Zielvereinbarungsprozeß vonstatten gehen soll, ist in dem Abschnitt zur dialogischen Zielplanung in Organisation ausführlich dargestellt worden (siehe oben S. 83 ff.). Alle dortigen Erläuterungen können auch in dem hier vorgestellten Steuerungsmodell Anwendung finden. Auf den Prozeß der Zielplanung wird deshalb hier nicht weiter eingegangen.

Abbildung 14: Elemente eines zukünftigen Steuerungsmodells

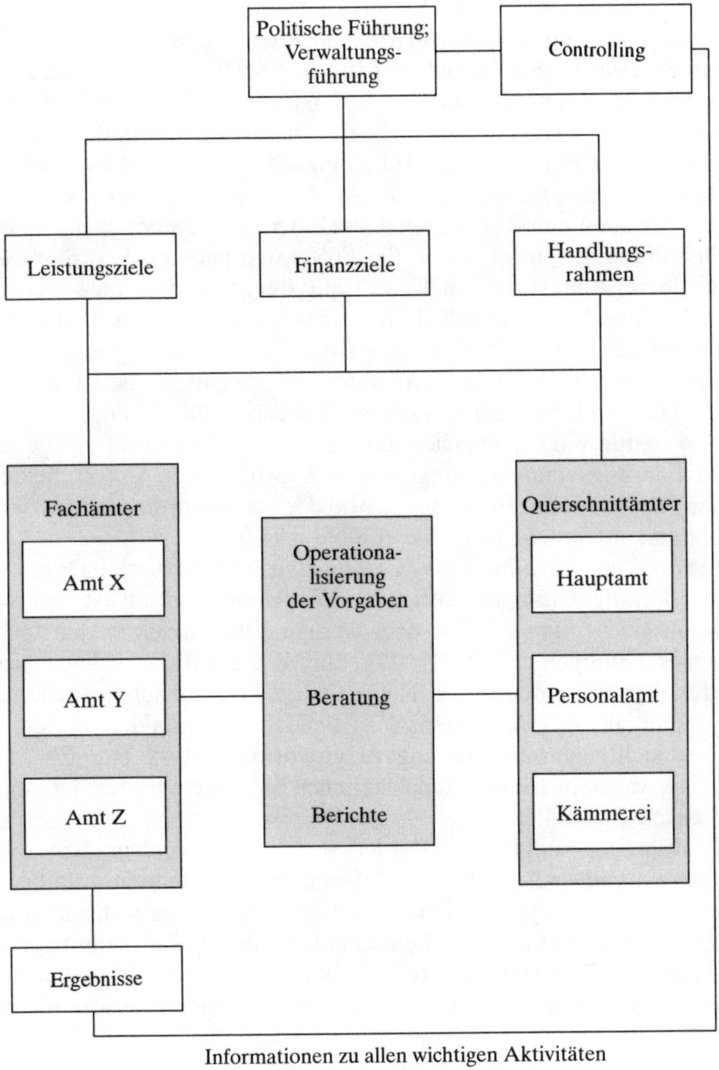

(Quelle: KGSt)

Instrument: Ressourcen-verantwortung

(2) Ressourcenverantwortung: Die dezentrale Ressourcenverantwortung besteht in einer Erweiterung des Handlungsrahmens von Ämtern und ausführenden Stellen. Sie übernehmen eine gestiegene Verantwortung über den Einsatz von Maßnahmen und den Umgang mit Ressourcen. Dies ist ein Bereich, der für die Soziale Arbeit von entscheidender Bedeutung ist. Anders als in den traditionellen Ämtern der Verwaltung ist das Handeln in der Sozialverwaltung und in der Sozialen Arbeit durch professionelle Handlungskonzepte und Methoden geprägt. Die Entscheidung über die Angemessenheit dieser Handlungskonzepte kann nur sehr begrenzt von einer fachfremden Instanz beurteilt werden. Sie folgt den in der Profession entwickelten Standards und Überprüfungskriterien. Beim Typus der „aktiven Professionalisierung" (siehe Einführung S. 14 ff.) müssen organisatorische Regelungen und fachliche Anforderungen situationsgerecht ausgelegt und eigenverantwortlich entschieden werden. Er korrespondiert damit mit den aktuellen Überlegungen zur Ressourcenverantwortung.
Oben wurde eine Unterscheidung zwischen Handlungs-, Ergebnis- und Führungsverantwortung getroffen. Mit dieser Unterscheidung kann deutlich gemacht werden, worin der Verantwortungszuwachs besteht und auf welche Bereiche er nicht zutrifft.
Die *Handlungsverantwortung* bezieht sich auf die korrekte Durchführung der angewiesenen Aufgaben. Die Verantwortung ist hier sehr eng ausgelegt, da sie keine oder wenige Alternativen in den fachlichen Handlungen zuläßt. Die Ergebnisverantwortung bedeutet demgegenüber einen deutlichen Kompetenzzuwachs. Hier liegt die Entscheidung über die Vorgehensweise bei den ausführenden Stellen. Sie grenzt sich gegen die Führungsverantwortung ab, die eine Entscheidungskompetenz für die grundsätzlichen bzw. strategischen Organisationsziele beinhaltet.
Das neue Steuerungsmodell der KGSt sieht eine *Ergebnis-* bzw. *Maßnahmenverantwortung* vor. Im Rahmen der vereinbarten grundlegenden Ziele und Aufgaben können die beteiligten Ämter selbst über ihre Aktivitäten und Maßnahmen entscheiden. Die Ergebnisverantwortung für die Leistungsziele ist gekoppelt an eine gestiegene Verantwortung für die Finanzziele. Anders als in der gegenwärtigen Verwaltungspraxis sind die einzelnen Diensstellen gefordert, den vereinbarten finanziellen Rahmen einzuhalten und Rechenschaft über ihre wirtschaftliche Effizienz abzulegen. Sie erhalten dazu mehr Entscheidungsbefugnisse über die Verwendung der finanziellen Ressourcen. Durch eine Re-

duzierung der Zweckbindung soll mehr Handlungsspielraum im Umgang mit Geldern ermöglicht werden („Budgetierung“). Der diesem Vorschlag zugrundeliegende Grundsatz geht davon aus, daß ein Amt eine bestimmte Höhe an Geldern zur Verfügung gestellt bekommt. Im Rahmen der Maßnahmenverantwortung wird von diesem Amt entschieden, für welche Aktivitäten das Geld vorrangig eingesetzt wird.

(3) Controlling: Das dritte Steuerungsinstrument ist das Controlling (zum Controlling in der Freien Wohlfahrtspflege siehe: Reiss 1993). Der Begriff bedeutet nicht Kontrolle im alltagssprachlichen Sinn. Er bezeichnet ein Verfahren, das versucht, die Zielabweichungen bei der Durchführung von Aktiväten und Maßnahmen möglichst gering zu halten. Controlling ist deshalb nicht in erster Linie auf die Überprüfung zurückliegender Aktivitäten ausgerichtet. Es umfaßt auch sämtliche Maßnahmen, die auf die Einhaltung zukünftiger Zielvorgaben gerichtet sind. Dazu gehört die Optimierung von Planungen und Entscheidungen, der wirtschaftliche Umgang mit den eingesetzten Mitteln und die Sicherung von ausreichenden Ressourcen. Wilfried Krüger vergleicht das Controlling mit der Aufgabe eines Lotsen. „Der Controller überwacht die Einhaltung des Kurses, aber er bestimmt ihn nicht. Er meldet Kursabweichungen, aber er entscheidet nicht über die Korrektur“ (Krüger 1993, 220). Controlling

Zwei Formen von Controlling sind zu unterscheiden:

(a) *Strategisches Controlling:* Es umfaßt alle jene Maßnahmen, die als grundsätzliche Steuerungs- oder Führungsaufgaben in Organisationen gelten können. Zu dem strategischen Controlling gehört die Klärung der Frage, ob Aufgaben der Sozialen Arbeit überhaupt wahrgenommen werden sollen, ob Aufgaben abgebaut und neue Aufgaben übernommen werden sollen, ob die Mitarbeiterführung den vereinbarten Prinzipien entspricht, ob eine angestrebte Unternehmenskultur tatsächlich praktiziert wird und viele andere Fragen.

(b) *Operatives Controlling.* Es umfaßt alle jene Aktivitäten, mit deren Hilfe Rückmeldungen über die Effizienz, die Qualität und die Zielgenauigkeit der durchgeführten Maßnahmen möglich sind. Um dies beurteilen zu können, bedarf es ausreichender Informationen, die Auskunft über den Stand der durchgeführten Maßnahmen ermöglichen. Bestandteil des Controlling ist in diesem Steuerungsmodell deshalb ein sogenanntes Berichtswesen, mit dem der IST-Zustand der aktuellen Maßnahmen erfaßt und mit den vereinbarten SOLL-Werten vergli-

chen werden kann. Auch hier wird wieder deutlich, wie wichtig in dem gesamten Steuerungsmodell die konkrete Zielformulierung bzw. die Benennung von Zielindikatoren ist. Ohne diese ist wirksames Controlling nicht möglich.
Das als Abbildung 14 vorgestellte Steuerungsmodell ist an eine Reihe von *Voraussetzungen* bei den MitarbeiterInnen geknüpft. Auf einige gehe ich abschließend kurz ein:

(a) Das Modell verlangt eine Reihe neuer Kompetenzen von MitarbeiterInnen. Der Erwerb dieser Kompetenzen darf nicht dem Zufall überlassen werden. Durch eine gezielte Fort- und Weiterbildung müssen die Beteiligten dafür qualifiziert werden. Geschieht dies nicht, wird die Last der Neuerungen einseitig den Schultern der MitarbeiterInnen aufgelastet.
(b) Das Modell erwartet eine höhere Leistungsorientierung. Diese wird sich nur dann einstellen, wenn eine gestiegene Leistung mit einer leistungsgerechten Bezahlung gekoppelt ist. Dazu gehört auch eine Anerkennung der Leistung durch Beförderung oder andere immateriellen Anreize.
(c) Das Vorhaben kann nur erfolgreich sein, wenn die MitarbeiterInnen auf diesen Veränderungsprozeß beteiligt sind. Dies kann durch Qualitätszirkel bei überschaubaren Problembereichen oder durch Organisationsentwicklung bei umfassenderen Veränderungen geschehen.
(d) Mit den Aufgaben und Funktionen muß flexibler umgegangen werden. Entsprechend motivierte MitarbeiterInnen sollten die Gelegenheit bekommen, sich in neue Aufgaben und Verantwortungen einzuarbeiten.

4.3. Materialien/Dokumente, Literatur

4.3.1. Formelle und informelle Strukturen in einem Jugendamt

Birgit Dechmann und Christiane Ryffel haben in einem Züricher Jugendamt viele Gespräche mit MitarbeiterInnen geführt und deren beruflichen Alltag beobachtet. Das Ergebnis ist eine anschauliche Studie über Kommunikationszwänge, Hierarchien und Handlungsstrukturen von Fachleuten in einem Amt. Die Arbeit der Autorinnen ist in der Zeitschrift „Sozialmagazin" (Heft 9/1981, 31 ff.) erschienen und wird im folgenden in Auszügen wiedergegeben:

Alltagshandeln im Amt – oder: Wer entscheidet in der Kaffeepause?

Die informelle Struktur

Es ist 9 Uhr. In der winzigen Gemeinschaftsküche trifft man sich „zufällig" zum Morgenkaffee. Johann Krüger (Sozialarbeiter) läßt sich gerade in den klapprigen Küchenstuhl fallen, und seine Kollegin Anna fragt mitfühlend, warum er denn am frühen Morgen schon so geschafft sei. Währenddessen gießt Martha (Berufsberaterin) der Sekretärin Susanne frischen Kaffee ein, und Paul (Praktikant) kommt mit der Nachricht, daß in der Fachzeitschrift ein Artikel von S. (ein Kollege aus der Zweigstelle) erschienen sei und ob den jemand gelesen habe.

Krüger hat sich inzwischen wieder erholt und erzählt anschaulich und witzig von einer Weiterbildungstagung über Therapieformen, die er am Wochenende besucht hatte. Zwischendurch erscheint Reichhaupt, der Leiter des Jugendamtes, ergänzt Krügers Erzählungen mit ein paar zusammenfassenden, abstrakten Sätzen, die ernsthaftes Nicken in der Runde zur Folge haben, alsbald aber in der amüsanten Erzählung von Christa untergehen. Sie versteht einfach nicht, warum ihre Klientin (eine junge Prostituierte) in der Therapie ständig mit der Psychologin stricken muß, obwohl sie das doch gar nicht mag. Reichhaupt ist inzwischen ohne viel Aufhebens wieder verschwunden. Niemand scheint ihn zu vermissen.

Die Aufmerksamkeit richtet sich nun auf Anna, die mit leicht gedämpfter Stimme darlegt, was Jens, der stellvertretende Leiter und seines Zeichens Jurist, wieder einmal für bürokratische Fehlentscheide getroffen habe. Allgemeines Kopfschütteln in der Runde bestätigt, was man schon lange gewußt hat. Ein Technokrat in dieser Position, das kann nicht gut gehen. Man sollte diese Stelle wirklich und wahrhaft durch einen Sozialarbeiter besetzen. Nicht, daß der keine Fehler machen würde, aber immerhin …

Die formelle Struktur

Gegen 10 Uhr zeigt sich im Team ein ganz anderes Bild als während der Kaffeepause:

Im Moment telefoniert der Leiter gerade mit einem Klienten wegen einer geplanten Vormundschaft. Seine Stimme ist sachlich und verbindlich zugleich, und seine Finger blättern angelegentlich in der Agenda, da er schon fünf Minuten später eine wichtige Besprechung vermutet, auf die er sich eigentlich noch genauer vorbereiten sollte.

Die SozialarbeiterInnen Johann Krüger und Anna Merz sitzen jeder in ihrem Büro. Während der eine sich die Diebstahlversion eines jugendlichen Auszubildenden anhört, hat die andere die heikle Aufgabe, die Eltern Müller darüber zu informieren, daß ihr Pflegekind vielleicht doch besser in einem Heim aufgehoben sei.
Unterdessen nimmt Susanne Telefonanrufe entgegen und versucht, den Berg von Gutachten, Briefen und Erlassen in Angriff zu nehmen, der sich auf ihrem Schreibtisch türmt und sauber abgetippt werden sollte.
Der Praktikant Paul greift gerade zum Mantel, um seine Kollegin Christa auf einem Besuch in der psychiatrischen Klinik zu begleiten, während die Berufsberaterin konzentriert einen Test auswertet.
Die Stimmung hat allseits gewechselt, und die Gelöstheit von vorhin ist in viel größeren Ernst umgeschlagen. Der Leiter legt sogar eine ausgesprochene Würde an den Tag.

Interpretation der Situationsbeschreibung (Auszüge)

Der Situationsausschnitt, der die Arbeit nach der Neunuhrpause illustrierte, täuscht eine zu große Autonomie der SozialarbeiterInnen vor. Sie stehen zwar vor dem Klienten alleine da, sind aber in Wirklichkeit mit anderen internen und externen Bürostellen verbunden, die das Verhalten jederzeit mitbeeinflussen.
Nach den offiziellen Richtlinien steht der Leiter, Dr. Reichhaupt, an der Spitze der Hierarchie und hat gegenüber sämtlichen Mitgliedern des Jugendamtes sowohl Weisungs- als auch Kontrollbefugnis.
Ebenso sollte es sich mit Jens verhalten, dem stellvertretenden Leiter. Nur, daß es ihm nicht zusteht, seinem Chef irgendwelche Anordnungen zu geben. SozialarbeiterInnen, wie Berufsberaterin wiederum haben das Recht, dem Praktikanten sowie der Sekretärin und dem Buchhalter einen Teil der Arbeit vorzuschreiben. Außerdem besitzen sie einen erheblichen Einfluß auf die Situation ihrer jugendlichen Klienten und deren Eltern.
Zwar entsprechen einige Merkmale der formell geplanten Struktur durchaus der Realität in unserem Jugendamt: nämlich die Staffelung in der Vergütung, die große Verantwortung des Leiters nach außen, sowie der unterschiedliche Grad an Ausbildung.
Wenn man jedoch nur das interne Ansehen der einzelnen und die real ausgeübten Weisungen und Kontrollmaßnahmen anschaut, dann müssen wir ein ganz anderes Bild entwerfen.
In Wirklichkeit ist der Stellvertreter Jens fast eine Randfigur. Seine Anweisungen werden so gut wie möglich boykottiert, niemand nimmt ihn so recht ernst.
Der Chef, Dr. Reichhaupt, hingegen ist gerade nicht beliebt, aber sein Wort gilt trotzdem ziemlich unwidersprochen. D. h. noch ist es so; denn auch hier beginnt die Autorität zu brökeln. In den offiziellen Verhaltensweisen ist das zwar noch nicht erkennbar, kündigt sich jedoch unterschwellig bereits im Denken der MitarbeiterInnen an, wie der Einblick in die informelle Kaffeerunde zeigte.
Die SozialarbeiterInnen Johann Krüger und Anna Merz nehmen im Hinblick auf ihre realen Einflußmöglichkeiten eine Art informelle Stellvertreterstelle ein. Die offizielle Sanktionsmacht fehlt ihnen zwar, im Moment läuft es auch ohne sie, denn sie kontrollieren ihre KollegInnen nicht durch Verweise, sondern sie erteilen Ratschläge, die von den anderen wiederum sehr häufig akzeptiert werden.

4.3.2. Verwaltungsreform im Münchner Rathaus

In vielen Stadtverwaltungen und in Stadtratsgremien wird z. Z. über eine Reform der Verwaltungsstrukturen nachgedacht. Die Verwaltung soll zu einem modernen Dienstleistungsunternehmen werden, das effizienter arbeitet und bürgerfreundlicher ist. Die Sozialverwaltungen, wie Jugend- und Sozialamt sind von diesen Neuerungen nicht ausgenommen. Die Süddeutsche Zeitung berichtet in ihrer Ausgabe vom 25. Januar 1994 über die geplante Verwaltungsreform und am 3. Februar 1994 über die Bedenken des Stadtrats:

Die gesamte Verwaltung soll umgekrempelt werden

Das Rathaus plant die Revolution

Ude will modernes Management durchsetzen / Stadtrat fürchtet, entmachtet zu werden

Unternehmensberater mit ihren Vorschlägen für gesteigerte Produktivität sind in vielen Häusern mehr oder minder gern gesehene Gäste – nun packt auch das Rathaus die große Lust an der ganz großen Reform. Mit nichts weniger als einem Generalumbau der gesamten Verwaltung will ein kleines Team um OB Christian Ude (SPD) jetzt den großen Wurf hin zu mehr Bürgernähe, weniger Kosten und effektiverem Arbeiten wagen. Das Konzept, das Ude gestern vor Journalisten vorstellte, würde eine völlige Abkehr von den „Strukturen des 19. Jahrhunderts" (Ude) bedeuten. Auf den Bürger kommt damit auch eine Reform der städtischen Gebühren zu. Ein Pilotprojekt soll noch heuer über die Bühne gehen. Der Haken daran: Erst muß der Stadtrat zustimmen, was einer teilweisen Selbstentmachtung gleichkommt; deswegen gibt es dort – ebenso wie in der Verwaltung – bereits skeptische Stimmen.

Von Frank Müller

An Anlaß und Notwendigkeit für die Verwaltungs-Perestrojka zweifelt Ude nicht. Als Beispiel zitierte der OB einen Fall von tausenden, wie sie sich seit Jahrzehnten vor jedem Jahreswechsel im Rathaus abspielen: den eines (ungenannten) Amtschefs, der noch vor Ablauf des Haushaltsjahres sämtliche Restmittel ausgibt, auf daß sein Ansatz im Folgejahr ja nicht zusammengestrichen werde. Ude: „In der Verwaltungswissenschaft wird diese plötzliche Ausgabefreude als ‚Dezemberfieber' beschrieben, aber auch als ‚organisierte Unverantwortlichkeit'."

Mit diesem und ähnlichem soll Schluß sein, wenn die Verwaltungsreform ins Rollen kommt, die Ude „das ehrgeizigste und wohl auch strapaziöseste Vorhaben dieser Amtsperiode" nannte. Die Kernpunkte des 100-Seiten-Konzepts:

- Alle Dienststellen erhalten volle Verantwortung für Finanzen und Personal, die derzeit zentral bei Personalreferat und Kämmerei liegt.
- Entscheidungskompetenzen werden nach unten verlagert.
- Moderne Managementmethoden aus der Dienstleistungsbranche halten Einzug ins Rathaus.
- Kaufmännische Buchführung löst Schritt für Schritt das bisherige, sogenannte kameralistische System ab, das nur aus Haushaltstiteln besteht und daher weder über die tatsächlichen Kosten Auskunft gibt noch eine Erfolgskontrolle ermöglicht. Stadtkämmerer Klaus Jungfer (SPD): „Wir wissen derzeit nicht, was unsere Leistungen wirklich kosten."

Noch ist unklar, in welchem Ausmaß das neue System zu Senkungen oder Erhöhungen städtischer Gebühren führt. Personalreferent Wilfried Blume-Beyerle versprach zumindest mehr Gerechtigkeit: „Der Bürger wird das bezahlen, was er wirklich bekommt." Ude ergänzte, Subventionen aus politischen Gründen werde es weiterhin geben. Als Beispiel nannte er die Kindergarten-Gebühren.

Das Konzept würde auch die politische Arbeit in München revolutionieren. Ude will, daß sich der Stadtrat von liebgewonnen Detail-Debatten um neue Trambahn-

(Fortsetzung S. 120)

häuschen und ähnliches völlig verabschiedet und sich auf die große Linie konzentriert. „Auf deutsch: Der Stadtrat befaßt sich zur Zeit auch noch mit dem letzten Mist", sagte der OB. Als Entmachtung des Gemeindeparlaments will Ude dies nicht sehen: „Der Stadtrat gewinnt dadurch strategische Kompetenz." Blume-Beyerle berichtete dennoch von entsprechender Kritik von seiten der Mandatsträger. „Da machen Killerargumente die Runde." Auch in seinem eigenen Haus sei er bereits als „Totengräber des Personalreferats" bezeichnet worden, sagte der Ressortchef. Das neue Modell würde Blume-Beyerle und Jungfer zahlreiche Kompetenzen abnehmen. Eine Alternative sieht Ude schon aus ökonomischen Gründen nicht, weil die Städte auf lange Zeit mit weniger Geld als früher auskommen müßten. Außerdem gelte es, den öffentlichen Dienst attraktiver zu machen.

Erste Ansätze zum Verwaltungsumbau hatte, wie berichtet, bereits die Unternehmensberatung McKinsey in der Lokalbaukommission geliefert. Noch im Frühjahr soll der Stadtrat über das Gesamtkonzept beschließen, im Sommer könnte ein Pilotprojekt, etwa im Schulwesen, starten. Details stehen noch nicht fest.

Udes Verwaltungsreform stößt auf Bedenken

Skrupel in den eigenen Reihen

SPD-Stadträte warnen vor Abbau demokratischer Rechte

Von Frank Müller

Der von OB Christian Ude (SPD) geplante Totalumbau der Rathausstruktur stößt im Stadtrat vor allem bei seiner eigenen Fraktion auf zahlreiche Vorbehalte. Bei einer ersten Stadtratsdebatte zweier Ausschüsse trugen mehrere SPD-Sprecher Bedenken gegen die von der Stadtspitze angestrebte Entlastung des Stadtrats vor. SPD-Stadtrat Uli Pfaffmann warnte vor einem Abbau demokratischer Rechte. Ude und die beiden Referenten Klaus Jungfer (Kämmerei) und Wilfried Blume-Beyerle (Personal) erklärten dagegen, von einer Entmachtung der Volksvertreter könne keine Rede sein. An der Reform führe schon aus finanziellen Gründen kein Weg vorbei.CSU und SPD kreideten Ude an, erst die Presse und dann den Stadtrat informiert zu haben.

Ude hatte, wie berichtet, vergangene Woche die geplante Verwaltungsreform als „das ehrgeizigste und wohl auch strapaziöseste Vorhaben dieser Amtszeit" angekündigt. Kern des Konzepts ist die Abkehr von hierarchischen Strukturen und die Wandlung des Rathauses zu einem „Dienstleistungsunternehmen". Die Verantwortung für Einzelprojekte sowie für Personal und Finanzen soll möglichst weit nach unten verlagert werden. Den Bürgern werden gerechtere Gebühren und schnellere Entscheidungen versprochen. Während dieser Teil der Reform bei allen Fraktionen auf einhellige Zustimmung stieß, sorgten die Auswirkungen auf die Stadtratsarbeit für kritische Nachfragen. Udes erklärtes Ziel ist es, den Stadtrat von zahlreichen Detailentscheidungen über Trambahnhäuschen und ähnliches zu befreien und seine Arbeit auf strategische Entscheidungen zu beschränken.

SPD-Stadtrat Pfaffmann nannte dies „unglücklich" und warnte vor einer „Machtverlagerung". Sein Parteifreund Gerd Baumann sagte, der Stadtrat fühle sich „auf die Zehen getreten". Pfaffmann meinte weiter, Udes Vorgehen werfe die Frage auf, „wieviel Demokratie braucht

(Fortsetzung S. 121)

die Stadt noch". Die Reform dürfe zum Beispiel nicht dazu führen, daß der Stadtrat nicht mehr über kleinere Zuschüsse an einzelne Selbsthilfeprojekte beraten kann, sagte Pfaffmann. CSU-Stadtrat Thomas Schmatz nannte es „außerordentlich unglücklich", daß Ude die Presse vor dem Stadtrat informiert hatte.

Personalreferent Blume-Beyerle versuchte, Sorgen der Rathaus-Belegschaft zu entkräften: „Die Verwaltungsreform ist kein Instrumentarium zum Personalabbau", sagte er. Über das Konzept soll erst im März entschieden werden. Bereits im Sommer will Ude erste Pilotprojekte einführen.

4.3.3. „Arbeitsstab ‚Aufgabenkritik'" Nordrhein-Westfalen

Von der Landesregierung Nordrhein-Westfalen wurde ein „Arbeitsstab ‚Aufgabenkritik'" eingerichtet, der Vorschläge für eine schlanke, effektive Verwaltung erarbeiten soll. Johannes Kalenberg, Leiter des Arbeitsstabes Aufgabenkritik, berichtet in der Zeitschrift „Socialmanagement" (Heft 4/1993, 42) über Ziele und Inhalte des Projekts:

Arbeitsstab Aufgabenkritik Nordrhein-Westfalen

Ziel ist die schlanke Verwaltung

Aufgrund des Berichtes einer gemeinsamen Kommission des Hauptausschusses und des Innenausschusses des Landtags Nordrhein-Westfalen wurden Anfang 1988 drei Projektgruppen mit den Aufgabenfeldern Aufgabenkritik, Personal und Automation eingesetzt. Untersucht werden sollten sieben Oberste Landesbehörden mit insgesamt 464 Referaten. Die Studien waren inhaltlich auf die Zweckkritik beschränkt.

Die Ergebnisse wurden in dem Bericht der Landesregierung „Verbesserung der Ministerialverwaltung" zusammengefaßt und im März 1989 dem Landtag vorgelegt. Empfohlen wurde, einen mit drei bis vier Stellen ausgestatteten „Arbeitsstab Aufgabenkritik" zu bilden, um in den nächsten Jahren Teilabschnitte der Verwaltung von Organisations- und Unternehmensberatungsgesellschaften der Personalwirtschaft untersuchen zu lassen. Dies geschah auch vor dem Hintergrund ständig steigender Personalausgaben und des somit wachsenden Anteils der Personalausgaben am Gesamthaushalt.

Der Arbeitsstab Aufgabenkritik wurde im Oktober 1989 eingerichtet und dienstrechtlich – fachlich jedoch weisungsfrei – dem Finanzministerium zugeordnet. Die Aufgabenstellung, zuletzt durch Kabinettsbeschluß vom 18. Februar 1992 erweitert und modifiziert, lautet: „Der Arbeitsstab Aufgabenkritik vergibt Organisationsuntersuchungen im Einvernehmen mit dem zuständigen Fachressort. Wenn keine Verständigung erzielt wird, entscheidet das Kabinett. Gegenstand der Untersuchungen können auch Strukturunterschiede im Bereich der Zweckkritik sein. Der Arbeitsstab Aufgabenkritik wertet die Untersuchungen in Abstimmung mit dem Fachressort aus und legt seine Vorschläge der Landesregierung vor."

Seit der Gründung des Arbeitsstabes sind insgesamt 18 Organisationsuntersuchungen vergeben worden, von denen bisher 14 abgeschlossen sind. Darüber hinaus sind 18 weitere Projekte, die innerhalb der nächsten Monate vergeben werden sollen, in Planung. Die bisherigen Untersuchungen betrafen:

- einzelne Behörden (z.B. Regierungspräsidium Arnsberg, Oberfinanzdirektion Münster, Landesamt für Besoldung und Versorgung),
- ganze Verwaltungszweige (z.B. Verwaltung für Agrarordnung, Versorgungsverwaltung),
- Sonderuntersuchungen auf kommunaler Ebene (z.B. Untersuchung der Möglichkeiten und Konsequenzen einer vereinfachten Landeserstattung nach § 6 Flüchtlingsaufnahmegesetz)
- den Bereich der funktionalen Selbstverwaltung im Zusammenhang mit der staatlichen Verwaltung (Landwirtschaftskammern und die Direktoren der Landwirtschaftskammern als Landesbeauftragte).

Inhaltlich sind alle Organisationsuntersuchungen – mit unterschiedlicher Intensität – auf folgende Problemfelder ausgerichtet:

- Zweckkritik: „Müssen diese Aufgaben überhaupt wahrgenommen werden oder können sie entfallen bzw. von privaten Unternehmen und Institutionen wirtschaftlicher wahrgenommen werden?"
- Vollzugskritik: „Werden diese Aufgaben in der richtigen Art und Weise, in einer angemessenen Intensität und von den richtigen Stellen und Behörden wahrgenommen?"
- Aufbauorganisation: Untersucht werden Leitungs- und Organisationsstrukturen, die Aufgabenverteilung auf Abteilungen und Gruppen auf der Grundlage von Organisationsplänen, die

(Fortsetzung S. 122)

Grundorganisationsstruktur einschließlich der Aufgabenverteilung innerhalb von Abteilungen und Gruppen, die Größe und Zahl der Organisationseinheiten und die Kompetenzverteilung.

- Ablauforganisation: Kritisch erhoben werden die Arbeitsabläufe innerhalb der zu untersuchenden Bereiche; festgestellt werden insbesondere die Bearbeitungs- und Durchlaufzeiten sowie die Formen der innerbehördlichen vertikalen und horizontalen Zusammenarbeit.
- Instrumente zur Aufgabenbewältigung: Darunter fällt beispielsweise die Untersuchung der räumlichen und instrumentalen Ausstattung, der Einsatz moderner Informations- und Kommunikationstechnik sowie Instrumente für die Gesamtsteuerung (z.B. Controlling).
- Personalwirtschaft: Bei jeder Organisationsuntersuchung werden Grundlagen zur Personalbedarfsbestimmung sowohl in quantitativer als auch in qualitativer Hinsicht ermittelt. Es werden also Personalbemessungskriterien erhoben und auf dieser Basis eine Personalbedarfsberechnung durchgeführt und versucht, ein fortschreibungsfähiges Personalbemessungssystem aufzubauen.

Ziel der Untersuchungen ist die Schaffung einer modernen Verwaltung, an die folgende Anforderungen zu stellen sind:

- weiterer Ausbau zu einem modernen Dienstleistungsunternehmen mit einer engen Partnerschaft mit den Bürgern
- Organisation der Verwaltung nach Gesichtpunkten, die sich in der Wirtschaft bewährt haben
- Schaffung einer „schlanken" Verwaltung, die vom Ballast unnötiger oder übertragbarer Aufgaben befreit worden ist – denn nur so können die wichtigen Zukunftsaufgaben bewältigt werden
- qualifizierte, hochmotivierte und leistungsfähige Mitarbeiter

Die 14 abgeschlossenen Projekte – darunter neben den genannten Organisationsuntersuchungen die Schuluntersuchung, die Untersuchung der Staatlichen Gewerbeaufsichtsämter, der Hochschulverwaltung (Teilbereiche), der Betriebsprüfungsdienste u.a. – haben im März zu einer Kabinettsvorlage des Finanzministers geführt, in der die Einsparung von zirka 7.000 Stellen vorgeschlagen wird: 7.000 Stellen sollen also einen sogenannten „kw-Vermerk" – „künftig wegfallend" – erhalten. Diese Kabinettsvorlage wurde mit geringfügigen Modifikationen verabschiedet, und ein entsprechender Entwurf eines Nachtragshaushaltsgesetzes 1993 befindet sich zur Zeit in der parlamentarischen Beratung.

Bei der Aufgabenstellung des Arbeitsstabes geht es nicht vordergründig nur um den Abbau von Stellen. Deutlich wird das daran, daß die Vorschläge der Gutachter erhebliche Neuinvestitionen enthielten, die ebenfalls in voller Höhe in den Entwurf des Nachtragshaushaltsgesetzes 1993 eingebracht wurden. Es handelt sich hier um rund 170 Millionen Mark für eine moderne Ausstattung der Verwaltung mit EDV. Da diese Investitionen zum Teil wesentliche Grundlage für den vorgesehenen Stellenabbau sind, werden diese forciert in den nächsten drei Jahren getätigt und erst dann kommt es zu einer schrittweisen Rückführung des Personals – sozialverträglich und ohne Kündigungen. Es wird also bewußt eine kurzfristige Mehrbelastung des Landeshaushalts in Kauf genommen, um dann auf einer soliden Basis eine schlanke, effektive Verwaltung zu organisieren.

Johannes Kalenberg, Leiter des Arbeitsstabes Aufgabenkritik der Landesregierung Nordrhein-Westfalens.

4.3.4. Literatur

Hill, W./Fehlbaum, R./Ulrich, P. (1989): Organisationslehre 1. Bern und Stuttgart, 4. Auflage
Ein Überblick über verschiedene Modelle des Organisationsaufbaus wird gegeben, die jeweiligen Vor- und Nachteile besprochen und ausgewählte Fragen des Organisationsaufbaus analysiert (insbesondere auf den Seiten 170 bis 318).

Kommunale Gemeinschaftsstelle für Verwaltungsvereinfachung (1991): Dezentrale Ressourcenverantwortung: Überlegungen zu einem neuen Steuerungsmodell. Bericht Nr. 12. Köln
In dem Bericht werden die Vorschläge der KGSt zu einem neuen Steuerungsmodell in der öffentlichen Verwaltung vorgestellt.

Kuhlbach, R./Wohlfahrt, N. (1996): Modernisierung der öffentlichen Verwaltung? Konsequenzen für die freie Wohlfahrtspflege. Freiburg/Breisgau
Die zentralen Elemente der neuen Steuerungsmodelle der öffentlichen Verwaltung werden skizziert, und Auswirkungen für die freie Wohlfahrtspflege werden aufgezeigt.

Flösser, H./Otto, H.-U. (Hg.) (1996): Neue Steuerungsmodelle für die Jugendhilfe. Neuwied
Die neuen Steuerungsmodelle der Jugendhilfe werden zunächst im Rahmen grundlegender Überlegungen zur Ökonomierung und Professionalisierung diskutiert und anschließend Elemente der neuen Steuerung wie Kontraktmanagement, Controlling und Dienstleistungsqualität näher erläutert.

4.4. Übungsfragen

(a) Verständnisfragen

(1) Welche Aufgaben und Kompetenzen sind in der formellen Struktur einer Organisation geregelt?

(2) Was versteht man unter Fach-, Management- und Serviceaufgaben in Organisationen des Sozialbereichs?

(3) Wie sind Handlungs-, Ergebnis- und Führungsverantwortung in Organisationen unterschieden?

(4) Erläutern Sie sachbezogene Instrumente der Integration an dem Beispiel einer sozialen Einrichtung.

(5) Warum sind Stäbe in der Regel in die Weisungs- und Entscheidungsstruktur einer Organisation nicht eingebunden?

(6) Was sind die Vor- und Nachteile einer Matrixorganisation gegenüber einer Einlinienorganisation?

(7) Auf welche Probleme in der Struktur der öffentlichen Verwaltung reagiert das Modell der „dezentralen Ressourcenverantwortung"?

(8) Warum wird in dem Modell der „dezentralen Ressourcenverantwortung" Controlling als ein Steuerungsinstrument eingeführt?

(b) Vertiefungsfragen

(1) Überlegen Sie, wie in einer Ihnen bekannten sozialen Einrichtung der formelle Organisationsaufbau geregelt ist. Versuchen Sie sich anschließend an Verhaltensweisen von MitarbeiterInnen zu erinnern, die diesen formellen Regelungen widersprechen (siehe Material 4.3.1.).

(a) Bei welchen Personen gibt es die größten Unterschiede?

(b) Welche Regelungen sind davon am stärksten betroffen?

(2) Bei der geplanten Verwaltungsreform in den Kommunen gibt es Befürchtungen, daß dies einer Selbstentmachtung des Stadtrats gleichkommt (Material 4.3.2.).

(a) An welchen Änderungsvorschlägen der Verwaltungsreform könnten sich Ihrer Meinung nach die Befürchtungen entzünden?

(b) Wie berechtigt sind diese Befürchtungen aus Ihrer Sicht?

(3) Überlegen Sie, welche veränderten Kompetenzen und Einstellungen von SozialarbeiterInnen künftig erwartet werden, wenn sie mehr dezentrale Verantwortung übernehmen sollen.

5. Individuum und Organisation

Zielsetzungen und Regelungen in Organisationen sind von Menschen geschaffen, sie können jedoch denjenigen, die an ihrer Entstehung nicht beteiligt waren als äußere oder fremde Anforderungen gegenübertreten. Nicht jeder Sinn einer Festlegung kann auf den ersten Eindruck erschlossen werden und selbst wenn dies gelingt, wird die Notwendigkeit einer Regelung nicht von jeder betroffenen Person geteilt.

Gliederung des Kapitels

In den folgenden Ausführungen wird das Spannungsverhältnis von Individuum und Organisation betrachtet und der Frage nachgegangen,

(a) wie einerseits das *Individuum in die Organisation eingebunden,* andererseits die *Organisation zugunsten des Individuums gestaltet* werden kann (Abschnitt 5.1.);
(b) es werden verschiedene *Modelle einer gruppenorientierten Arbeitsgestaltung* vorgestellt (Abschnitt 5.2.).

5.1. Einbindung und Gestaltung

Der einzelne steht in einer Organisation in einem Spannungsverhältnis zwischen individueller Selbstbestimmung und organisatorischer Fremdbestimmung. Er bringt in eine Organisation seine individuellen Wünsche, Ideen, Einstellungen, Zielvorstellungen, Werte, Normen, Kenntnisse und Fähigkeiten ein und trifft damit auf Wünsche, Einstellungen und Zielsetzungen anderer Organisationsmitglieder und gleichzeitig auf formelle Normen und Regelungen in der Organisation. Die formellen Regelungen und Normen schränken die Handlungsmöglichkeiten der einzelnen Organisationsmitglieder ein und bilden eine Barriere für individuelle Entfaltungsmöglichkeiten. Dieses Spannungsverhältnis wird unter organisationstheoretischen Gesichtpunkten mit den Begriffen „Gestaltung“ und „Einbindung“ charakterisiert.

(a) *Der Begriff „Einbindung“* ist aus der Perspektive des formellen Organisationsaufbaus gewählt und beschreibt jene Prozesse und Strategien, die dazu beitragen, das Individuum in die vorgefundenen Regelungen und Normen zu integrieren.

(b) Im Gegensatz dazu greift der *Begriff „Gestaltung"* den Blickwinkel des Individuums auf. Er beschreibt, wie Organisationen verändert werden können, um den Erwartungen und den Motiven der Individuen gerecht zu werden.

Beide Begriffe werden hier analytisch getrennt, sie sind aber tatsächlich miteinander verwoben. Der Schwerpunkt kann sich im konkreten Fall mehr zur einen oder anderen Seite verschieben, grundsätzlich sind immer beide Aspekte zu beachten.

Spannungsverhältnis zwischen Individuum und Organisation

Die Gestaltung des Verhältnisses von Individuum und Organisation ist zunächst von dem Menschenbild (1) abhängig, das in einer Organisation bevorzugt wird. Jedem Menschenbild entsprechen bestimmte Strategien der Einbindung des Individuums in eine Organisation bzw. Strategien der Gestaltung von Organisationen (2):

(1) *Menschenbilder:* Bei den Erläuterungen zu den Organisationstheorien (S. 74 ff., zur Ergänzung siehe Abschnitt 2.2. und Material 2.3.2.) wurde dargelegt, wie sich die Menschenbilder in den letzten 100 Jahren verändert haben. Eberhard Ulich (1991) unterscheidet vier Menschenbilder, die das Verhältnis von Individuum und Organisation prägen:

(a) Das *„rational-ökonomische Menschenbild":* Dieses setzt auf die Wirkung von finanziellen Anreizen. Das Handeln des einzelnen ist insofern rational, als sein Streben auf finanzielle Vorteile ausgerichtet ist. Aus der Perspektive der Organisation ist zu fragen, welche Abstufung an finanziellen Anreizen angeboten werden soll, so daß sie noch einen Reiz für den einzelnen darstellen.
(b) Das *„soziale Menschenbild":* Dieses sieht das Individuum in erster Linie als eines, das durch soziale Anreize zu motivieren ist. Die Gruppen und die sozialen Beziehungen sind für die Integration des Individuums in die Organisation von Bedeutung. Aus der Sicht der Organisation ist zu fragen, ob Gruppen zur Verfügung stehen, die dem Individuum soziale Anerkennung, Wertschätzung und Zugehörigkeitsgefühl vermitteln.
(c) Das *„Menschenbild der Selbstverwirklichung":* Dieses betrachtet den einzelnen als ein Wesen, das nach Selbstkontrolle und Selbstmotivation strebt. Hier sind es nicht mehr die äußeren Anreize der finanziellen Belohnung (extrinsische Motivation), sondern die in der Arbeit selbst liegenden Anreize (intrinsische Motivation), die im Vorder-

grund stehen. Aus der Sicht der Organisation ist zu fragen, wie das Individuum gefördert und unterstützt werden kann, um Verantwortungs- und Entscheidungskompetenz entwickeln zu können.
(d) Das *„Menschenbild vom komplexen Menschen“:* Dieses betont die menschlichen Entwicklungs- und Wandlungsmöglichkeiten. Der Mensch wird als lernfähig gesehen, der alte Einstellungen und Motive verändern und neue erlernen kann. Aus der Sicht der Organisation ist zu fragen, wie organisatorische Rahmenbedingungen zu gestalten sind, innerhalb derer sich der einzelne entfalten und konstruktiv einbringen kann.

Strategien der Einbindung

(2) *Einbindung des Individuums in eine Organisation:* Jedem Menschenbild entsprechen bestimmte Strategien der Einbindung des Individuums in eine Organisation bzw. Strategien der Gestaltung von Organisationen. Da in einer Organisation mehrere Menschenbilder nebeneinander anzutreffen sind, werden diese Strategien parallel eingesetzt. Vier verschiedene Strategien greife ich heraus und stelle sie ausführlicher dar: Einbindung durch Vorgaben für Rollenverhalten (a), Einbindung durch Personalauswahl (b), Einbindung durch Sozialisation (c) sowie Gestaltung durch Motivatoren (d).

(a) *Einbindung durch Vorgaben für Rollenverhalten:* Die Soziologie beschreibt Organisationen als ein Rollengefüge. Die einzelnen Rollen stehen in Beziehung zueinander. Sie werden durch Vorschriften, Regelungen, Normen, Erwartungen und Arbeitsabläufe vorgegeben. Unter sozialer Rolle wird ein Bündel von Verhaltenserwartungen verstanden, das von einer Person oder von einer Bezugsgruppe an den Inhaber einer sozialen Position herangetragen wird (zur Rollentheorie siehe: Wiswede 1977). Die Erwartungen können sich auf die berufliche Qualifikation (Arbeitsrolle) und auf das soziale Verhalten des Rolleninhabers beziehen (soziale Rolle). Die Erwartungen können offiziell niedergeschrieben und ausgesprochen sein (formelle Erwartungen), aber auch unausgesprochen „im Raum stehen“ (informelle Erwartungen).
Die Erwartungen an soziale Rollen sind in der Regel nicht widerspruchsfrei. Die daraus resultierenden Rollenkonflikte erfordern eine eigene Auslegung des Rollenhandelnden und eröffnen Handlungsspielräume und Gestaltungschancen. Damit die Auslegung der Rollenerwartungen nicht völlig beliebig ist, verfügen Organisationen

über unterschiedliche Kontrollformen, mit denen die Einhaltung der Erwartungen beeinflußt werden kann. Daniel Katz und Robert Kahn (1978) unterscheiden vier verschiedene *Kontrollformen:* Rollenverhalten durch Sanktion, Rollenverhalten durch Belohnung, Rollenverhalten durch Identifikation mit der Aufgabe und Rollenverhalten durch Identifikation mit den Zielen einer Organisation (4).

Kontrollformen

Sanktionen: Das durch Sanktionen erzwungene Rollenverhalten ist am ehesten in „totalen Institutionen" (Goffman 1972) anzutreffen. Darunter werden Organisationen verstanden, die das Verhalten ihrer Mitglieder stark kontrollieren und unerwünschte Abweichungen mit negativen Sanktionen bestrafen.

Die klassischen Beispiele, wie sie bei Erving Goffman genannt werden, sind Gefängnisse, Irrenhäuser, Waisenhäuser usw. Ein aktuelles Beispiel sind Sekten, die ihre Mitglieder gegenüber der sozialen Umwelt abschotten, um die soziale Kontrolle über sie zu erhöhen.

Belohnung: Bei dem Rollenverhalten durch Belohnung wird davon ausgegangen, daß die Mitglieder von Organisationen Ziele verfolgen, die mit den Zielen der Organisation vereinbar sind. Um diese Ziele zu unterstützen, werden jene Verhaltensweisen belohnt, die auf das gewünschte Ziel ausgerichtet sind. Die Belohnung kann materiell oder immateriell sein – Beispiel:

Bei den Pflegesatzverhandlungen mit der zuständigen Behörde konnten SozialarbeiterInnen ihre Vorstellungen weitgehend durchsetzen. Die MitarbeiterInnen, die die Verhandlungen führten, werden bei der nächsten Heimbesprechung belobigt.

Identifikation mit der Aufgabe: Bei dem Rollenverhalten durch Identifikation mit einer Aufgabe wird angenommen, daß Menschen intrinsisch motiviert sein können. Sie identifizieren sich mit dem Inhalt der beruflichen Tätigkeit und gewinnen daraus den Anreiz für ihr Verhalten. In bezug auf die Organisationsziele ist bedeutsam, daß das Streben nach beruflicher Selbstverwirklichung im Einklang mit den Zielen und Aufgaben der Organisation steht. Erkennen Vorgesetzte das berufliche Engagement nicht ausreichend an, kann es zu Unzufriedenheit und wachsender Demotivation bei dem einzelnen kommen. Dieser Einbindungsmodus ist anfällig für Resignation und Frustration und kann zu Symptomen von „burn-out" führen – Beispiel:

Ein Sozialarbeiter identifiziert sich mit dem Motiv, anderen Menschen zu helfen. Im beruflichen Alltag stößt sein Handeln auf eine Reihe bürokratischer Hindernisse; der Sinn für sein Handeln geht ihm verloren und aktives Engagement schlägt in Resignation um.

Identifikation mit den Zielen einer Organisation: Bei dem Rollenverhalten durch Identifikation mit den Zielen einer Organisation wird von der Annahme ausgegangen, daß in diesem Fall die freiwillige Übereinstimmung zwischen den Organisationszielen und den Zielen des Individuums am größten ist. Im Idealfall sind individuelle und organisatorische Ziele identisch, so daß es keiner zusätzlichen Einbindungsstrategie bedarf. Um eine möglichst hohe Identifikation mit den Organisationszielen zu erreichen, ist die Auswahl der Organisationsmitglieder und die organisationsinterne Sozialisation ein wichtiges Instrument (siehe unten). Durch eine gezielte Personalauswahl soll sichergestellt werden, daß von vornherein nur solche Personen aufgenommen werden, die weitgehend mit den Erwartungen und dem Selbstverständnis der Organisation übereinstimmen. Durch eine organisationsspezifische Sozialisation erfolgt eine zusätzliche Feinabstimmung zwischen Organisation und Individuum – Beispiel:

Eine Sozialarbeiterin wird als Mitarbeiterin für die sozialpädagogische Betreuung des Freiwilligen Sozialen Jahres bei einem kirchlichen Träger angestellt. In dem Einstellungsgepräch wird ihr deutlich gemacht, daß neben der Kirchenzugehörigkeit auch die Zustimmung zu wesentlichen kirchlichen Prinzipien von ihr erwartet wird.

(b) *Einbindung durch Personalauswahl:* In Organisationen findet die Einbindung – neben der Sozialisation (siehe c) – über die Personalauswahl statt. Die Personalauswahl ist, genauer betrachtet, im Vorfeld der Einbindung angesiedelt. Sie ist eine Strategie, mit deren Hilfe diejenigen Organisationsmitglieder herausgefunden werden sollen, die mit ihrer Qualifikation, ihren Einstellungen und Verhaltensweisen den Anforderungen an eine Stelle am besten entsprechen. In der Psychologie wird dafür der Begriff der „Eignung" verwendet. Darunter wird die Übereinstimmung von Anforderungen des Arbeitsplatzes mit den Leistungsvoraussetzungen der Person verstanden. Um die Eignung einschätzen zu können, müssen zunächst die Aufgaben analysiert und die Stellenanforderungen beschrieben werden (siehe Abschnitt 4.1.). Das Ergebnis der Analyse kann als Anforderungsprofil formuliert werden, dem das Fähigkeitsprofil des Bewerbers gegenübergestellt wird. Die Übereinstimmung bzw. Abweichung zwischen Anforderungs- und Fähigkeitssprofil ergibt das Eignungsprofil. In der Psychologie wird von der Hypothese ausgegangen, daß der zukünftige berufliche Erfolg eines Bewerbers von dem Grad der Übereinstimmung zwischen Anforderungs- und Fähigkeitsprofil abhängt.

Es stehen verschiedene eignungsdiagnostische Auswahlverfahren zur Verfügung, um eine Prognose über einen künftigen beruflichen Erfolg abzugeben (einen vertiefenden Überblick geben: Schuler/Funke 1993, 244 ff.). Auswahlverfahren

Bewerbungsunterlagen: Die Analyse der Bewerbungsunterlagen ermöglicht einen ersten groben Eindruck. Neben inhaltlichen Aspekten, wie Schul- und Ausbildung, Bewerbungsmotive, Fortbildungsschwerpunkte, berufliche und ehrenamtliche Erfahrungen und Lebenslauf, werden Bewerbungsunterlagen im Hinblick auf formale Kriterien untersucht. Dazu gehören die Vollständigkeit, Korrektheit, Stil und Präsentation der Unterlagen. Die Durchsicht der Bewerbungsunterlagen stellt die erste Hürde im Auswahlverfahren dar. Die Eignung der Bewerbungsunterlagen für prognostische Zwecke des beruflichen Erfolgs ist gering. Lediglich der Faktor Schulzeugnisse erlaubt eine Vorhersage.

Einstellungsinterviews: Sie vermitteln einen umfassenden persönlichen Eindruck von den Eigenschaften eines Bewerbers. Mit Hilfe von Einstellungsgesprächen lassen sich Informationen über Einstellungen, Motive, Interessen und Wünsche erfassen. Die Vielschichtigkeit dieses Instruments hat Vor- und Nachteile. Wegen der Erfassung verschiedener Persönlichkeitsaspekte erlaubt es einen breiten Überblick über die Person. Einstellungsinterviews sind jedoch – insbesondere in ihrer unstrukturierten Form – der subjektiven Verfälschung durch den Interviewer ausgesetzt. So werden Informationen u. U. selektiv aufgenommen oder der erste Eindruck ist so prägend, daß er die weitere Wahrnehmung und die folgenden Fragen des Interviewers verzerrt.

Eine besondere Variante der Einstellungsinterviews sind die biographischen Fragebögen. Mit deren Hilfe sollen erfolgreiche Episoden aus der Berufsbiographie nachvollzogen und für prognostische Zweke genutzt werden. Biographische Fragebögen haben eine hohe Vorhersagewahrscheinlichkeit für die berufliche Eignung.

Psychologische Tests: Sie sind standardisierte Auswahlverfahren, mit denen Eigenschaften von Personen erfaßt und vorhergesagt werden sollen. Sie haben eine hohe Aussagekraft. Mit Leistungs- und Funk-

tionstests werden berufsspezifische Fähigkeiten und Fertigkeiten erhoben. Intelligenztests erfassen geistige Kapazitäten und Fähigkeiten des Denkens und Problemlösens. Mit Persönlichkeitstests können Motive, Einstellungen und Wahrnehmungen, die Rückschlüsse auf charakterbezogene Merkmale zulassen, erforscht werden. Im Gegensatz zu den Leistungs- und Intelligenztests ist der Aussagewert von Persönlichkeitstests für berufliche Eignung geringer.
Assessment-Center: Ein umfangreiches Auswahlverfahren sind die Assessment-Centers. Sie stellen ein „systematisiertes Verfahren zur qualifizierten Ermittlung von Verhaltensleistungen bzw. Verhaltensdefiziten dar" (Steinmann/Schreyögg 1991, 602). Im Assessment-Center werden mehrere Bewerber über mehrere Tage von mehreren Beurteilern (z. B. Vorgesetzte) bei der Bearbeitung mehrerer Aufgaben beobachtet und eingeschätzt. Die Aufgaben sollen die Anforderungen des künftigen Arbeitsplatzes simulieren. Die Bewältigung der Aufgaben durch die Bewerber wird nach standardisierten Verfahren beurteilt. Aus den zusätzlich durch verschiedene Beobachter erstellten Einzelgutachten wird ein Gesamturteil gebildet. Häufig wiederkehrende Aufgaben beim Assessment-Center sind die sogenannte „Postkorb-Übung" und „führerlose Gruppendiskussionen". Bei der Postkorb-Übung müssen Informationen, Notizen, Briefe usw. unter Zeitdruck gesichtet und bearbeitet werden. Bei den führerlosen Gruppendiskussionen werden Durchsetzungs- und Strukturierungsfähigkeit sowie soziale und sprachliche Fähigkeiten bewertet. Die Aussagefähigkeit zur beruflichen Eignung ist gut. Ein Problem der Assessment-Center kann darin liegen, daß nur diejenigen Personen ausgewählt werden, die in das bestehende Bild der Organisation passen. Leistungsbezogene Auswahlkriterien treten dann in den Hintergrund. Querdenker, die u. U. innovative Anregungen einbringen, fallen heraus.

berufliche Sozialstation

(c) *Einbindung durch Sozialisation:* Als dritte Form der Einbindung ist die Sozialisation zu nennen. Das Verfahren der Personalauswahl bringt in der Regel keine vollkommene Deckung zwischen Anforderungs- und Fähigkeitsprofil. Um diese Lücke zu verkleinern, durchlaufen Mitglieder in Organisationen einen formellen und informellen Sozialisationsprozeß. Klaus Hurrelmann (1976, 16) *definiert* Sozialisation als den Prozeß „der Vermittlung gesellschaftlicher Werte, Normen und Handlungsmuster, in dessen Verlauf das Gesellschaftsmitglied zu einem potentiell handlungsfähigen Subjekt wird". Eine besondere Form

ist die *berufliche Sozialisation,* die den Prozeß der Entwicklung der Persönlichkeit durch beruflich-organisatorische Rahmenbedingungen umfaßt. Berufliche Sozialisation geschieht nicht nur „in den Beruf", sondern auch „durch den Beruf" und das berufliche Umfeld.
Informelle Gruppen spielen in dem Prozeß der beruflichen Sozialisation eine wichtige Rolle. Die Bedeutung der *informellen Gruppen* für Leistungsnormen in Organisationen ist seit den „Hawthorne-Experimenten" (siehe oben, S. 53 ff.) bekannt. Im Zusammenhang mit dem Thema „Sozialisation" ist in erster Linie von Interesse, wie das Verhalten des einzelnen in Organsiationen durch Gruppen beeinflußt wird. Die Sozialpsychologie bietet dafür unter anderem folgendes Erklärungsmuster an (umfassende Darstellung siehe: Homans 1960): Für das Zustandekommen von informellen Gruppen ist zunächst die Kontakthäufigkeit verantwortlich. Je häufiger Menschen miteinander in Kontakt treten, desto mehr zwischenmenschliche Sympathie bringen sie einander entgegen. Die Kontakthäufigkeit allein reicht jedoch nicht aus. Als zusätzliche Bedingung kommt hinzu, daß die Mitgliedschaft in einer Gruppe für den einzelnen Attraktivität besitzt. Dies geschieht dann, wenn die Mitgliedschaft in der Gruppe einen Vorteil für den einzelnen bringt. „Vorteil" ist hier umfassend gemeint und schließt materielle (finanzielle Vorteile) und immaterielle (soziale Anerkennung und Bestätigung) Aspekte ein. Das Verhalten eines einzelnen kann besonders dann von einer Gruppe beeinflußt werden, wenn die Person von der Gruppe abhängig ist. Abhängigkeit bedeutet, daß beim Verlust der Mitgliedschaft befürchtet wird, die erhaltenen oder erhofften Vorteile einzubüßen und diese woanders nicht erreichbar scheinen. Je stärker die Abhängigkeit des einzelnen von der Gruppe ist, desto eher wird er bereit sein, sich auf geforderte Gruppennormen einzulassen. Gruppennormen beschreiben die gemeinsam geteilten Erwartungen, wie Mitglieder in bestimmten Situationen handeln sollten. Die Einhaltung der Normen wird durch Sanktionen überwacht. Werden die Gruppennormen eingehalten, so sind positive Sanktionen zu erwarten, bei Abweichungen von der Gruppennorm negative – Beispiel:

> Eine Sozialarbeiterin in einer Beratungsstelle wird von einer Gruppe von MitarbeiterInnen besonders geschätzt. Während der Arbeitszeit kommt es häufiger zu informellen Treffen zwischen Mitgliedern der Gruppe und der Sozialarbeiterin, bei denen die neuesten Informationen ausgetauscht werden. Die Sozialarbeiterin möchte Leiterin der Einrichtung werden und braucht dazu die Unterstützung „ihrer" Gruppe. Noch bevor die Leitungs-

frage entschieden ist, gibt es einen heftigen Konflikt zum Thema Arbeitszeitregelung in der Einrichtung. Um die Unterstützung der Gruppe nicht zu verlieren, verteidigt die Sozialarbeiterin die Position der Gruppe, obwohl dies gegen ihre Überzeugung spricht.

Motivierung

(d) *Gestaltung durch Motivatoren:* Mit dem Begriff „Gestaltung“ soll auf die Veränderbarkeit von Organisationen hingewiesen werden. Er bezeichnet die Anpassung der Organisationsbedingungen an die Bedürfnisse und Wünsche der Organisationsmitglieder. Die Psychologie erfaßt die menschlichen Antriebskräfte mit dem Begriff „Motivation“ und beschreibt, auf welche Inhalte sie gerichtet sind und wie sie das menschliche Verhalten steuern. Lutz von Rosenstiel (1992, 73f.) sieht Motivation als das Ergebnis einer Auseinandersetzung des Individuums mit seiner Umwelt. Der einzelne nimmt in diesem Prozeß, vor dem Hintergrund relativ stabiler Persönlichkeitsmerkmale (Motive), situative Anreize (z. B. Belohnung, soziale Anerkennung) wahr und richtet sein Verhalten danach aus, diese Anreize zu erreichen. Gelingt ihm dies, so wird Zufriedenheit ausgelöst. Verfehlt er sein Ziel, so ist Unzufriedenheit die Folge. Tritt Zufriedenheit häufiger in gleichen Situationen auf, dann entwickeln sich daraus Einstellungen. Die Einstellungen gegenüber der Arbeit und den Organisationsbedingungen werden als Arbeitszufriedenheit bezeichnet.

Aus der Vielzahl von *Motivationstheorien* greife ich die „Zwei-Faktoren-Theorie“ von Frederick Herzberg und seinen Mitarbeitern heraus (Herzberg/Mausner/Snyderman, 1959). Sie hat große Bedeutung für die Praxis der Führung in Organisationen erlangt und wird in vielen Fortbildungsseminaren zum Management verwendet. Sie hat ihren Ursprung in Forschungen zur Zufriedenheit und Motivation von MitarbeiterInnen in Organisationen und ist so angelegt, daß sie empirisch überprüfbar ist. Frederick Herzberg hat mit seinen Mitarbeitern Angehörige von Unternehmen in den USA interviewt. Sie sollten Ereignisse aus ihrem Arbeitsleben schildern, die von ihnen als besonders befriedigend oder unbefriedigend empfunden wurden. Bei der Auswertung der Ergebnisse zeigte sich, daß eine bestimmte Gruppe von arbeitsbezogenen Faktoren zu Zufriedenheit führt, während andere Faktoren Unzufriedenheit hervorrufen. Frederick Herzberg interpretierte die Ergebnisse so, daß Zufriedenheit und Unzufriedenheit zwei unabhängige Faktoren sind (siehe Abbildung 15). Die *Unzufriedenheit* hat ihre Ursache in Randbedingungen der Arbeit. Sie werden von ihm in Anlehnung an die Medizin als „Hygiene-Faktoren“ bezeichnet und richten sich auf die Aspekte der extrinsischen Motivation. Dazu zählen unter anderem die Beziehungen zu den KollegInnen, der Führungstil von Vorgesetzten, die Unternehmenspolitik und die Arbeitssicherheit. Entscheidend für die Hygiene-Faktoren ist, daß eine Verbesserung von ihnen lediglich zum Wegfall der Unzufriedenheit, aber nicht zu Zufriedenheit führt. Die *Zufriedenheit* kann über Faktoren erreicht werden, die sich auf den Arbeitsinhalt beziehen (intrinsische Motivation). Frederick Herzberg geht von der Annahme aus, daß das menschliche Verhalten auf Wachstum und die Bewältigung von Auf-

Abbildung 15: Motivatoren und Hygienefaktoren

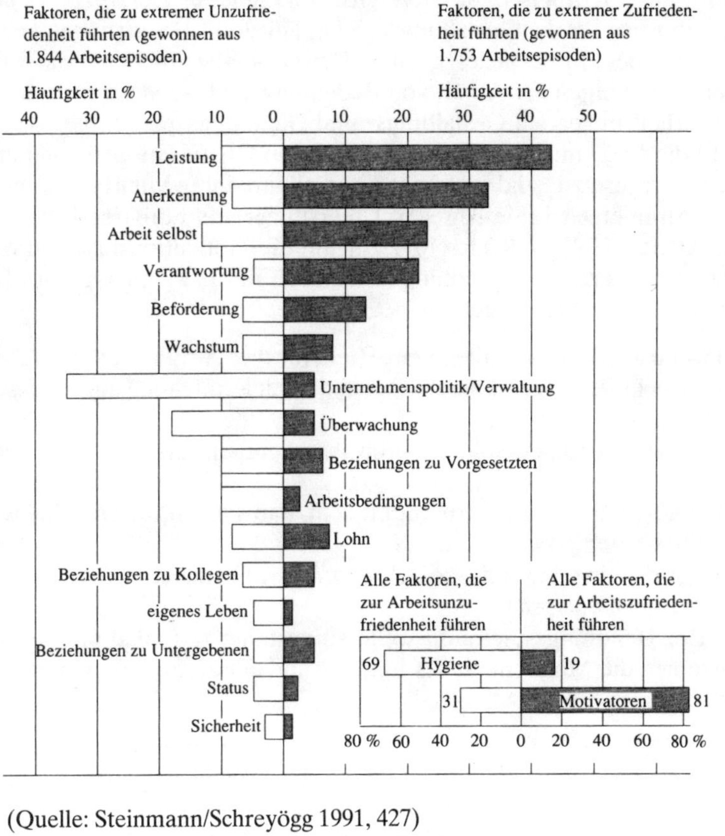

(Quelle: Steinmann/Schreyögg 1991, 427)

gaben ausgerichtet ist. Die Befriedigung dieses Strebens kann nur durch „Motivatoren“ erreicht werden. Zu ihnen zählen unter anderem Leistung, die Arbeit selbst, Verantwortung und Beförderung.

Die Theorie Frederick Herzbergs ist besonders wegen ihrer Untersuchungsmethode kritisiert worden. Die *Kritik* verweist auf sozialpsychologische Untersuchungen, die zeigen, daß Menschen dazu neigen, Erfolg eigenen Leistungen zuzuschreiben, Mißerfolge dagegen der Umwelt anzulasten. Die Zwei-Faktoren-Theorie erklärt demnach nicht die Ursachen von Zufriedenheit und Unzufriedenheit. Sie zeigt nur, worauf die subjektiven Einschätzungen von Erfolg und Mißerfolg zurückzuführen sind.

Trotz dieser Kritik ist es das Verdienst von Frederick Herzberg, wichtige Hinweise für die Gestaltung von Organisationsbedingungen gegeben zu haben. Er hat gezeigt, daß in Organisationen nicht nur die Rahmenbedingungen der Arbeit von Bedeutung sind, sondern auch die in der Arbeit liegenden Gestaltungs- und Handlungsspielräume. Damit wird die Bedeutung der Personalführung in Organisationen unterstrichen. Vorgesetzte sind nicht nur Kontrolleure ihrer MitarbeiterInnen, sondern in erster Linie Anreger, Unterstützer und Förderer. Lutz von Rosenstiel (1992, 81ff.) hat in bezug auf die Motivationsfaktoren von Frederick Herzberg Gestaltungsvorschläge für den Umgang mit MitarbeiterInnen entwickelt:

(a) MitarbeiterInnen sollten klare Ziele für ihre Aufgaben vorgegeben sein. Rückmeldungen über den Grad der Zielerreichung sollten rasch erfolgen.
(b) MitarbeiterInnen sollten durch Anerkennung und Kritik geführt werden.
(c) Die Arbeit sollte so strukturiert sein, daß sie den/die einzelne weder über- noch unterfordert.
(d) Der/die einzelne sollte soviel Verantwortung haben, wie es der Art der Aufgabe entspricht.
(e) Der Handlungsspielraum sollte so gestaltet sein, daß er dem/der einzelnen die Möglichkeit des Lernens und der Sammlung von neuen Erfahrungen gibt.

arbeitsbezogene Veränderungen

Neben den Überlegungen zur Gestaltung der Mitarbeiterbeziehungen durch Personalführung lassen sich aus den Ausführungen zu Motivation und Arbeitszufriedenheit Gestaltungsvorschläge für arbeitsbezogene Veränderungen in Organisationen begründen (siehe Abbildung

16). Durch die entwickelten Modelle können die Handlungs- und Entscheidungsspielräume der Menschen in ihren Arbeitsbezügen erweitert werden.

Abbildung 16: Modelle zur Erweiterung des Handlungsspielraums von MitarbeiterInnen

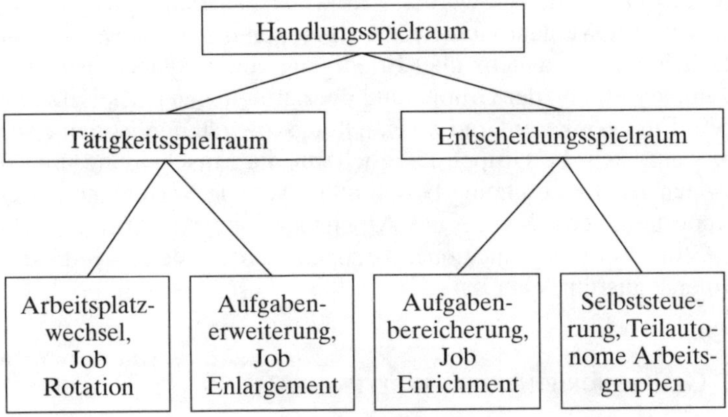

(a) *Job-Rotation und Job-Enlargement:* Bei diesen Modellen wechseln verschiedene MitarbeiterInnen den Arbeitsplatz. Die Entscheidungskompetenz wird dadurch nicht verändert. Job-Rotation ist eine Möglichkeit, um Monotonie und einseitige Belastung am Arbeitsplatz zu vermindern. Sie erweitert lediglich den Tätigkeitsspielraum. Das Modell Job-Enlargement erweitert die Aufgaben innerhalb eines bestehenden Arbeitsplatzes. Hier wechseln die MitarbeiterInnen nicht zwischen unterschiedlichen Stellen. Tätigkeiten, die zuvor bei verschiedenen Stellen angesiedelt waren, werden an einem Arbeitsplatz zusammengefaßt. Job-Rotation und Job-Enlargement sind einfache Modelle der Arbeitsplatzgestaltung. Sie versuchen die Tätigkeiten aufzulockern, greifen aber nicht in die bestehenden Weisungs- und Verantwortungsbefugnisse ein.

(b) *Job-Enrichment und teilautonome Arbeitsgruppen:* Bei diesen Modellen werden Aufgabenverantwortung verändert und Handlungsspielräume erweitert. Es sind Instrumente, um die negativen Folgen einer hohen Spezialisierung in Organisationen aufzufangen. Dazu werden die Aufgaben für eine Stelle erweitert und mehr Entscheidungs- und Kontrollspielräume eingeräumt. Eine besondere Form von Job-Enrichment sind teilautonome Arbeitsgruppen (zur gruppenorientierten Arbeitsgestaltung siehe: Abschnitt 5.2.) Dies sind Kleingruppen, die Aufgaben in eigenständiger Verantwortung durchführen und dazu ihre eigenen Normen und Regelungen definieren. Es können verschiedene Grade der Handlungsspielräume bzw. der Selbststeuerung unterschieden werden. Der weitestgehende Spielraum liegt dann vor, wenn teilautonome Arbeitsgruppen die Verantwortung und Entscheidungskompetenz über Erledigung von Aufgaben, personelle Zusammensetzung der Gruppe und über grundlegende Zielsetzungen haben. Ein geringerer Grad an Handlungsspielräumen ist dann gegeben, wenn sich die Gruppe lediglich auf die Entscheidung über die Personenzusammensetzung beschränkt. Da viele Vorschläge zur Gestaltung und Verbesserung der Arbeitsbeziehungen auf den Einsatz von Gruppen in Organisationen bezogen werden, stelle ich diese Instrumente ausführlicher dar.

5.2. Gruppenorientierte Arbeitsgestaltung

Gruppen in Organisationen sind eine Bindeglied zwischen den Bedürfnissen und Wünschen des einzelnen und den Regelungen und Vorschriften der Organisation. In Arbeitsgruppen treffen die Erwartungshaltungen des Individuums nach sozialer Anerkennung und Arbeitszufriedenheit mit denen der Organisation nach effektiver und qualitativ hochstehender Aufgabenbewältigung aufeinander. Wie gezeigt wurde, hat die Bedeutung von Gruppen in der Phase der Humanisierung der Organisationskonzepte zugenommen. Ich erinnere unter anderem an die Theorie der „überlappenden Gruppen" von Rensis Likert und an die sozialpsychologischen Untersuchungen von Kurt Lewin und seinen Mitarbeitern (siehe oben, S. 55 ff.). Durch eine gruppenorientierte Arbeitsgestaltung soll mehr Durchläßigkeit an Informationen und ein höherer Grad an Entscheidungsbeteiligung erreicht und die Einflußmöglichkeit der Mitglieder auf die Arbeitsbedingungen erhöht werden. Die Bedeutung von Gruppen als Mittel der Arbeitsgestaltung ist seit den dreißiger Jahren nie ganz abgeflaut. Seit etwa zehn Jahren ist wieder eine größere *Aufmerksamkeit gegenüber den Ideen der gruppenorientierten Arbeits- und Organisationsgestaltung* festzustellen. Dies gilt auch für Organisationen im Sozialbereich, wie das Beispiel der Neuorganisation der Sozialen Dienste in Bremen zeigt (siehe oben, S. 108 ff.).

Gründe für die größere Aufgeschlossenheit gegenüber einer gruppenorientierten Arbeitsgestaltung sind:

Gründe für gruppenorientierte Arbeits- und Organisationsgestaltung

(a) Der Einzelkämpfer in Organisationen, der seine Ziele und Aufgaben mit einem Minimum an sozialer Abstimmung und einem Maximum an individueller Durchsetzung verfolgt, hat ausgedient. In einer hochspezialisierten Gesellschaft, die eine Vielzahl von Experten hervorbringt, ist die kooperative Zusammenarbeit der Spezialisten eine Voraussetzung für den fachlichen Erfolg.

(b) Neue Organisationsmodelle gehen von einem höheren Grad an Verantwortung auch auf unteren Hierarchieebenen aus. Die Bildung von dezentralen Arbeitsgruppen ermöglicht einen Verantwortungszuwachs im Rahmen der zu bewältigenden Aufgaben.

(c) Es liegen eine große Zahl von Untersuchungen über den Zusammenhang von Leistung und Gruppe vor. Diese belegen, daß die Gruppe in vielen Fällen einen Leistungsvorteil gegenüber dem einzelnen erbringt.

(d) Es ist ein allgemeiner Wertewandel in unserer Gesellschaft auszumachen, der den Ruf nach mehr Mitgestaltungsmöglichkeiten lauter werden läßt.

Unter dem Begriff „gruppenorientierte Arbeitsgestaltung" wurden verschiedene *Gruppenmodelle* entwickelt, die in der Praxis von Organisationen zur Anwendung kommen: Gruppenarbeit, teilautonome Arbeitsgruppen, Werkstatt-Gruppen, Lernstatt, Projektgruppen, Teams und Vorschlagsgruppen sind nur einige Beispiel dafür. Zur besseren Orientierung unterscheide ich im folgenden (siehe Abbildung 17, S. 138) zwischen Gruppen in Organisationen, deren Schwerpunkt in der Bewältigung von fachlichen und leistungsorientierten Aufgaben liegt (unter anderem Teams und teilautonome Arbeitsgruppen) (1) auf der einen Seite und Gruppen, die zur Bearbeitung von mitarbeiterorientierten Problemen beitragen (Qualitätszirkel und Lernstatt) (2) auf der anderen Seite; manchmal findet sich in der Literatur für diese Unterscheidung auch die Bezeichnung „Gruppen mit primären und sekundären Organisationsaufgaben". Eingehen möchte ich abschließend auf einige Schwierigkeiten, die mit gruppenorientierter Arbeitsgestaltung verbunden sind.

Abbildung 17: Modelle gruppenorientierter Arbeitsgestaltung

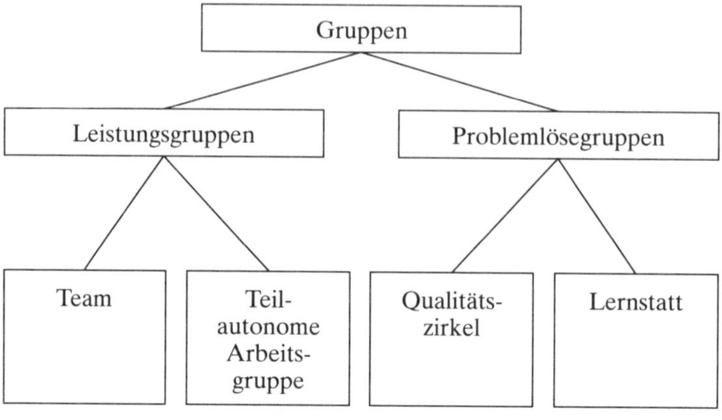

Leistungsgruppen

(1) Die Leistungsgruppen der gruppenorientierten Arbeitsgestaltung können zwei Organisationsformen haben: Teams (a) oder teilautonome Arbeitsgruppen (b):

(a) *Team:* Der Begriff „Teamarbeit“ ist in der Sozialen Arbeit ein emotional sehr positiv besetzter Begriff. Er verweist darauf, daß neben der sachlichen Aufgabenerfüllung der sozial-emotionale Aspekt der Gruppenbeziehungen von gleichberechtigter Bedeutung ist. Gerd Wiendieck (1992) spricht davon, daß „Arbeitskoordination und Sozialintegration (...) konstituierende Merkmale des Teams“ sind. Im allgemeinen wird deshalb davon ausgegangen, daß zu einem Team ein „Teamgeist“ gehört, der in einem besonderen Zugehörigkeits- und Wir-Gefühl zum Ausdruck kommt.
Das Team ist eine Kleingruppe, in der alle Mitglieder die Möglichkeit zum unmittelbaren Kontakt haben und die für einen längeren Zeitraum gebildet wurde. Das Wohlempfinden des einzelnen und der Leistungsvorteil der Gruppe bilden eine Einheit. In Teams kommen Spezialisten verschiedener Sachgebiete zusammen, die kooperativ Aufgaben bewältigen und dafür die gemeinsame Verantwortung tragen. Der Zusammenhalt im Team ist im Regelfall hoch – Beispiel:

In einer psychosozialen Beratungsstelle arbeiten PsychologInnen und SozialarbeiterInnen zusammen. In gemeinsamen Teambesprechungen werden aktuelle Fälle besprochen und gegenseitige, fachliche Hilfe angeboten.

Teams haben die *Struktur, die Dynamik und die Prozesse* von Kleingruppen. Sie unterliegen einer internen Rollen- und Statusdifferenzierung und entwickeln eigene, gruppenspezifische Normen. Zwischen den Gruppenmitgliedern bilden sich informelle Kommunikations- und Informationswege und es entsteht eine gruppenspezifische Macht-und Autoritätsstruktur. Die Dynamik von Teams verläuft in der Regel nach verschiedenen Phasen, so wie sie aus der Kleingruppenforschung bekannt sind (zur Vertiefung siehe: Sader 1991). Nach einer Phase der Orientierung, in der die Teammitglieder sich noch gegenseitig abtasten, entwickelt sich eine Konfliktphase, in der gruppeninterne Normen, Rollen und Machtverteilungen gebildet werden. Ist die Normbildung erfolgreich abgeschlossen, erfolgt in der anschließenden Differenzierung die eigentliche produktive Arbeitsphase. Nach einer längeren zeitlichen Dauer werden die Beziehungen überprüft. Gelingt es, eine neue tragfähige Beziehung zu schaffen, so bleibt die Zufriedenheit und die Leistungsorientierung erhalten. Im umgekehrten Fall wird es zu Auflösungstendenzen kommen (zur Analyse der sozialen Beziehungen im Team siehe: Material 5.3.1., S. 146).
(b) *Teilautonome Arbeitsgruppen:* Diese wurden bereits im Zusammenhang der Gestaltung von Organisationen angesprochen (siehe oben, S. 134 ff.). Bei ihnen stehen die Aspekte des Arbeitsplatzwechsels, der Aufgabenbereicherung und der Aufgabenerweiterung im Mittelpunkt. „Unter teilautonomen Arbeitsgruppen (TAG) versteht man kleine funktionale Einheiten der regulären Organisationsstruktur (ca. drei bis zehn Personen), die konstant zusammenarbeiten und denen die Erstellung eines kompletten (Teil-)Produkts oder einer Dienstleistung mehr oder weniger eigenverantwortlich übertragen wurde." (Bungard/Antoni 1993, 391) Der Begriff „Teilautonomie" weist darauf hin, daß diese Gruppen als Teil des Gesamtsystems der Organisation zu betrachten sind und in ihrem Handlungsspielraum durch die Bedingungen der Organisation begrenzt werden – Beispiel:

In der Abteilung Jugendarbeit eines Jugendamtes soll Öffentlichkeitsarbeit in größerem Umfang als bisher betrieben werden. MitarbeiterInnen aus verschiedenen Einrichtungen bilden eine Arbeitsgruppe, die ein Konzept für die Öffentlichkeitsarbeit erarbeitet und konkrete Vorschläge der Finanzierung und Umsetzung entwickelt.

Den Hintergrund der teilautonomen Arbeitsgruppen bildet der „sozio-technische Systemansatz", wie er in den fünfziger Jahren am Londoner „Tavistock Institute of Human Relations" entwickelt wurde. Organisationen werden danach als offene soziale Systeme verstanden. Die Subsysteme des Gesamtsystems sollen so gestaltet sein, daß sie sich selbst regulieren können. Dies bedeutet – auf die Gruppen in Organisationen übertragen –, daß den einzelnen Gruppen *Handlungsspielräume* zugestanden werden, innerhalb derer sie selbständig entscheiden können. Der Grad der Handlungsspielräume kann von Gruppe zu Gruppe unterschiedlich sein. Lutz von Rosenstiel (1992, 108) stellt Kriterien vor, mit deren Hilfe die Quantität und Qualität der Autonomie von Arbeitsgruppen unterschieden werden kann:

> „A. Kriterien auf der Ebene der Gruppe:
> 1. Die Gruppe hat Einfluß auf für sie geltende Zielsetzungen
>   a) in quantitativer Hinsicht,
>   b) in qualitativer Hinsicht.
> 2. Innerhalb übergeordneter Rahmenbedingungen kann die Gruppe selbst festlegen,
>   a) wo sie arbeitet,
>   b) wann sie arbeitet,
>   c) welche zusätzlichen Tätigkeiten sie ausübt.
> 3. Die Gruppe entscheidet über die Produktionsmethode.
> 4. Die Gruppe regelt die interne Aufgabenverteilung.
> 5. Die Gruppe entscheidet darüber, wer in ihr Mitglied wird.
> 6. Die Gruppe entscheidet in den Führungsfragen,
>   a) ob sie für gruppeninterne Angelegenheiten einen Führer haben will und gegebenenfalls welchen,
>   b) ob sie zur Regelung von Grenzbedingungen einen Führer haben will und gegebenenfalls welchen.
>
> B. Kriterien auf der Ebene des einzelnen Gruppenmitglieds:
> 1. Das Gruppenmitglied entscheidet, wie die von ihm auszuführenden Aufgaben bewältigt werden."

Untersuchungen über teilautonome Arbeitsgruppen zeigen übereinstimmend, daß sich bei den Mitgliedern die Einstellungen zur Arbeit verbessern, die Produktivität und die Qualität der Produkte sich erhöhen, die sozialen Kontakte sich verbessern, Qualifikationen sich erhöhen, Fehlzeiten zurückgehen und die Fluktuation geringer wird. Ferner ist ein höherer Grad an Identifikation mit der Arbeit festzustellen.

(2) Die Problemlösegruppen in der gruppenorientierten Arbeitsgestaltung sind entweder Qualitätszirkel (a) oder eine Lernstatt (b): Problemlösegruppen

(a) *Qualitätszirkel:* Diese sind eine Form von Gruppen in Organisationen, die neben den eigentlichen Arbeitsgruppen entstanden sind. Sie gehen in ihrer Grundidee davon aus, daß die Menschen am Arbeitsplatz am besten wissen, wo arbeitsbezogene Probleme liegen und auch in der Lage sind, Lösungsvorschläge dazu zu unterbreiten. Damit werden nicht mehr nur die Vorgesetzten als Experten für die Arbeit betrachtet, sondern das Wissen und die Fertigkeiten von MitarbeiterInnen werden zur Lösung betrieblicher Probleme genutzt. Qualitätszirkel sind nach Walter Bungard (1992, 7):

> „Gesprächsrunden von 5 bis 10 Mitarbeitern aus unteren Hierarchieebenen, die in der Regel aus einem Arbeitsbereich stammen, die auf freiwilliger Basis regelmäßig arbeitsbezogene Probleme im weiteren Sinn besprechen und möglichst eigenverantwortlich zu lösen versuchen; deren Moderation im Sinne der Diskussionsleitung übernimmt entweder der direkte Vorgesetzte der Mitarbeiter, also z. B. der Vorarbeiter bzw. Meister, oder ein ausgewähltes Mitglied der Gruppe oder ein Moderator aus einem ganz anderen Bereich. Die Produktqualität ist dabei nur ein, wenn auch sehr wichtiger Teilaspekt; daneben werden Fragen der Arbeitssicherheit, der Arbeitsplatzgestaltung der Zusammenarbeit mit den Vorgesetzten und vieles mehr diskutiert."

Beispiel:

> Im Rahmen der Schulsozialarbeit arbeiten etwa 15 SozialarbeiterInnen in einer Gesamtschule. Sie unterstützen Lehrkräfte im Unterricht und organisieren Hausaufgabenbetreuung und Freizeitangebote für SchülerInnen. Von den SozialarbeiterInnen wird häufiger beklagt, daß die Zusammenarbeit zwischen ihnen und den Lehrkräften nicht immer so gut klappt. Zur Verbesserung der Zusammenarbeit werden zwei Qualitätszirkel gebildet. Lehrkräfte und SozialarbeiterInnen setzen sich auf freiwilliger Basis und nach Ausbildung gemischt in zwei Gruppen zusammen und reden zweimal im Monat mit Hilfe eines Moderators über ihre Kooperationsprobleme und suchen nach gemeinsamen Lösungen, wie die Kooperation verbessert werden kann. Vorher wird ein begrenzter Zeitraum für die gemeinsame Arbeit vereinbart.

Neben den MitarbeiterInnen haben die *Moderatoren* in den Qualitätszirkeln eine wichtige Rolle (zur Rolle des Moderators siehe Material: 5.3.2., S. 147 ff.). Sie haben die Diskussion und den Problemlösungsprozeß zu steuern und die Ergebnisse der Gruppe nach außen zu vertreten. Dies erfordert Fähigkeiten der Gruppenmoderation, die in einem speziellen Trainingsprogramm erworben werden können.

Qualitätszirkel laufen nach festgelegten *Schritten des Vorgehens* ab: In einer ersten Phase werden die anstehenden Themen gesammelt, die in einem zweiten Schritt in eine Rangfolge gebracht werden. Das Thema, das am meisten Unterstützung durch die Mehrheit der Zirkelmitglieder erhält, wird bearbeitet. Dies erfolgt zunächst durch eine detaillierte Problemanalyse, an die sich die Entwicklung von Lösungsalternativen anschließt. Im letzten Schritt wird aus den Alternativen eine Lösung ausgewählt, die zur Veränderung vorgeschlagen wird.

Qualitätszirkel haben schon seit längerem in größeren Industrieunternehmen, in jüngster Zeit auch in Organisationen des Sozialbereichs und in der Verwaltung, eine große Verbreitung erfahren. So gaben etwa 50% der 100 umsatzgrößten Unternehmen in der Bundesrepublik bei einer Befragung 1989 an, Qualitätszirkel eingeführt zu haben. Weitere 12% planen die Einführung (Antoni/Bungard/Lehnert 1992). In der gleichen Untersuchung wurde nach positiven Erfahrungen und Schwierigkeiten mit Qualitätszirkeln gefragt. Als *positive Auswirkungen* wurden eine bessere Zusammenarbeit der MitarbeiterInnen, mehr Mitsprachemöglichkeiten, eine erhöhte Motivation, eine Verbesserung der Arbeitsbedingungen und der Kommunikation, erhöhte Produktivität und Verringerung der Kosten genannt. Schwierigkeiten bei der Durchführung von Qualitätszirkeln bezogen sich auf die mangelnde Unterstützung durch das mittlere Management, Verzögerungen bei der Rückmeldung und Umsetzung von Vorschlägen, unzureichenden Informationsfluß durch Vorgesetzte und Skepsis bei MitarbeiterInnen.

(b) *Lernstatt:* Dieses Modell (zur Anwendung des Werkstatt-Gedankens in der Fort- und Weiterbildung siehe: Pallasch/Reimers 1990) ist mit dem der Qualitätszirkel eng verwandt. Die Lernstatt ist ein Modell der Kleingruppenarbeit, das zu Beginn der siebziger Jahre bei BMW entwickelt wurde. Seine Einführung liegt damit zeitlich vor den Qualitätszirkeln. Das ursprüngliche Ziel von Lernstatt war der Erwerb der deutschen Sprache durch ausländische Arbeitnehmer. Das pädagogische Konzept geht davon aus, daß der Arbeitsplatz bzw. die Werkstatt zum Ort der Lernens gemacht wird. Bei dem *erfahrungsorientierteren Lernen* zeigte sich, daß neben dem Erwerb von sprachlichen auch fachliche und soziale Kompetenzen vermittelt wurden. Ist der Qualitätszirkel auf das Bearbeiten arbeitsplatzbezogener Proble-

me ausgerichtet, so steht in der Lernstatt das Lernen im Vordergrund. In der gegenwärtigen Praxis von Lernstatt werden inzwischen aber auch selbstgewählte arbeitsbezogene Inhalte (z. B. Verbesserungsvorschläge zur Arbeitsplatzgestaltung) zum Thema gemacht.
Das *Konzept der Lernstatt* besteht aus der eigentlichen Lernstattgruppe, die acht bis zwölf interessierte MitarbeiterInnen umfaßt. Sie treffen sich in der Regel vierzehntägig für 1 1/2 bis 2 Stunden während der Arbeitszeit. Die Gruppe wird von zwei ModeratorInnen geleitet, die im Leiten von Gruppen ausgebildet wurden. Neben der Lernstattgruppe gibt es Moderatorenrunden, die den ModeratorInnen als Hilfe und zum Erfahrungsaustausch dienen. Bei Bedarf können sich beide Gruppen BeraterInnen einladen, die als ExpertInnen bei der Bearbeitung spezieller Fragen helfen sollen. Die Lernstatt- und die Beratergruppen werden durch eine eigene Stelle in der Organisation koordiniert. Flankierende Maßnahmen in diesem Konzept sind Workshops für besondere Themen und Trainingsgruppen für die Ausbildung der ModeratorInnen.
Das Lernen in der Lernstatt ist nach einander ergänzenden *pädagogischen Prinzipien* organisiert (zu praktischen Anregungen siehe: Riegger 1983). Dazu gehört, daß der Lernprozeß von seinem Verlauf her offen ist und sich an den Bedürfnissen und Interessen der jeweiligen Gruppe orientiert. So wird zwar ein allgemeiner Rahmen vorgegeben, der konkrete Verlauf aber situationsspezifisch entschieden. Das Lernen in der Gruppe ist ein soziales Lernen, das darauf zielt, die Einstellungen und Vorschläge aller TeilnehmerInnen konstruktiv aufzunehmen. Die Beziehungen zwischen den Mitgliedern wie auch zwischen den Mitgliedern und den ModeratorInnen sollen gleichrangig sein und ein dialogisches Lernen ermöglichen. Die Gruppe gibt sich eigene Spielregeln, um den Lernprozeß zu organisieren. Lernen wird nicht als abstrakter Lernvorgang organisiert, sondern knüpft an den Erfahrungen an. Damit sollen die Motivation und der Erfolg des Lernens erhöht und Arbeit und Lernen miteinander verbunden werden.
Als Methoden des Lernens kommen die in der Sozialen Arbeit bekannten Konzepte des gruppenorientierten und sozialen Lernens zur Anwendung. Diese zielen unter anderem darauf ab, den Prozeß in der Gruppe selbst zum Gegenstand der Reflexion und des Lernens zu machen. Der Lernprozeß wird durch Moderationstechniken, die den Ablauf und die Beteiligung der Gruppenmitglieder strukturieren, und durch Visualisierungstechniken, die ein bildhaftes Lernen ermög-

lichen, unterstützt (grundlegend zu Moderationstechniken siehe: Klebert/Schrader/Straub 1980).

Schwierigkeiten der gruppenorientierten Arbeitsgestaltung

Auf folgende Schwierigkeiten der gruppenorientierten Arbeitsgestaltung will ich abschließend hinweisen: Die hier dargestellten Gruppenmodelle werden in vielen Organisationen eingesetzt. Eine umfassende wissenschaftliche Beurteilung ihrer Wirkungen und Einsatzmöglichkeiten steht aber noch aus. Um das Nachdenken über die Grenzen dieser Gruppenmodelle anzuregen, möchte ich auf vielfach bestätigte Ergebnisse der Kleingruppenforschung hinweisen. Sie zeigen, daß in Kleingruppen ein Anpassungsprozeß des einzelnen an die Einstellungen und Normen der Gruppenmehrheit erfolgen kann, der die Vorteile der Wirkungen von gruppenorientierten Gestaltungskonzepten zunichte macht. Lutz von Rosenstiel, Walter Molt und Bruno Rüttinger (1988, 55) fassen die „dysfunktionalen Gruppenprozesse" folgendermaßen zusammen:

(a) Aufgrund des Gruppendrucks passen sich einzelne Mitglieder der Mehrheit an, auch wenn diese nicht recht hat.
(b) Der Autoritätsdruck kann dazu führen, daß statusmäßig Höherstehenden „nach dem Mund" geredet wird.
(c) Die Argumente von „Experten" werden kritiklos aufgenommen.
(d) „Vielredner" haben einen großen Einfluß.
(e) Sympathie und Antipathie führen zu freundlichem oder aggressivem Verhalten.
(f) Sachliche Differenzen werden auf der emotionalen Ebene ausgetragen.
(g) Gruppen sind bereit, ein größeres Risiko einzugehen.

Der amerikanische Sozialwissenschaftler Irving Janis (1972) hat mit seinen Mitarbeitern politische Gruppenentscheidungsprozesse in den USA untersucht und festgestellt, daß in emotional aufgeladenen und hektischen Situationen das Gefühl des Zusammenhaltens so stark ist, daß abweichende Meinungen negativ sanktioniert werden. Er entwickelte eine Liste von Regeln, die dabei helfen sollen, die negativen Auswirkungen des „Gruppendenkens" zu mindern (siehe Materialien 6.3.3., S. 173 ff.).
Ich habe in diesem Abschnitt verschiedene gruppenorientierte Gestaltungskonzepte vorgestellt, die alle das Ziel haben, die Spannung zwischen den Wünschen des einzelnen und den Regelungen und Vor-

schriften der Organisation abzubauen. Mit den Hinweisen auf das Gruppendenken wird vor einer allzu großen Gruppeneuphorie gewarnt. Diese Warnung gilt auch für eine unkritische und unbedachte Einführung von Arbeitsgruppen in Organisationen. Der Einsatz von Gruppen als Gestaltungselement von Organisationen kann nur dann erfolgreich sein, wenn im Organisationsaufbau strukturelle Voraussetzungen dafür geschaffen und die MitarbeiterInnen auf diese Gruppen vorbereitet und dafür trainiert werden. Nur so lassen sich Ängste und Vorurteile von Gruppenmitgliedern und Entscheidungsträgern abbauen. Gruppenorientierte Arbeitsgestaltung erfordert eine genaue Organisationsanalyse, um Defizite aufzudecken. Die Gruppen müssen langfristig geplant und die MitarbeiterInnen darauf vorbereitet werden. Dies gelingt um so besser, je intensiver die Planung und Umsetzung in eine umfassende Organisationsentwicklung (siehe Abschnitt 8.2., S. 207 ff.) eingebettet ist.

5.3. Materialien/Dokumente, Literatur

5.3.1. Fragebogen zur Teamarbeit

Es gibt eine Reihe von Fragebögen, mit denen das Klima in einem Team, das Ausmaß des gegenseitigen Vertrauens, die Kommunikation, die Arbeitsfähigkeit und andere Faktoren erfaßt werden können. Wird der gleiche Fragebogen über einen längeren Zeitraum in einem Team eingesetzt, können Veränderungen in den Gruppen- und Arbeitsbeziehungen dokumentiert und zur Grundlage einer Teamentwicklung gemacht werden. Als Beispiel wird ein Fragebogen zur Teamentwicklung von Douglas McGregor (1967, 172) vorgestellt.

Fragebogen zur Teamarbeit

1. Ausmaß des gegenseitigen Vertrauens

Großes gegenseitiges Mißtrauen	☐ ☐ ☐ ☐ ☐ ☐ ☐ ☐	Großes gegenseitiges Vertrauen

2. Art der Kommunikation

vorsichtig, verdeckt	☐ ☐ ☐ ☐ ☐ ☐ ☐ ☐	frei und offen

3. Ausmaß der gegenseitigen Unterstützung

jeder für sich	☐ ☐ ☐ ☐ ☐ ☐ ☐ ☐	Hilfsbereitschaft auf allen Seiten

4. Klarheit der Gruppenziele

unklar, unverstanden	☐ ☐ ☐ ☐ ☐ ☐ ☐ ☐	klar, verständlich

5. Reaktionen auf Konflikte innerhalb der Gruppe

Konflikte werden ignoriert, unterdrückt	☐ ☐ ☐ ☐ ☐ ☐ ☐ ☐	Konflikte werden offen und freimütig besprochen

6. Nutzung der Fähigkeiten der Gruppenmitglieder

Fähigkeiten werden genutzt	☐ ☐ ☐ ☐ ☐ ☐ ☐ ☐	Fähigkeiten liegen brach

7. Art der Kontrolle

Kontrolle von außen	☐ ☐ ☐ ☐ ☐ ☐ ☐ ☐	Selbstkontrolle

8. Arbeitsatmosphäre

unfrei, Konformitätszwang	☐ ☐ ☐ ☐ ☐ ☐ ☐ ☐	frei, kollegial, Rücksicht auf Individualität

5.3.2. Die Rolle des Moderators in der Gruppenarbeit

Die Bedingung für eine erfolgreiche Gruppenarbeit ist eine gute Moderation bei der Themenfindung und -bearbeitung. ModeratorInnen sollten die Gruppensituation sensibel wahrnehmen können und durch eine geschulte Gesprächsführung die Gruppe bei der Themenbearbeitung fördern und unterstützen. Franz Decker (1988, 20 f.) hat einen Leitfaden für die Moderation von Gruppen herausgegeben. Er stellt darin auch verschiedene Rollen und Aufgaben von ModeratorInnen vor:

„Er ist:
1.) eine Art Gärtner, der mit seinem Kultivator den Boden lockert, der bewässert und besorgt darüber wacht, daß alle ‚Pflanzen' gut gedeihen.
2.) ein Geburtshelfer, der
– die Gruppe auf das Ziel vorbereitet,
– ihr hilft, sich zu entspannen,
– sich selbst zu verstehen,
– ihre Ziele und Wünsche zu formulieren
– Lösungen zu erarbeiten.
3.) ein Katalysator, der Prozesse (z. B. Lernprozesse) beschleunigt und dabei davon ausgeht, daß er nur indirekt daran beteiligt ist, also von außen, als Beschleuniger, Motivator, Anreger, Förderer. Lernen vollzieht sich nur im Lernenden selbst. Der Moderator, der Lehrende, kann nur optimale Bedingungen schaffen und anregen. Er ist Lokomotive, Animateur, Ideenproduzent.
4.) Partner: Er besitzt die Mimose-Fähigkeit, d. h. sich einzufühlen, die Gruppe zusammenzuhalten, alles zusammenzufassen. Er spielt sich nicht in den Vordergrund.
5.) Transformator: Prozeßbegleiter, Chance agent, Bewußtseinsbildner, Vermittler, Übermittler und Übersetzer von Informationen und Wissen, Helfer bei Lernproblemen und wenn der Gruppenprozeß stockt. (Prozessuale Führung)
6.) Förderer: Förderer menschlicher Entwicklung, von Mutationsprozessen. Er geht auf die persönliche Situation und die Persönlichkeit des einzelnen ein, fördert sie, regt die Entfaltung und Selbstverwirklichung, die Entwicklung an. (Individuelle Führung)
7.) Triage – Experte: Er durchschaut die Zusammenhänge, überblickt das Geschehen, diagnostiziert, setzt Prioritäten, sondert weniger Wichtiges aus, koordiniert, fördert Kooperation, plant und organisiert. (Dispositive Führung)
Der Moderator ist Gruppenführer im Sinne einer situativen, kooperativen, partnerschaftlichen Führung. Er ist daher
– kein Leiter mit hierarchischer Kompetenz, kein Vorgesetzter mit Befehls- und Anweisungsbefugnis. Er führt Gruppenmitglieder durch seine Motivations- und Führungsfähigkeit;
– kein Lehrer, der alles besser weiß.
Der Moderator ist ein fachkundiger Prozeß-Gestalter und Gruppen-Führer. Er versteht sich vor allem auf das ‚wie' der Kommunikation zwischen Menschen, auf das Aufzeigen von We-

gen, das Anwenden von Methoden, das Anregen von Sachgesprächen und das Zusammenfassen von Ergebnissen. Er ist in fachlicher Hinsicht kein Alleskönner. Er besitzt aber einen Überblick über den Sachzusammenhang."

5.3.3. Die „Janis-Regeln" gegen die negativen Auswirkungen des Gruppendenkens

Der amerikanische Sozialwissenschaftler Irving Janis hat in den siebziger Jahren Gruppenentscheidungsprozesse der amerikanischen Politik untersucht, bei denen es – im nachhinein betrachtet – zu Entscheidungen gekommen war, die überwiegend negative Konsequenzen nach sich gezogen haben. Es zeigte sich, daß eine Reihe von typischen Verhaltensweisen der Gruppenmitglieder überdurchschnittlich häufig auftraten (z. B. ein weit verbreitetes Gefühl, zusammenhalten zu müssen; Personen mit abweichenden Meinungen wurden negativ sanktioniert und auf die Gruppenmeinung verpflichtet). Janis entwickelte deshalb eine Reihe von Regeln, die dazu beitragen sollen, die negativen Auswirkungen des Gruppendenkens zu reduzieren (nach: von Rosenstiel/Molt/Rüttinger 1988, 56):

„1. Der Leiter sollte ausdrücklich zur Kritik auffordern.
2. Der Leiter und andere wichtige Mitglieder sollten ihre Meinung nicht zu früh nennen, sondern zunächst andere sprechen lassen.
3. Bei wichtigen Entscheidungen sollten zwei Gruppen unabhängig voneinander einen Entscheidungsvorschlag ausarbeiten. Beide Vorschläge sollten dann in die Gesamtgruppe eingebracht werden.
4. Alle Gruppenmitglieder sollten dazu aufgefordert werden, daß Entscheidungsprobleme in ihren Abteilungen mit solchen Personen zu diskutieren sind, die nicht zur Entscheidungsgruppe gehören.
5. Externe Mitglieder sollten dazu aufgefordert werden, ihre Auffassung unabhängig von der Gruppe zu entwickeln und darzulegen.
6. Es sollte routinemäßig ein Advocatus diaboli bestimmt werden, der bewußt und kompromißlos die Gegenposition zur Gruppenmehrheitsmeinung vertritt, sobald sich Einigkeit in der Gruppe auszudrücken scheint.
7. Die Entscheidungsgruppe sollte nicht beständig zusammenarbeiten, sondern zeitweilig in Untergruppen aufgespalten werden.
8. Hat sich die Gruppe geeinigt, so sollte das Ergebnis noch einmal bewußt gänzlich in Frage gestellt werden."

5.3.4. Literatur

Bungard, W. / Antoni, C. H. (1993): Gruppenorientierte Interventionstechniken. In: Schuler, H. (Hrsg.): Lehrbuch Organisationspsychologie. Bern, S. 377 – 404
In dem Sammelaufsatz wird ein guter Überblick über verschiedene Gruppenmodelle in Organisationen gegeben und auf Probleme bei der Anwendung eingegangen.

Francis, D. / Young, D. (1989): Mehr Erfolg im Team. Ein Trainingsprogramm mit 46 Übungen zur Verbesserung derLeistungsfähigkeit in Arbeitsgruppen. Hamburg, 3. Auflage
Die Autoren stellen einen Fragebogen vor, mit dem verschiedene Faktoren für eine erfolgreiche Teamarbeit erfaßt werden können. Für jeden Faktor werden jeweils unterschiedliche Übungen angeboten, mit denen das eigene Team analysiert und die Kommunikation verbessert werden kann. Im Vordergrund steht die praktische Anwendung.

Pallasch, W. / Reimers, H. (1990): Pädagogische Werkstattarbeit. Eine pädagogisch-didaktische Konzeption zur Belebung der traditionellen Lernkultur. Weinheim und München
In dem Buch werden verschiedene Modelle der Werkstatt-Arbeit in bezug auf pädagogische Arbeitsfelder vorgestellt, nach den pädagogischen und psychologischen Grundlagen dazu gefragt und Bausteine einer Pädagogischen Werkstattarbeit entwickelt.

Rosenstiel, L. von (1992): Grundlagen der Organisationspsychologie. Stuttgart, 3. Auflage
Eine grundlegende und fundierte Einführung in die Psychologie der Organisation. Sehr übersichtlich und didaktisch ansprechend gestaltet. Am Ende eines jeden Kapitels werden Selbstkontrollfragen angeboten. Neben Gegenstand und Methode der Organisationspsychologie werden die Themen „Aufgabe“, „Individuum“, „Gruppe“ und „Organisation“ vorgestellt.

5.4. Übungsfragen

(a) Verständnisfragen

(1) Welche Auswirkungen haben die Annahmen über verschiedene Menschenbilder auf den Umgang mit MitarbeiterInnen in Organisationen?
(2) Stellen Sie den Unterschied zwischen der Einbindungsstrategie „Identifikation mit der Aufgabe" und „Identifikation mit den Zielsetzungen einer Organisation" dar und beschreiben Sie deren Wirkungsweisen.
(3) Welche eignungsdiagnostischen Verfahren stehen bei der Personalauswahl zur Verfügung und wie sind deren prognostische Eigenschaften einzuschätzen?
(4) Welche Bedeutung haben informelle Gruppen für die organisationsspezifische Sozialisation und wie wirken sie?
(5) Welche Überlegungen über den Umgang mit MitarbeiterInnen können aus der „Zwei-Faktoren-Theorie" von Herzberg gewonnen werden?
(6) Unterscheiden Sie verschiedene Abstufungen von Autonomie in Arbeitsgruppen.
(7) Welche sozialen Prozesse in Gruppen unterstützen die Tendenz zum „Gruppendenken"?

(b) Vertiefungsfragen

(1) Welche Erfahrungen haben Sie bisher mit Teamarbeit gemacht? Worin sehen Sie den Vorteil und worin den Nachteil dieser Form der gruppenorientierten Arbeitsgestaltung in Organisationen des Sozialbereichs?
(2) Fertigen Sie – unter Verwendung des Fragebogens von McGregor – ein Profil der Teamarbeit in einer Ihnen bekannten Arbeitsgruppe an. Tauschen Sie sich mit anderen Mitgliedern dieser Arbeitsgruppe darüber aus und diskutieren Sie Verbesserungsmöglichkeiten der Teamarbeit (siehe Material 5.3.1.).
(3) Franz Decker (siehe Material 5.3.2.) beschreibt eine Reihe von Rollen, die ein/e ModeratorIn zu erfüllen hat. Übertragen Sie bitte die bildhaften Beschreibungen auf die Situation einer Ihnen bekannten Arbeitsgruppe. Formulieren Sie nun exemplarisch überprüfbare Verhaltensweisen für den/die ModeratorIn, die den allgemeinen Rollenerwartungen entsprechen.
(4) Welche Erfahrungen haben Sie mit dem „Gruppendenken" in Arbeitsgruppen. Überlegen Sie, wie die „Janis-Regeln" (siehe Material 5.3.3.) zur Vermeidung der negativen Auswirkungen des Gruppendenkens angewandt werden können.

6. Macht, Spiele und Konflikt

Bei der Zielplanung in Organisationen, bei dem Ausgleich zwischen dem Individuum und der Organisation und bei der menschengerechten Gestaltung von Organisationen wurde in den bisherigen Überlegungen davon ausgegangen, daß Unterschiede bei den Zielen und Erwartungen zwischen den Beteiligten ausgehandelt werden können. In den folgenden Ausführungen präzisiere ich diese Annahme. Individuen handeln in Organisationen nicht nur uneigennützig; sie versuchen auch einen Vorteil durch ihr Handeln zu erreichen. Dieses Handeln wird in der Politikwissenschaft als interessenorientiertes Handeln bezeichnet. Ferner sind die Möglichkeiten, die eigenen Interessen in Organisationen durchzusetzen, ungleich verteilt. Dies kommt in dem Begriff „Macht" zum Ausdruck. In dem folgenden Kapitel werden

Gliederung des Kapitels

(a) unter dem Stichwort „Mikropolitik" die *Verteilung von Macht* in Organisationen und verschiedene *Strategien des Umgangs* damit untersucht (Abschnitt 6.1.);
(b) *Ursachen von Konflikten in Organisationen* und mögliche *Bewältigungsstrategien* dazu vorgestellt (Abschnitt 6.2.).

6.1. Strategie und Aushandeln

Jeder, der den Alltag von Organisationen selbst schon erfahren hat, weiß, daß Organisationen keineswegs nur geordnete, rationale soziale Gebilde sind. Irrationalitäten, Eigennutz und Chaos kennzeichnen die andere Seite. In der Politikwissenschaft werden Organisationen – bildlich gesprochen – eher als Arenen des Kampfes und der Auseinandersetzung gesehen. Die Wahrung der eigenen Interessen und des Vorteils, Mauscheleien und Absprachen, Suche nach Verbündeten und die Bildung vorübergehender Koalitionen, symbolische und faktische Demonstrationen von Macht und viele andere Strategien kennzeichnen das tatsächliche Geschehen. Erhard Friedberg (1992, 39) spricht davon, daß Organisationen bedroht sind

interessenorientiertes Handeln, Macht und andere Strategien

(a) durch eine begrenzte Rationalität, da die Mitglieder nicht imstande sind, sich auf die komplexe Realität von Organisationen einzulassen,

(b) durch eine begrenzte Verbindlichkeit, da Organisationsmitglieder immer Freiräume haben und diese verteidigen und
(c) durch eine begrenzte Anerkennung der Ziele und Leitlinien, da den kollektiven Zielen partikulare entgegenstehen.

Das interessenorientierte Handeln kann auch in Organisationen des Sozialbereichs angetroffen werden. Als anschauliches Beispiel schildere ich sinngemäß einen „Konflikt im Frauenhaus" der von Viola Gärtner-Harnach ausführlich dokumentiert wurde (siehe Maas 1985, 139–146):

> Verschiedene Frauen aus der Frauenbewegung, sozial engagierte parteilose und in Parteien aktive Frauen haben sich in einem Verein zusammengeschlossen mit dem Ziel, ein Frauenhaus zu gründen und zu betreiben. Die zuständige Kommune stellt ein Haus zur Verfügung und bezuschußt die Personalkosten. Das Konfliktthema sind die Gemeinschaftsdienste im Frauenhaus. Nach der Konzeption des Hauses sind die Bewohnerinnen angehalten, gemeinschaftliche Aufgaben zu übernehmen. Zu diesen gehört auch der Nachtdienst, also die Anwesenheit einer verantwortlichen Person im Frauenhaus während der Nachtzeit. Die Gründungsmitglieder des Vereins waren der Auffassung, daß die Nachtschicht eine Leistung ist, die durch die hauptamtlichen Mitarbeiterinnen (Sozialarbeiterinnen) des Frauenhauses zu erbringen ist. Die Sozialarbeiterinnen forderten nach dem Besuch mehrerer anderer Frauenhäuser die Streichung der Nachtschicht. Dieser Konflikt wird zunächst durch einen Kompromiß entschärft. Der Vorstand ordnet die Nachtschicht an, jedoch mit der Einschränkung, daß nach einer Erprobungsphase von drei Monaten erneut darüber entschieden wird. Die Sozialarbeiterinnen lassen die Zeit nicht unvertan verstreichen. Es gelingt ihnen, eine ausreichende Zahl von Bewohnerinnen davon zu überzeugen, daß ihnen die Übernahme der Nachtschicht mehr Selbständigkeit und Freiheit bringen würde. Nachdem die Bewohnerinnen sich dafür ausgesprochen haben, stimmt auch der Vorstand zu.
> Der scheinbar gelöste Konflikt bricht nach kurzer Zeit wieder auf, als Anwohner sich über den nächtlichen Lärm im Frauenhaus beschweren. Die Sozialarbeiterinnen stellen fest, daß der Nachtdienst nur unzureichend erfüllt wird und sanktionieren einige Bewohnerinnen. Die Bewohnerinnen beschweren sich daraufhin, unter Umgehung der Sozialarbeiterinnen, bei dem Vorstand. Der Vorstand gerät zusätzlich unter Handlungsdruck, als Nachbarinnen eine Unterschriftenliste gegen den Lärm vorlegen und der örtliche Sozialdezernent sich einschaltet. Der Vorstand fordert die Sozialarbeiterinnen daraufhin auf, die Nachtschicht wieder zu übernehmen. Die Sozialarbeiterinnen reagieren auf die Aufforderung mit einem umfangreichen „Papier", in dem Argumente gegen die „Rund-um-die-Uhr-Schicht"

vorgetragen werden. Der Vorstand verbreitet eine Gegendarstellung, in der seine Argumente aufgelistet werden. Parallel dazu entsteht eine neue Eskalationsstufe des Konflikts, als der Vorstand die formellen Instanzen des Vereins einschaltet (Mitgliederversammlung). Um Bewohnerinnen, die keine Mitglieder des Vereins sind, an der Mitgliederversammlung teilhaben zu lassen, verlangen der Vorstand und einige Mitglieder die Durchführung der Mitgliederversammlung im Frauenhaus. Die Sozialarbeiterinnen kontern mit dem Argument, daß das Frauenhaus kein Vereinslokal ist. Der Kampf um die Besetzung der Mitgliederversammlung wogt hin und her. Am Ende faßt die Versammlung mehrheitlich einen Beschluß auf Wiedereinführung der Nachtschicht durch die Sozialarbeiterinnen. Der Vorstand schließt sich diesem Beschluß an. Nun erreicht der Konflikt eine neue Stufe der Eskalation. Die Betriebsobfrau des Frauenhauses erhebt Einspruch und Klage beim Arbeitsgericht auf Erlaß einer einstweiligen Verfügung gegen diese Regelung. Rechtsanwälte werden eingeschaltet. Der Vorstand tritt zurück und die Nachtschicht wird nicht eingeführt.

Das Beispiel zeigt, wie hart Konflikte auch in Organisationen des Sozialbereichs ausgetragen werden. Ich möchte den Fall hier nicht detailliert analysieren, sondern nur auf einige Punkte aufmerksam machen: Es gibt in dem Frauenhaus Regelungen bezüglich des Konfliktgegenstandes. Der Vorstand ist mit der formellen Macht ausgestattet, die Regelungen durchzusetzen. Er nutzt diese Macht für Entscheidungen, ohne sie allerdings an klare Bedingungen zu knüpfen. Als die Sozialarbeiterinnen das „Gesetz des Handelns" an sich ziehen, gerät er unter Druck. Dieser verstärkt sich noch, als er sein Handeln gegenüber Außenstehenden, die er nicht ignorieren kann, rechtfertigen muß. Die Sozialarbeiterinnen entwickeln subtile Strategien, um ihren Einfluß zu vergrößern und ihre Interessen durchzusetzen. Sie schaffen sich zunächst Verbündete, und als der Konflikt eskaliert, spielen sie auf der „Klaviatur" der Taktik und Strategie. Überzeugungsarbeit durch „vernünftige" Argumente, Verzögerungstaktik, Ausnutzen von Lücken in der Vereinssatzung und viele Spiele mehr gehören dazu. Es wird gefeilscht und verhandelt, und die Gewichte des Einflusses werden immer wieder aufs neue verteilt.

Mikropolitik in Organisationen

Die hier exemplarisch dargestellte Dynamik wird in der Politikwissenschaft als „Mikropolitik in Organisationen"bezeichnet (zur Vertiefung siehe Küpper/Ortmann 1992). Der Begriff geht auf Tom Burns (1961/62) zurück und wurde von Horst Bosetzky (1972, 382) in der Bundesrepublik verbreitet. Er versteht darunter „die Bemühung, die systemeigenen materiellen und menschlichen Ressourcen zur Errei-

chung persönlicher Ziele, insbesondere des Aufstiegs im System selbst und in anderen Systemen, zu verwenden sowie zur Sicherung und Verbesserung der eigenen Existenzbedingungen". Mikropolitik wird von öffentlicher Bundes- und von Kommunalpolitik abgegrenzt und meint die *Innenpolitik in Organisationen*. Damit werden alle Verhaltensweisen, Macht- und Verhandlungsstrategien sowie „Spiele" von Organisationsmitgliedern zusammengefaßt, die den Zweck verfolgen, den Einfluß von einzelnen oder Gruppen in Organisationen zu erhalten oder zu verbessern.
Mikropolitik ist eine besondere Form der sozialen Beziehung zwischen Menschen. *Macht* ist ein Element von Mikropolitik und bezeichnet den Versuch von Personen, auf andere Personen Einfluß auszuüben, um sie zu bewegen in ihrem Sinne zu handeln. Wie das Beispiel oben zeigt, ist Macht nicht nur an die formelle Zuweisung (Vorstand) gebunden. Sie wird auch von denen ausgeübt, die offiziell nicht damit ausgestattet sind (Sozialarbeiterinnen). Neben der Macht findet sich als weiteres Element der Mikropolitik das *Spiel;* „Spiel" meint, daß die „Spielräume" eines vorgegebenen Handlungsrahmens genutzt werden, um die „Spielregeln" zu verändern; „Spiel" heißt auch Verzögerung von Entscheidungen, offensive Auslegung von Regeln, offene und verdeckte „Fouls", Zuweisung von Gewinnern oder Verlierern und das Vorhandensein eines aktiven oder passiven Publikums. Um bei Spielen erfolgreich zu sein, ist eine *Strategie* notwendig. Unter „Strategie" wird das Setzen von langfristigen Zielen und die taktische Zuordnung einer vielfältigen Palette angemessener Mittel zur Zielerreichung verstanden. Strategisches Handeln setzt eine vorweggenommene Einschätzung über die eigenen Erfolgsaussichten voraus. Wer die eigenen Möglichkeiten überschätzt, läuft Gefahr, seine Position zu schwächen. Wer sie unterschätzt, vergibt taktische Vorteile. Die „Logik" der Strategie ist auf eine optimale Zielerreichung ausgerichtet, erschöpft sich aber nicht darin. In ihr wird einkalkuliert, daß die gesetzten Ziele nur z. T. durchsetzbar sind. Strategisches Handeln beinhaltet somit auch die Bereitschaft, verschiedene Interessen auszuhandeln. Im Aushandeln wird bereits mitgedacht, daß die eigenen Ziele nicht vollständig zu erreichen sind. Dem „Alles-oder-Nichts" wird das „So-viel-wie-möglich"(grundlegend zum Verhandeln siehe: Lamm 1975) gegenübergestellt. Die Bereitschaft zum Aushandeln dokumentiert den Willen zum Entgegenkommen. Im folgenden werden die Themen „Macht" (1), „Strategie" (2) und „Spiele" (3)

als *Elemente einer Mikropolitik in Organisationen* differenzierter dargestellt:

(1) Macht: Der Begriff „Macht" ist in der Sozialen Arbeit negativ besetzt, und viele Fachkräfte in sozialen Berufen begegnen ihm mit Vorbehalt – aus folgenden Gründen: SozialarbeiterInnen erfahren das eigene Handeln als machtlos; machtbewußt zu handeln, ist verpönt; Macht wird gleichgesetzt mit Manipulation und Machtmißbrauch. Macht

Die *klassische Definition* von *Macht* geht auf Max Weber zurück: „Macht bedeutet jede Chance, innerhalb einer sozialen Beziehung den eigenen Willen auch gegen Widerstreben durchzusetzen, gleichviel worauf diese Chance beruht." (Weber 1972, 28) Ein verwandter Begriff von Macht ist *„Herrschaft"*. Damit wird im allgemeinen eine Sonderform von Macht bezeichnet. Herrschaft ist definiert über die Möglichkeit, für eine Anweisung bei Personen oder Personengruppen Gehorsam zu finden (weitere Ausführungen zur Herrschaft bei Max Weber siehe oben, S. 52 ff.). Sie wird als umfassendere Form der Macht verstanden. Während Macht nur einen Aspekt der sozialen Beziehung umfaßt, bezieht sich Herrschaft auf mehrere Aspekte. *„Autorität"* schließlich, als der dritte wichtige Begriff in diesem Zusammenhang, definiert die Möglichkeit der sozialen Einflußnahme, weil Personen, Gruppen oder Institutionen eine Überlegenheit zugesprochen wird. Diese beruht auf Eigenschaften wie Klugheit, Kraft, Sachverstand usw. Während Macht die Durchsetzung des eigenen Willens auch gegen Widerstand bedeutet, meint Autorität die freiwillige Abgabe von Entscheidungskompetenzen an andere Personen.

Macht ist nach dieser Definition nur denkbar im Rahmen einer sozialen Beziehung. Niemand besitzt Macht. Sie ist keine Eigenschaft einer Person, sondern ein Merkmal einer sozialen Beziehung. Dies bedeutet, daß eine Person in einer sozialen Beziehung in der Lage ist, das Verhalten der anderen im eigenen Sinne zu beeinflussen, während dies der gleichen Person in einer anderen sozialen Beziehung nicht gelingt. Die Fähigkeit, Macht auszuüben, ist deshalb auch davon abhängig, welcher Widerstand oder welche „Gegenmacht" in die soziale Beziehung eingebracht wird. Macht bedeutet ein *Aushandeln von Einfluß* und eine ständige *Neudefinition der Machtverhältnisse*. Der Ausbau der eigenen Handlungsspielräume geht mit einer Einengung der Spielräume von anderen einher. In diesem Sinne wird die Ausübung von Macht durch die Selbstbehauptung der Beteiligten begrenzt.

Das Aushandeln im Sinne der Selbstbehauptung wird von mir im folgenden besonders betont. Das Aushandeln muß nicht durch gleichberechtigte Partner erfolgen. Eine Machtbeziehung ist eine *asymmetrische Beziehung,* die eine Person oder eine Gruppe in der Auseinandersetzung strukturell bevorzugt:

(a) Die Bevorzugung kann formell verankert sein. Ein Vorgesetzter verfügt in der Regel über mehr offizielle Weisungsbefugnisse als eine ausführende Stelle. In diesem Fall wird von Positionsmacht gesprochen.
(b) Macht kann aber auch in den Fähigkeiten und dem Wissen der beteiligten Personen begründet sein. Dann ist von personeller Macht die Rede.

Erika Regnet (1992, 102) listet eine Reihe von Machtgrundlagen auf. Danach ist „Macht" gegründet auf:

(a) Belohnung, d. h. das Vermitteln von positiven bzw. das Fernhalten von negativen Konsequenzen;
(b) Bestrafung, Macht durch Zwang – die Sympathie zum Überlegenen sinkt hier allerdings;
(c) Legitimität, d. h. hergeleitet aus gesetzten und akzeptierten Normen, Werten und Strukturen;
(d) Identifikation (man möchte gleich werden bzw. fühlt sich gleich);
(e) Expertentum, Sachkenntnis;
(f) Information, d. h. Zugang zu Kontrolle von Informationen, Informationskanälen und -mitteln."

Beispiel:

In dem o.g. „Konflikt im Frauenhaus" sind verschiedene Machtgrundlagen zu beobachten. Die SozialarbeiterInnen belohnen die BewohnerInnen für die Übernahme des Nachtdienstes (es wird ihnen eine größere Selbständigkeit im Haus versprochen) bzw. bestrafen jene, die nicht dieser Regelung zustimmen (Drohung, das selbstverwaltete Haus in ein Heim umzuwandeln). Der Vorstand trifft Entscheidungen (Einführung der Nachtschicht durch die SozialarbeiterInnen), weil er dafür formal legitimiert ist; die SozialarbeiterInnen beschaffen sich Informationen aus anderen Frauenhäusern und setzen diese strategisch zur Bekräftigung ihrer Argumente ein.

Strategie

(2) Strategie (und Macht): In Organisationen findet man je nach Situation eine Mischung aus verschiedenen Machtgrundlagen. Sie können von Organisationsmitgliedern strategisch eingesetzt werden, um

Machtpositionen zu erhalten oder zu verbessern. Es gibt eine Reihe von typischen *Machtstrategien,* die einzeln oder in Mischform in Organisationen anzutreffen sind (im einzelnen siehe: Bosetzky/Heinrich 1989, 201ff.). Zu ihnen gehören:

(a) *Abhängigkeitsverhältnisse schaffen:* Abhängigkeitsverhältnisse können durch sehr unterschiedliche Vorgehensweisen geschaffen werden. So besteht die Möglichkeit, Informationen vorzuenthalten und dadurch Personen von einem Informationsvorsprung abhängig zu machen. Es können aber auch sehr direkte Abhängigkeitsverhältnisse sein, die in der Macht, Beförderungen und Höhergruppierungen auszusprechen, begründet sind. Denkbar sind auch sehr persönliche Abhängigkeitsverhältnisse, die in der Kenntnis von persönlichen Informationen ihren Grund haben.

(b) *Sich Verbündete suchen:* Verbündete vertreten die Ziele und Interessen einer Person oder einer Personengruppe, weil sie sich selbst einen Vorteil davon versprechen. Sie sind am „Puls" der Organisation und können frühzeitig Stimmungen und Entwicklungen erfassen. Um die eigene Macht zu erweitern, sind Verbündete in Schlüsselpositionen hilfreich. Sie können bei wichtigen Entscheidungen Weichen in Richtung eines Machtzuwachses stellen.

(c) *Rollen anhäufen:* Erfolgreiche Machtstrategen geben sich nicht mit einer zugewiesenen Rolle zufrieden. Sie versuchen möglichst viele Positionen zu besetzen und gewinnen dadurch mehr Einfluß und Informationsmacht. Die verschiedenen Rollen können innerhalb und außerhalb einer Organisation besetzt werden. Ein Mehr an sozialen Rollen in einer Organisation wird in der Regel von einem Statuszugewinn begleitet.

(d) *Machtvakuum besetzen:* In einer Organisation gibt es auch unbesetzte Machtzentren. Manche liegen nur vorübergehend brach, andere entstehen, weil keine formellen Regelungen vorliegen. Erfolgreiche Machtstrategen spüren ein Machtvakuum auf und versuchen es in ihrem Sinn zu füllen.

(e) *Konflikte nutzen:* Konflikte sind dadurch charakterisiert, daß in ihrem Verlauf Macht und Einfluß neu verteilt werden. Zur Strategie der Vermehrung von Macht gehört es, Konflikten nicht auszuweichen, sondern sie offensiv für die eigenen Ziele zu nutzen. Der eigene Einfluß wird dadurch geltend gemacht und auf eine Verbesserung der Machtposition gedrängt.

Spiele (3) Spiele: Der Begriff „Spiel“ ist eher aus pädagogischen Zusammenhängen bekannt und vertraut. Je nach Definition werden ihm unterschiedliche Bedeutungen zugewiesen. Die damit verbundene Unbestimmtheit wird in der gegenwärtigen Diskussion um die Mikropolitik in Organisationen mehr als Vor-, denn als Nachteil empfunden. Ermöglicht sie doch, den Blick für eine neue Sichtweise von Organisationen zu öffnen und gleichzeitig die verschiedenen Bedeutungen als kreative Anregungen zu nutzen.

Spiele in Organisationen sind nicht gleichzusetzen mit „spielerisch“ oder „unernst“. Gemeint ist in *Analogie* zu dem traditionellen Spielbegriff, daß Akteure nach vereinbarten Spielregeln handeln, ohne daß das Handeln der Beteiligten starr festgelegt ist (zur Übernahme des Begriffs „Spiel“ in die Organisationstheorie siehe: Crozier/Friedberg 1979).

Merkmale des Spiels sind zum einen *Spielregeln* und zum anderen *Spielräume.* Das Handeln der Akteure ist nicht völlig beliebig oder chaotisch, da es vereinbarten Spielregeln folgt. Der Reiz des Spiels besteht darin, Spielregeln verschieden zu interpretieren und sie zu verändern. Im Spiel testen die Handelnden, wie weit sie gehen oder welche Normen übertreten werden können, ohne schwerwiegende Nachteile zu erleiden. Spielregeln sind Zwänge, die sich die Beteiligten auferlegen. Sie zeigen das formelle und das informelle Machtgefüge in einer Organisation. Diese Macht ist jedoch nicht statisch, sondern muß in jeder Situation neu behauptet werden. So gewinnt das Spiel seinen Reiz aus der eigentümlichen Verquickung von Freiheit und Zwang. Der Zwang garantiert, daß das Handeln der Akteure noch planbar bleibt. Die Freiheit ermöglicht im schöpferischen Prozeß, sich selbst zu behaupten. Sie ist die Quelle, aus der sich Veränderung und Innovation in Organisationen speist (siehe Abschnitt 8.1., S. 197 ff.).

Des weiteren ist folgendes Merkmal von Spielen zu beobachten: Spiele sind keineswegs fair und neutral. Sie spiegeln die jeweiligen Macht- und Kräfteverhältnisse in Organisationen wieder. Michel Crozier und Erhard Friedberg (1979, 68), die „Entdecker“ des Spielbegriffs für die Organisationstheorie, sehen Spiele als den „Mechanismus, mit dessen Hilfe die Menschen ihre Machtpositionen strukturieren und regulieren und sich dabei doch Freiheit lassen“. Spiele in Organisationen lassen sich wie folgt charakterisieren:

(a) „ungerechte (nicht-faire) Spiele, d. h. bestimmte Spieler sind schon von den Spielregeln her durch geringere Gewinnchancen benachteiligt;

(b) nicht-symmetrische Spiele, d. h. ein Austausch der Spieler würde das Spiel verändern;
(c) unbestimmte Spiele, die mehrere Lösungen zulassen;
(d) Spiele mit unvollständigen Informationen;
(e) Spiele mit sowohl kontextabhängigen als auch persönlichen Zügen der Spieler;
(f) Spiele, in denen Täuschen und Bluffen (Zurückhaltung, Filterung oder Verzerrung von Informationen) konstituierend sind." (Ortmann 1992, 21)

Oswald Neuberger (1992, 73ff.) hat eine *Typologie von Spielen* aufgestellt und untersucht, welche Bedeutung diese Spiele in Organisationen haben. Er unterscheidet „Wettkampf-Spiele" (a), „Glück-Spiele" (b), „Rollen-Spiele" (c) und „Aussteiger-Spiele" (d):

(a) Bei *„Wettkampf-Spielen"* haben Regeln eine große Bedeutung. Durch Regeln werden die TeilnehmerInnen definiert und erlaubte bzw. unerlaubte Handlungen festgelegt. Metaregeln beschreiben allgemeine Grundhaltungen und machen das Spiel erst spielbar (z. B. Fairness). Die Akteure unterwerfen sich freiwillig den Spielregeln und organisieren ihr Handeln in einer Welt, die von der des normalen Alltags abgesondert ist. Bei „Wettkampf-Spielen" treten die Akteure als Konkurrenten auf und wissen, daß es nur ein Gewinnen oder ein Verlieren gibt. Der Sieg oder die Niederlage wird persönlichen Eigenschaften (z. B. Durchsetzungsfähigkeit) zugeschrieben. Die Nähe zu Wettbewerb und Leistung ist offensichtlich – Beispiel:

Drei SozialarbeiterInnen haben sich für die Leitung eines Sachgebietes beworben. Nur eine(r) von ihnen kann die Stelle bekommen. Alle drei nutzen ihre Einflußmöglichkeiten.

(b) Bei *„Glück-Spielen"* unterwerfen sich die Akteure ebenfalls freiwillig den Regeln. Entscheidend sind hier aber nicht die persönlichen Eigenschaften der Beteiligten, sondern der Zufall oder höhere Mächte. Die entsprechende Metaregel lautet: Der Zufall darf nicht manipuliert werden. Der Reiz des Spiels liegt in einem Risiko, dessen Ausgang nur bedingt kalkulierbar ist. Dafür muß der Spieler einen Einsatz leisten, den er „aufs Spiel setzt". In Organisationen ist dieses Spiel dort zu entdecken, wo die eigene Verantwortung an fremde Instanzen abgegeben wird – Beispiel:

Die finanziellen Mittel eines Jugendzentrums sollen durch Stadtratsbeschluß um 30% gekürzt werden. Die MitarbeiterInnen vor Ort unternehmen nichts dagegen und vertrauen darauf, daß die Forderung von ihren Vorgesetzten rückgängig gemacht wird. Als nichts geschieht, beschweren sich die SozialarbeiterInnen über die mangelnde Unterstützung durch die Jugendamtsleitung.

(c) *„Rollen-Spiele"* bedürfen eines Publikums, das beobachtet, kommentiert oder sich beteiligt. Die Akteure vollziehen eine Gratwanderung. Sie müssen in den Rollen aufgehen, ihre Identität wechseln, dürfen aber das Spiel nicht mit der Wirklichkeit verwechseln. Ihr Handeln folgt einem Drehbuch, das typisierte Charaktere und Lösungen beschreibt (z. B. Sündenbock, Außenseiter). Von dem Rollen-Spiel ausgeschlossen zu sein, bedeutet Verlust an Einfluß und im Extremfall Ausgrenzung – Beispiel:

Ein Mitarbeiter in einem Team wird auf die Rolle des Quertreibers festgelegt, obwohl seine manchmal etwas ungeschickt vorgetragenen Einwände ein zentrales Problem der Organisation ansprechen.

(d) *„Aussteiger-Spiele"* sind der Versuch, zumindestens kurzzeitig den Regeln, der Ordnung und der Selbstbeherrschung des Alltags zu entgehen. Sie haben eine Ventilfunktion, indem sie vorübergehend den aufgestauten Widerstand gegen Regeln und Vorschriften reduzieren. Bei ihnen werden klare zeitliche und örtliche Rahmenbedingungen des Aussteigens definiert und für diesen Zeitraum der Kontrollverlust akzeptiert – Beispiel:

Die MitarbeiterInnen eines Sozialamtes organisieren bei ihrem Betriebsausflug eine kaberettistische Einlage am Abend. In einem kleinen Theaterstück wird das bürokratische Verhalten eines Vorgesetzten spielerisch dargestellt.

Zur Analyse bzw. Gestaltung von Organisationen die Spiele-Metapher zu verwenden, hat folgenden *Vorteil:* Die Spiele-Metapher ermöglicht einen neuen Zugang zum Verständnis des Geschehens in Organisationen. Sie macht deutlich, wie unterschiedlich sich Formen von Macht-, Herrschafts- und Autoritätsbeziehungen in Organisationen entwickeln und verändern. Der Blick auf die formellen Aufbaustrukturen (siehe oben, S. 99 ff.) reicht nicht aus, um das tatsächliche Geschehen in Organisationen zu beschreiben und zu erklären. Organisationen sind viel lebendiger, als dies der Blick auf die starren Strukturen eines Organigramms vermuten läßt. Sie sind komplexer und aufregender, als dies mechanistische Konzepte von Organisationen unterstellen. Machtstrategien und Spiele sind dynamische Elemente in der

Mikropolitik einer Organisation. Durch sie werden die Strukturen von Organisationen täglich neu verändert. Der Umgang mit Macht und die Art der Spiele sind ein Indikator für das „Klima" in Organisationen. In den Spielen findet sich ein Hinweis auf die Organisationskultur und den Umgang mit Konflikten. Wie offen, flexibel und demokratisch Organisationen sind, erweist sich nicht in den Hochglanzbroschüren zur „Unternehmensphilosophie", sondern in dem organisatorischen Alltag und den dort praktizierten Formen des Umgangs mit Macht, insbesondere in den Formen der Konfliktbewältigung, auf die im folgenden Abschnitt näher eingegangen wird.

6.2. Konflikt und Konfliktbewältigung

Konflikte sind ein weiterer Bestandteil der Mikropolitik in Organisationen. Sie wurden lange Zeit als störend und dysfunktional für einen reibungslosen Ablauf in Organisationen betrachtet. Traditionelle Organisationstheorien sehen sie als unproduktive Begleiterscheinungen, deren Auftreten auf ein Minimum beschränkt werden sollte, um keine Arbeitskraft und zeitliche Ressourcen von den „eigentlichen" Aufgaben abzuziehen. Neuere Organisationstheorien betrachten Konflikte nicht mehr nur negativ. In allen Lebensbereichen des Menschen treten Konflikte auf, so auch in der Arbeitswelt. Sie sind das *Medium, in dem Machtstrategien* und *Spiele sich entfalten.* Wo Menschen aufeinandertreffen, gibt es Konflikte. Konflikte müssen nicht zwingend dysfunktional und störend sein. Sie machen auf Fehlentwicklungen in Organisationen aufmerksam und bieten die Chance, neue Formen des sozialen Umgangs zu entdecken und zu praktizieren.

Konflikte als Medium von Machtstrategien und Spielen

Es gibt unterschiedliche *Definitionen* des Begriffs „Konflikt". Die meisten heben ab auf eine Unvereinbarkeit von Zielen, Werten, Normen, Wünsche, Interessen, Erwartungen und Hoffnungen von MitarbeiterInnen in Organisationen.

(a) Beim intrapsychischen Konflikt sind die gegensätzlichen Elemente des Konflikts in einer Person im Widerstreit – Beispiel:

> Eine Sozialarbeiterin hat in einem Beratungsgespräch zu entscheiden, ob sie den helfenden oder den kontrollierenden Auftrag in den Vordergrund stellt.

(b) Beim interpsychischen oder sozialen Konflikt sind zwei oder mehrere Personen mit gegensätzlichen Interessen oder Zielen gezwungen, zu einer gemeinsamen Entscheidung zu kommen – Beispiel:

> In dem o. g. „Konflikt im Frauenhaus" muß eine Entscheidung über die Durchführung der Nachtschicht getroffen werden. Sozialarbeiterinnen und Vorstand verfolgen widersprechende Ziele.

Die Schwierigkeit in einem sozialen Konflikt besteht darin, daß die beteiligten Parteien von ihren Zielen und Interessen subjektiv überzeugt sind und den Konflikt aus ihrer subjektiven Perspektive wahrnehmen und beurteilen. Die subjektive Komponente nimmt Friedrich Glasl (1990, 14f.) in seine Definition auf, wenn er schreibt:

> Der Konflikt ist „eine Interaktion
> – zwischen Aktoren (Individuen, Gruppen, Organisationen usw.),
> – wobei wenigstens ein Aktor
> – Unvereinbarkeiten im Denken/Vorstellen/Wahrnehmen und/oder Fühlen und/oder Wollen
> – mit dem anderen Aktor (anderen Aktoren) in der Art erlebt,
> – daß im Realisieren eine Beeinträchtigung
> – durch einen anderen Aktor (die anderen Aktoren) erfolge".

Analyse von Konflikten

Karl Berkel (1984) unterscheidet *drei Herangehensweisen* zur Analyse von Konflikten in Organisationen: eine personenzentrierte (a), eine interaktionszentrierte (b) und eine strukturzentrierte (c) (siehe auch Abbildung 18):

(a) Aus einer *personenzentrierten Perspektive* sind die Ursachen des Konflikts primär in den Merkmalen der Person angesiedelt. Ungelöste persönliche Konflikte, unverarbeitete Konflikterfahrungen, eingeschränkte Bewältigungsformen der Konfliktbearbeitung und andere Faktoren bestimmen den Ablauf von und das Handeln in Konflikten.
(b) Aus einer *interaktionistischen Perspektive* sind die Ursachen eines Konflikts in den sozialen Beziehungen von MitarbeiterInnen zu suchen. Die soziale Dynamik und die Veränderung von Konflikten wird untersucht und als ein sich gegenseitig beeinflussendes Handeln von Akteuren begriffen. Die Suche eines Konfliktbeteiligten nach Bündnispartnern löst bei den andere Betroffenen u. U. Versuche aus, den Einfluß der Bündnispartner gering zu halten.
(c) Aus einer *strukturzentrierten Perspektive* sind die Ursachen eines Konflikts in den situativen Bedingungen zu suchen. Zu diesen gehö-

ren unter anderem die Erfahrungen im Umgang mit Konflikten, das praktizierte Führungsverhalten, die Verteilung von Weisungs- und Entscheidungsbefugnissen, die Organisationsgröße und die Art der Aufgaben. Diese Faktoren wirken wechselseitig auf den Konflikt ein und beeinflussen dessen Verlauf – Beispiel:

> In dem o. g. „Konflikt im Frauenhaus" herrscht bei den SozialarbeiterInnen die persönliche Einstellung vor, daß ohne Konflikte das tägliche Miteinander in dem Frauenhaus geregelt werden kann. Das tatsächliche Handeln weicht davon ab und zeigt eine eskalierende Dynamik des Konfliktverlaufs. Die formellen Entscheidungskompetenzen im Konflikt sind zwar benannt, sie werden aber nur halbherzig genutzt, so daß ein Machtvakuum entsteht.

Im folgenden werden *Möglichkeiten der Analyse von Konflikten in Organisationen* vorgestellt und nach Bewältigungsstrategien im Umgang mit Konflikten gesucht. Als einzelne Elemente stelle ich dazu vor: Eine interpretative Konflikttheorie und Mechanismen der Konfliktverstärkung und die Dynamik der Konflikteskalation (2) und Bewältigungsstrategien im Umgang mit Konflikten (3).

(1) Interpretative Konflikttheorie

integrierte Betrachtungsweise

In der neueren Konfliktforschung wird die personenorientierte, die interaktionsorientierte und die strukturorientierte Betrachtungsweise integriert (siehe Abbildung 18; stellvertretend dazu siehe: Berkel 1992; Eckert/Willems 1992; Glasl 1990). In diesen Theorien wird da-

Abbildung 18: Multiperspektivische Betrachtung von Konflikten

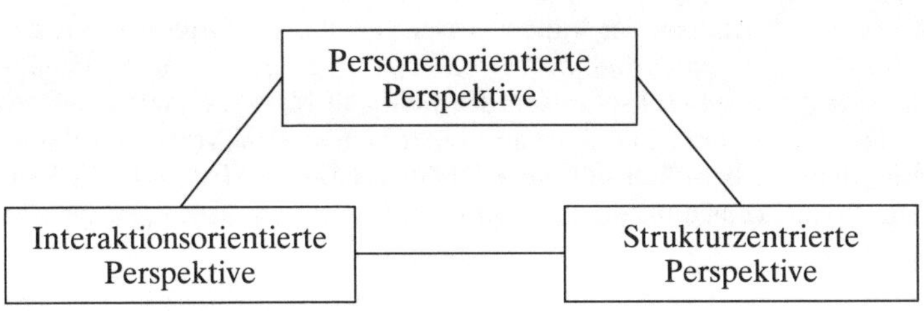

von ausgegangen, daß Organisationsmitglieder mit ihren persönlichen Wünschen, Motiven, Zielen, Einstellungen, Normen und Werten in Organisationen agieren. Sie treffen dort

(a) auf andere Organisationmitglieder mit je eigenen Motiven und Einstellungen und
(b) auf Regeln und Vorschriften, die das Verhalten kanalisieren und leiten sollen.

Die Regeln sind allgemeiner Natur und müssen von den Organisationsmitgliedern in der jeweiligen Situation neu ausgelegt werden. Dies erfolgt vor dem Hintergrund der persönlichen Erfahrungen und Einstellungen und unterscheidet sich je nach subjektiver Sichtweise der Beteiligten (siehe Abbildung 19). Das Ergebnis des Aushandelns sind neue, kollektiv verbindlichen Auslegungen der Regeln. Dieses Aushandeln wird dann konfliktträchtig, wenn die Auslegungen der Beteiligten sich widersprechen oder ausschließen. Bei der Suche nach den Ursachen hilft es wenig, danach zu fragen, ob die eine oder die andere Auslegung „richtig" ist. Viel wichtiger ist es, die subjektiven Wahrnehmungen und Auslegungenen der Konfliktbeteiligten bewußt zu machen. Dies gelingt dann, wenn die Beteiligten eines Konfliktes versuchen, sich *in die Rolle der anderen zu versetzen,* um so deren Handeln oder Absichten besser zu „verstehen". Die Fähigkeit, die Perspektive eines anderen zu verstehen, wird als „Empathie" bezeichnet. Empathie bedeutet, sich auf eine fremde Perspektive einzulassen und von diesem Bezugspunkt aus zu versuchen, den Sinn des Handelns von anderen zu rekonstruieren. Erforderlich ist dazu ein kognitiver Prozeß des „Nach-Denkens", der nicht mit emotionalem Mitgefühl gleichzusetzen ist – Beispiel:

> Einige Eltern einer Kindertagesstätte fordern die morgendliche Öffnungszeit um eine Stunde vorzuschieben. Die Verschiebung wird den beruflichen Anforderungen der Mütter besser gerecht. Die Mitarbeiterinnen der Einrichtung sehen darin eine Verschlechterung ihrer Arbeitsbedingungen. Ein Perspektivenwechsel macht deutlich, daß für beide Positionen „gute" Gründe anzuführen sind. Für die Mütter bedeutet die Vorverschiebung die Möglichkeit, beruflich mit einer Halbtagsstelle wieder „Tritt zu fassen". Die Erzieherinnen haben aber selbst Kinder, die in dieser Zeit unversorgt blieben.

Abbildung 19: Interpretative Konflikttheorie

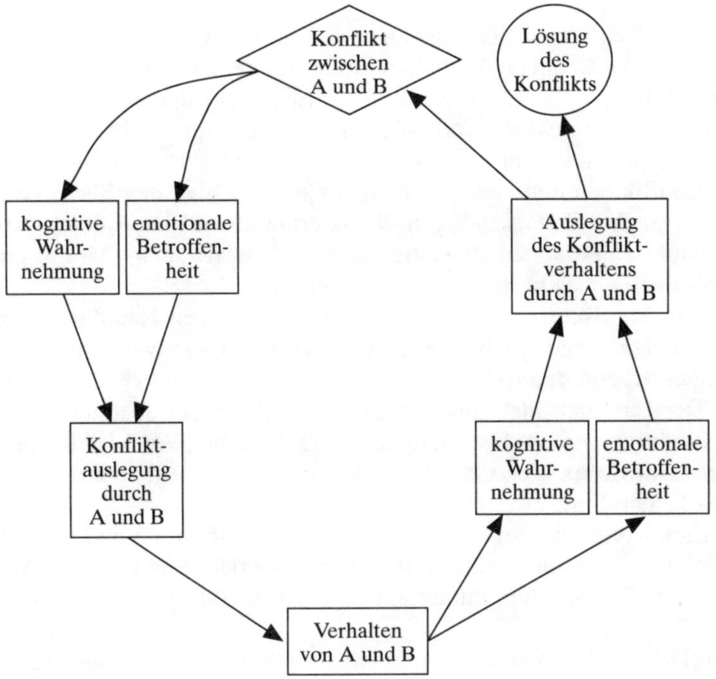

(2) Mechanismen der Konfliktverstärkung und Dynamik der Konflikteskalation

Eigendynamik und Phasenverlauf von Konflikten

Konflikte können in ihrem Verlauf eine Eigendynamik entwickeln, die ab einer entsprechenden Entwicklungsstufe von den Beteiligten selbst nur noch sehr schwer zu kontrollieren ist. Dieser zusätzliche Sprengstoff kann dazu beitragen, die Dynamik eines Konflikts noch zu verstärken (ausführlich siehe: Glasl 1990, 191 ff.). Solche *konfliktverstärkende Mechanismen* sind:

(a) Die Ursache des Konflikts wird durch die Konfliktparteien personalisiert und in dem Verhalten oder den persönlichen Einstellungen der anderen Beteiligten gesehen. Während für einen Außenstehenden

eine klare Ursachenzuschreibung nur selten auszumachen ist, ist dies im Bewußtsein der Kontrahenten völlig klar. Entsprechende Schuldzuschreibungen sind die Folge. (Motto: „Daß wir uns nicht einigen können, liegt an Person XY!")
(b) Die Konfliktparteien begegnen sich mit Mißtrauen. Sie nehmen nicht das tatsächliche Verhalten wahr, sondern unterstellen Motive und Absichten. Die (negativ) geprägte Erwartungshaltung führt dazu, daß das vorhergesagte Verhalten tatsächlich eintritt. (Motto: „Hab' ich doch schon immer gewußt!")
(c) Konfliktbeteiligte verallgemeinern in der Folge des Konfliktverlaufs einzelne Enttäuschungen. Scheitert ein Konfliktausgleich, wird dies auf den gesamten Bewältigungsprozeß übertragen. (Motto: „Ich hab's doch versucht. Es hat keinen Sinn!")
(d) Die Konfliktparteien führen einen übermäßigen Handlungs- und Zeitdruck an, wenn nicht alle Aspekte berücksichtigt werden. (Motto: „Augen zu und durch!")
(e) Der Eindruck, daß die eigenen Interessen nicht ausreichend berücksichtigt werden, löst Gefühle der Ohnmacht, Wut oder Resignation aus. (Motto: „Jetzt laß' ich jede Rücksicht fallen!" oder: „Es hat alles keinen Sinn!")
(f) Eine Konfliktpartei klagt die Gruppensolidarität ein und wer sich ihr nicht verschreibt, wird zum Außenseiter oder Sündenbock (Motto: „Der XY hat schon immer alles mies gemacht!")

Konflikte sind dynamisch und nehmen dabei vielfach einen *phasenhaften Verlauf* an. Friedrich Glasl (1990, 215–286) ist einer der Autoren, der die „Eskalationsdynamik" von Konflikten besonders anschaulich und differenziert untersucht und herausgearbeitet hat. Er unterscheidet ingesamt neun Schritte des Konfliktverlaufs. Sie sind in *drei Hauptphasen* mit jeweils drei Stufen untergliedert (siehe Abbildung 20). Der Wechsel zwischen den Stufen ist durch das Überschreiten von „Wendepunkten" markiert. Wendepunkte sind Verhaltensweisen sowie verbale und/oder nonverbale Äußerungen, die von allen Beteiligten als das Verletzen einer Grenze wahrgenommen werden. Das stillschweigende Übereinkommen der Konfliktparteien wird durch das Überschreiten der Schwelle aufgekündigt und führt zu einer neuen Stufe der Eskalation im Konflikt. Ist ein Wendepunkt überschritten, so gelingt es nur noch sehr schwer eine Konfliktsteigerung zu vermeiden und zu dem ursprünglichen Konfliktniveau zurückzukehren. Trotzdem darf die Eskalationsdynamik nicht als zwingende Gesetzmäßigkeit angesehen werden. Andererseits trifft es zu, daß es für die Beteiligten um so schwieriger wird, ohne fremde Hilfe den Konflikt zu bewältigen, je weiter der Konfliktverlauf fortgeschritten ist.

Abbildung 20: Stufen der Konflikteskalation

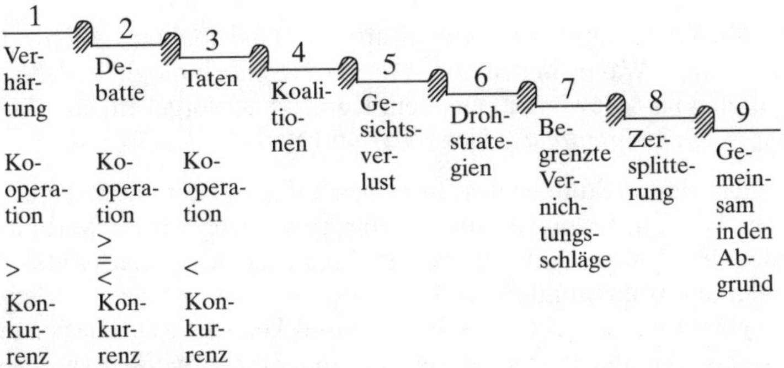

(Quelle: Glasl 1990)

(a) Die erste Stufe des Konfliktverlaufs unterscheidet sich noch nicht wesentlich von einer alltäglichen Situation. Anstatt revidierbarer Meinungen werden Standpunkte ausgetauscht. Die Beteiligten haben einen Teil ihrer Offenheit eingebüßt. Der Blick schärft sich für das Trennende, was zu Sympathiegruppenbildung und Rollenzuweisung führt. Trotz dieser ersten Anzeichen einer Verhärtung sind die Konfliktpartner bereit, durch rationale Argumentation die Spannungen abzubauen.

(b) Gelingt dies nicht, wird die zweite Stufe erreicht. Die Haltungen werden unnachgiebiger und die Konfrontation wird härter. Auf der Ebene der Einstellungen setzt sich eine ambivalente Haltung durch. Die Beteiligten schwanken zwischen Kooperation und Konkurrenz. Gefühle des Mißtrauens tauchen erstmalig auf, die Rollenzuschreibungen gleichen klischeeartigen Bildern. Während in einer späteren Stufe die Klischees auf die ganze Person übertragen werden, sind sie in der Stufe zwei auf einzelne Segmente der Person bezogen. Die Konfliktpartner sind noch bereit, den Konflikt verbal zu lösen.

(c) In der dritten Stufe gewinnt das Konkurrenzdenken Vorrang gegenüber der Kooperation. Die Neigung, nachzugeben, wird von der Ge-

genpartei erwartet, selbst ist man dazu immer weniger bereit. Die Fähigkeit, die Absichten und Gedanken der anderen Partei nachzuvollziehen, nimmt ab. Es kommt zu einer verzerrten Wahrnehmung der Beteiligten und zu wechselseitiger Unterstellung von negativen Absichten. Die Parteien werden sensibel für die „Zwischentöne" der Kommunikation. Alle erhoffen sich weniger von einer verbalen Konfliktbewältigung und fordern statt dessen aktives Handeln und Taten.

Mit dem Wendepunkt zur vierten Stufe wird eine qualitative Schwelle überschritten. War es in den ersten drei Stufen noch möglich, daß alle Beteiligten als „Gewinner" aus dem Konflikt hervorgehen, so gibt es in der *zweiten Hauptphase* Gewinner und Verlierer.

(d) In der vierten Stufe ist das Bestreben auf Sieg oder Niederlage gerichtet. Die Einstellungen sind starrer geworden und im Verhalten werden feindselige und aggressive Züge erkennbar. Differenzierte Formen der Wahrnehmung und der Interpretation weichen in dieser Stufe einem vereinfachten „Schwarz-Weiß-Denken". Die bisher nur auf Teilaspekte der Person bezogenen Stereotypen werden zu einem geschlossenen Gesamtbild verdichtet. Dies geht mit einer Überhöhung des eigenen Selbstbildes und mit einer Abwertung des Feindbildes einher. Die Konfliktparteien haben wechselseitig vorgefaßte Meinungen voneinander, die sich in der jeweiligen Wahrnehmung bestätigen. Das eigene Verhalten wird als Reaktion auf das Verhalten der anderen Konfliktpartei gesehen und damit gerechtfertigt. In der vierten Phase wird zwar auch schon versucht, den Konfliktgegner bloßzustellen, dies bezieht sich aber in erster Linie auf einzelne Fähigkeiten.
(e) In der fünften Phase zielt die Bloßstellung auf die ganze Person. Es entsteht ein neues Bild von den Konfliktgegnern, das deren moralische Glaubwürdigkeit in Frage stellt. Um dies zu belegen, wird gegenseitig der „wahre Charakter" entlarvt. Die gesamte Person des „Feindes" wird in einem negativen Licht gezeichnet, während man von der Arglosigkeit des eigenen Handelns überzeugt ist.
(f) In der sechsten Phase werden Drohhandlungen eingesetzt. In einer abgestuften Form kommen Drohgebärden, entschlossene Drohungen und ultimative Drohungen zum Einsatz. Sie sind aber nur dann erfolgreich, wenn glaubhaft gemacht werden kann, daß die Drohungen auch verwirklicht werden können. Gelingt dies nicht, werden sie als Schwäche des Gegners ausgelegt. Während sich in der Folge der einzelnen Stufen die kognitiven Wahrnehmungsmuster zusehends veren-

gen, weiten sich die Konfliktthemen aus und mehrere Personen (auch externe Konfliktparteien) werden in den Konflikt einbezogen.

Mit dem Überschreiten der Schwelle von der sechsten zur siebten Stufe wird die *dritte Hauptphase* der Konflikteskalation erreicht. In den folgenden Stufen gibt es keine Gewinner mehr, sondern nur noch Verlierer.

(g) In der siebten Stufe soll dem Gegner gezielt Schaden zugefügt werden.
(h) In der achten Stufe wird versucht, die Macht- und Existenzgrundlagen des Gegners zu zerstören.
(i) Die Zerstörung des Gegners auch um den Preis der Selbstvernichtung stellt die neunte Eskalationsstufe dar.

(3) Bewältigungsstrategien im Umgang mit Konflikten / Konfliktbewältigung

Strategien der Konfliktbewältigung

Die Möglichkeit der Konfliktbewältigung hängt von der Eskalationsstufe des Konfliktes ab. Friedrich Glasl (1990, 360–432) hat eine Fülle von Interventionsvorschlägen gemacht, die der jeweiligen Stufe der Konfliktentwicklung angemessen sind. Als vorbeugende Strategie der Konfliktbewältigung sind folgende Aspekte von grundlegender Bedeutung (siehe auch: Berkel 1992, 51ff.):

(a) Der soziale Konflikt hat seinen Ausgangspunkt in der Person der beteiligten Konfliktpartner. Die Reflexion des eigenen Denkens und Fühlens ist eine Voraussetzung, um die eigene Perspektive und Position nicht absolut zu setzen. Sie schützt außerdem vor der Vernachlässigung des kognitiven oder des emotionalen Aspekts. Zur Reflexion des eigenen Denkens und Fühlens gehört auch die Erkundung der eigenen Einstellungen zum Konflikt.
(b) Mißtrauen ist ein Nährboden für die Konflikteskalation. Vertrauensbildende Maßnahmen können dazu beitragen, das Mißtrauen gering zu halten. Vertrauen kann dadurch geschaffen werden, daß eine Person ihre Befürchtungen und Erwartungen offenlegt, aber auch dadurch, daß Blößen und Schwächen des Gegners nicht zum eigenen Vorteil genutzt werden.
(c) Um Vertrauen zu erhalten, sollten Konfliktsituationen offen gestaltet werden. Dazu gehört, daß Überlegungen zur Wahl des Ortes und der zur Verfügung stehenden Zeit angestellt werden oder bei Bedarf

eine neutrale „Dritte Partei“ hinzugezogen wird. Offenheit bedeutet aber auch, die Wahrnehmungen, Gefühle und Interpretationen aller Beteiligten ernst zu nehmen, sowie die Bereitschaft, eigene Einstellungen zu überprüfen.

(d) Die Bedeutung der Empathie, also der Fähigkeit, die Absichten und Wünsche von anderen nachvollziehen zu können, wurde mehrfach herausgestellt. Der bewußte Einsatz von Techniken des Rollenwechsels (etwa in Form von Rollenspielen) beugt einer reduzierten Fähigkeit zum Perspektivenwechsel vor.

(e) Konflikte haben neben der persönlichen in aller Regel auch eine sachliche Seite. Hier gilt es so klar wie möglich die Konfliktthemen und -gegenstände herauszuarbeiten, sie zu gewichten und nach tragbaren Lösungen zu suchen. Um einen hohen Grad an Verbindlichkeit für die Lösung zu erreichen, sollte die Einigung festgehalten werden. Die getroffenen Vereinbarungen können bei einem erneuten Auftreten des Konfliktes zur Grundlage der sachlichen Auseinandersetzung gemacht werden.

6.3. Materialien/Dokumente, Literatur

6.3.1. Konflikt als Kampf, Spiel und Debatte

Ein Konflikt kann in der Form des Kampfes, des Spiels oder der Debatte ausgetragen werden. Karl Berkel (1990, 16) nimmt diese Unterscheidung von Rapaport (1976) auf, charakterisiert die jeweilige Konfliktform und illustriert sie an Beispielen:

	Konflikt als	
Kampf	Spiel	Debatte
Der Gegner soll persönlich getroffen werden: verletzt, unterdrückt, geschädigt, vertrieben, vernichtet. Dazu ist jedes Mittel recht: Einschüchterung, Drohung, Zwangsmaßnahmen, schließlich auch Gewalt.	Der Gegner soll besiegt werden. Im Unterschied zum Kampf sind aber nicht alle Mittel gerechtfertigt. Es gelten vielmehr vereinbarte Regeln („Spielregeln"), denen sich die Konfliktparteien unterwerfen.	Der Gegner soll weder beschädigt noch besiegt, sondern überzeugt werden. Die Debatte wird mit Worten geführt, nicht mit Waffen oder Spielzügen. Dazu steht den Debattanten ein reichhaltiges Arsenal von Einflußtaktiken und -strategien zur Verfügung.
Ein Konflikt nimmt dann die Form eines Kampfes an, wenn der Gegner als Ursache angesehen wird. Schon seine Person allein ruft Widerwillen, Ablehnung und Feindseligkeit hervor.	Ein Spiel lebt davon, daß die Gegner möglichst gleich stark sind; ungleiche Gegner machen ein Spiel zur Farce.	Eine Debatte ist nur dann sinnvoll, wenn es eine richtige (und wahre) Meinung gibt, der Gegner aber nicht hinreichend informiert ist oder unzutreffende Maßstäbe anlegt.
Der Kampf ist dann entschieden, wenn der Gegner ausgeschaltet ist.	Das Spiel endet, wenn für alle offenkundig ist, wer gewonnen hat.	Die Debatte ist beendet, wenn eine Seite die Argumentation der anderen übernimmt.
	Beispiele	
Zwei Kollegen haben tiefsitzende Abneigungen gegeneinander. Sie steigern sie allmählich bis zu dem Punkt, wo jeder sich darauf versteift: entweder geht der oder ich!	Zwei Kollegen rivalisieren um die Gunst ihres Vorgesetzten. Jeder sucht den anderen durch erlaubte „Spielzüge"(Besprechungstermine, Tagesordnungspunkte, Notfälle, Selbstdarstellungen usw.) zu übertreffen und aus dem Rennen zu werfen.	Zwei Kollegen können sich bei einer gemeinsamen Aufgabe nicht einigen. In langen Gesprächen suchen sie sich gegenseitig zu überzeugen, daß die eigene Position begründet, die des anderen dagegen unbegründet ist.

6.3.2. Typologie von Konfliktursachen in Organisationen

Friedrich Fürstenberg (1964, 129) unterscheidet drei Ebenen von Konfliktursachen: die Ebene der institutionellen Rahmenordnung, die Ebene des sozialen Interaktionsgefüges und die Ebene des Individuums. Jede dieser Ebenen kann Konflikte auslösen. Fürstenberg kombiniert die drei Ebenen miteinander und erhält so neun Felder unterschiedlicher Konfliktursachen in Organisationen.

	Beeinflussender Sektor der Sozialstruktur		
Entstehungssektor	Institutionelle Rahmenordnung	Soziales Interaktionsgefüge	Individuum
Institutionelle Rahmenordnung	Widersprüche in der Organisation, z. B. Kompetenzstreitigkeiten	Kommunikationsprobleme („Abteilungszäune“) Mangelnde Kontaktmöglichkeiten Mißachtung sozialer Tatbestände durch einseitig technisch-ökonomische Orientierung	Loyalitätsprobleme Normenkonflikte Übermäßiger „Betriebszwang“ oder zu wenig bzw. unklare Anweisungen
Soziales Interaktionsgefüge	Spannungen zwischen formalen und informalen Verhaltensnormen Spannungen zwischen Gruppenzielen und Betriebsziel Widerstand gegen Betriebsordnung	Gruppenrivalitäten Spannungen zwischen Interessengruppen	Rollenkonflikte Spannungen zwischen formalen und informalen Verhaltensanforderungen
Individuum	Anpassungsprobleme durch vorgeprägte Werthaltungen, Motivationsstrukturen, soziale Vorurteile (z. B. Mißachtung von Vorschriften)	Anpassungsprobleme durch Verhaltensabweichungen und soziale Vorurteile (z. B. soziale Isolierung)	Persönliche Rivalität, persönliche Feindschaft, persönliche Abwehrhaltungen auf der Grundlage sozialer Vorurteile

6.3.3. Strategien der Konfliktbewältigung

Klaus Berkel (1990, 46) unterscheidet zwei verschiedene Strategien, mit denen Menschen in Konflikten agieren: Die Pokerstrategie leitet sich aus der Überzeugung ab, daß es in jedem Konflikt Sieger und Verlierer geben muß; also gilt es, sich auf Kosten der anderen Partei durchzusetzen, um selber zu gewinnen. Die Problemlösungsstrategie leitet sich aus der Überzeugung ab, daß jeder Konflikt ein Problem darstellt, das grundsätzlich lösbar ist und dessen gemeinsame Lösung beiden Seiten Vorteile bringt. In der

Problemlösungs-Strategie	Poker-Strategie
Definition	
Ich betrachte den Konflikt als unser gemeinsames Problem	Ich gehe davon aus, daß einer sich im Konflikt durchsetzen muß. Das möchte ich sein.
Absichten	
Ich kenne meine Wünsche, Interessen und Ziele und habe vor, sie unmißverständlich offenzulegen.	Ich kenne zwar meine Wünsche, Interessen und Ziele, aber ich werde mich hüten, sie offen zu zeigen: entweder schweige ich mich aus oder stelle sie verzerrt dar.
Ich suche nach einer Lösung, die uns beide zufriedenstellt.	Ich werde alles daran setzen, dem anderen meine Position aufzuzwingen.
Ich möchte gemeinsame Ziele verfolgen	Ich will meine eigenen Ziele verfolgen.
Verhalten	
Ich suche Machtunterschiede auszugleichen, indem ich – hervorhebe, wie wichtig es ist, daß wir zu einer gemeinsamen Lösung kommen, – betone, daß wir beide aufeinander angewiesen sind.	Ich suche Machtunterschiede bewußt herauszustreichen, indem ich – gleich zu Beginn feststelle, daß es gänzlich unerheblich ist, ob wir zu einer gemeinsamen Lösung kommen, – hervorhebe, daß ich vom anderen in keiner Weise abhängig bin.
Ich stelle zu Beginn meine Gefühle, Interessen, Absichten und Positionen offen und unverfälscht dar.	Ich lasse zu Beginn den anderen im unklaren über meine Gefühle, Interessen, Absichten und Positionen; ich halte mich zurück und „lasse ihn kommen“.
Während der andere spricht, versuche ich, mich in ihn hineinzuversetzen.	Ich vermeide es, mich in die Lage des anderen hineinzuversetzen; das „psychologisiert“ nur den Konflikt.
Weder locke ich mit Versprechungen noch verunsichere ich mit Drohungen.	Anfangs lasse ich Versprechungen durchblicken; wenn der andere aber nicht nachgeben will, drohe ich ganz unverhüllt.

(Fortsetzung S. 174)

Problemlösungs-Strategie	Poker-Strategie
Negative Gefühle drücke ich so aus, daß sie nicht verletzen.	Negative Gefühle bringe ich scharf zum Ausdruck, auch wenn sie verletzen.
Heftige Gefühle (Zorn, Ungeduld) gebe ich temperamentvoll wieder (= heißer Konflikt).	Heftige Gefühle halte ich zurück, aber ich nehme mir vor, sie zu einem späteren Zeitpunkt in gezielten Bemerkungen „heimzuzahlen" (= kalter Konflikt).
Ich gebe zu verstehen, daß meine Position flexibel ist.	Ich gebe unmißverständlich zu erkennen, daß ich von meiner Position nicht abrücken kann und werde.
Ich zeige mich kooperativ, um eine kooperative Beziehung herzustellen oder zu stabilisieren.	Ich zeige mich kooperativ, um die Kooperationsbereitschaft des anderen zum Durchsetzen meiner Ziele auszunutzen.

6.3.4. Literatur

Berkel, K. (1984): Konfliktforschung und Konfliktbewältigung. Ein organisationspsychologischer Ansatz. Berlin

Im ersten Teil des Buches werden die theoretischen Grundlagen für eine sozialwissenschaftliche Konfliktforschung ausführlich dargestellt. Im zweiten Teil werden die Ergebnisse auf Konflikte in Organisationen übertragen und diese aus einer personenzentrierten, einer interaktionszentrierten und einer strukturzentrierten Konfliktperspektive untersucht. In erster Linie für theoretisch interessierte LeserInnen geeignet.

Glasl, F. (1990): Konfliktmanagement. Ein Handbuch zur Diagnose und Behandlung von Konflikten für Organisationen und ihre Berater. Bern und Stuttgart, 2. Auflage

Das Buch kann bereits heute zu den Standardwerken des Konfliktmanagments gezählt werden. Vor dem Hintergrund einer langjährigen praktischen Erfahrung aus der Organisationsentwicklung und mit einem differenzierten theoretischen Wissen entwickelt der Autor eine Typologie von Konflikten und stellt verschiedene diagnostische Methoden zur Konflikterfassung vor. Im Kern steht ein Stufenmodell der Eskalation von Konflikten, dem umfangreiche Methoden der Konfliktbehandlung zugeordnet werden.

Neuberger, O. (1995): Mikropolitik: der alltägliche Aufbau und Einsatz von Macht in Organisationen. Stuttgart

Eine grundlegende Darstellung der sozialwissenschaftlichen Theorien und Befunde zum Thema Macht und Spiele in Organisationen.

6.4. ÜBUNGSFRAGEN

(a) Verständnisfragen

(1) Was wird mit dem Begriff „Mikropolitik in Organisationen“ bezeichnet? Durch welche Elemente ist sie gekennzeichnet?
(2) Beschreiben Sie den Unterschied von Macht, Herrschaft und Autorität.
(3) Was bedeutet die Aussage: „Macht ist eine Eigenschaft der sozialen Beziehung!“ Welche Konsequenzen ergeben sich aus dieser Aussage für den Umgang mit Macht?
(4) Benennen Sie die Grundlagen von Macht und illustrieren Sie diese an selbstgewählten Beispielen.
(5) Welche Möglichkeiten eröffnet der Begriff „Spiel“ für die Organisationsanalyse?
(6) Erläutern Sie, wie in der interpretativen Konflikttheorie die Ursache der Konfliktdynamik gesehen wird.
(7) Welche Mechanismen können eine konstruktive Konfliktbewältigung behindern?
(8) Die Eskalationsstufen des Konflikts bei Friedrich Glasl werden als eine zunehmende Verengung der Wahrnehmungsperspektiven bei den Beteiligten beschrieben. Erläutern Sie diese Aussage.

(b) Vertiefungsfragen

(1) Lesen Sie sich bitte den o.g. „Konflikt im Frauenhaus“ noch einmal durch. Versuchen Sie nun den Konflikt mit den theoretischen Grundlagen aus diesem Kapitel und dem Material 6.3.2. zu analysieren. Welche Vorgehensweise hätten Sie dem Vorstand vorggeschlagen:
(a) zu Beginn des Konflikts;
(b) in der Phase, als die Nachbarinnen sich beschwerten?
(2) Erläutern Sie die Unterschiede zwischen den Konfliktformen Kampf, Spiele und Debatte an eigenen Konflikterfahrungen in Organisationen (siehe Material 6.3.1.).
(3) Überlegen Sie, wie ihre eigene Einstellung und ihre eigene Erfahrung im Umgang mit Macht ist. Vergleichen Sie Ihre eigenen Machtstrategien mit den im Text und in den Materialien 6.3.1. und 6.3.3. vorgestellten Strategien.

7. Organisation und Umwelt

Die Dynamik von Organisationen wurde bisher vorwiegend aus dem Blickwinkel des internen Organisationsgeschehens betrachtet. An einigen Stellen des Buches gibt es zwar Hinweise, daß Organisationen offene soziale Systeme sind und im Austausch mit ihrer Umwelt stehen (siehe insbesondere S. 47 ff. und S. 58 ff.); eine ausführliche Bearbeitung des Themas erfolgte allerdings noch nicht. Diese Lücke wird nun geschlossen. In der Organisationstheorie wird das Verhältnis von Organisation und Umwelt unter zwei Vorgaben untersucht: Organisationen müssen sich einerseits an die Bedingungen der Umwelt anpassen, andererseits müssen sie die Umwelt auch verändern und gestalten. In dem folgenden Kapitel werden

Gliederung des Kapitels

(a) Organisationstheorien vorgestellt, die ausdrücklich auf das *Verhältnis von Organisationen zu ihrer Umwelt* Bezug nehmen und verschiedene Ebenen der Umwelt von Organisationen im Sozialbereich beschrieben (Abschnitt 7.1.);
(b) eine Strategie des Handels vorgestellt, die darauf gerichtet ist, die *Politikfähigkeit von Mitgliedern in Organisationen* des Sozialbereichs zu unterstützen und zu verbessern (Abschnitt 7.2.).

7.1. Abgrenzung und Offenheit

Zum Verhältnis von Organisation und Umwelt

Die Grundlage für die Untersuchung des Verhältnisses von Organisation und Umwelt sind systemische Organisationstheorien (siehe oben, S. 57 ff.). Mit deren Hilfe kann verdeutlicht werden, daß Organisationen *zwei verschiedene Aufgaben im Verhältnis zur Umwelt zu bewältigen* haben. Sie müssen sich gegenüber ihrer Umwelt abgrenzen, um nicht allen Einflüssen unkontrolliert ausgeliefert zu sein und ihre Unverwechselbarkeit zu behaupten (1) und sich gegenüber den Einflüssen der Umwelt öffnen, um ihre Aufgabenerledigung veränderten Umweltbedingungen anzupassen (2).

(1) *Abgrenzung:* Die Grenzziehung zwischen Organisation und Umwelt erfolgt über die Formulierung von gemeinsam vereinbarten Organisationszielen, die sich auf das Besondere der Organisation bezie-

hen. Die Leitideen geben den Rahmen für ein spezifisches Organisationsprofil ab, mit dem die Organisation von anderen unterschieden werden kann. Das eigenständige Profil einer Organisation im internen Umgang der MitarbeiterInnen und in der externen Darstellung gegenüber der Öffentlichkeit wird als „Corporate Identity" bezeichnet (siehe Material 7.3.1., S. 190 ff.). In Anlehnung an Klaus Birkigt, Marinus Stadler und Hans-Joachim Funk (1988, 23) definiere ich Corporate Identity als die geplante Selbstdarstellung einer Organisation nach innen und außen auf der Basis einer festgelegten Unternehmensphilosophie, langfristigen Organisationszielen und eines definierten Images. Corporate Identity umfaßt also mehr als ein auffälliges Organisations-Logo oder eine geschickte Öffentlichkeitsarbeit: der interne Umgang der MitarbeiterInnen in einer Organisation, das zugrundegelegte Menschenbild, das Verhalten von Führungskräften, der Umgang mit Personen aus anderen Organisationen, das Erscheinungsbild in der Öffentlichkeit und die Einstellungen gegenüber den AdressatInnen der Organisation sollen aufeinander abgestimmt sein und ein einheitliches Leitbild verdeutlichen.
(2) *Offenheit:* Organisationen müssen sich gegenüber ihrer Umwelt öffnen, wenn sie auf Dauer überleben wollen. Eine Organisation, die sich zu stark gegenüber ihrer Umwelt abgrenzt, fehlt gewissermaßen die Feinabstimmung mit den äußeren Anforderungen. Es besteht die Gefahr, daß Veränderungen in der Umwelt nicht mehr ausreichend wahrgenommen und in das Organisationsgeschehen einbezogen werden (siehe auch Ausführungen S. 74 ff.). Die Offenheit gegenüber der Umwelt ist ein wichtiges Korrektiv gegen Starrheit und Verkrustung von Organisationen. Offenheit gegenüber Umwelteinflüssen ist jedoch nicht gleichzusetzen mit ziellosem Erneuerungswillen; sie setzt die Formulierung von klaren Organisationszielen und Leitideen voraus.

Zunächst (1) stelle ich verschiedene Theorien vor, die das Verhältnis von Organisationen zu ihrer Umwelt zum Thema haben, um dann (2) die verschiedenen Ebenen der Umwelt von Organisationen im Sozialbereich zu beschreiben.

(1) Organisation-Umwelt-Theorien

Das Verhältnis von Abgrenzung und Offenheit bzw. Anpassung und Gestaltung wird in verschiedenen Organisationstheorien untersucht.

Im zweiten Kapitel wurden bereits Organisationstheorien vorgestellt, die das Verhältnis Organisation-Umwelt berücksichtigen:

Situations- und Aushandlungstheorie

(a) Die Vertreter der Situationstheorie (siehe oben, S. 59) gehen davon aus, daß ein Zusammenhang zwischen den Bedingungen der Organisationsumwelt und der Struktur einer Organisation besteht;
(b) Karl Weick geht in seiner Aushandlungstheorie (siehe oben, S. 62) davon aus, daß die Anforderungen der Umwelt durch die Mitglieder von Organisationen selektiv wahrgenommen werden. In einem Aushandlungsprozeß, an dem die internen Organisationsmitglieder und externe Personen beteiligt sind, werden verbindliche Auslegungen vereinbart.

Ich stelle im folgenden zwei weitere Ansätze vor, die das Verhältnis von Organisation und Umwelt näher bestimmen:

Anpassungstheorie

(c) Die Anpassungstheorie (zur Vertiefung siehe: Aldrich/Pfeffer 1976): Diese hat ihre Ursprünge in biologischen Überlegungen zur natürliche Auslese. Ihre Vertreter wollen erklären, warum bestimmte Organisationen erfolgreich sind und überleben, während andere weniger erfolgreich sind oder sich wieder auflösen. Grundlegend für die Theorie ist die Annahme, daß Organisationen, die optimaler an ihre Umweltbedingungen angepaßt sind, Vorteile gegenüber weniger angepaßten besitzen. Diese Vorteile führen in einem Prozeß der natürlichen Auslese dazu, daß besser angepaßte Organisationen eine höhere Überlebenschance haben. Der *Prozeß der Auslese* erfolgt in *drei Phasen.* In der ersten Phase entsteht aufgrund neuer Umweltbedingungen eine Vielfalt von Organisationen. In der zweiten Phase erfolgt ein Anpassungsprozeß an Umweltbedingungen. Dieser gelingt von Organisation zu Organisation unterschiedlich. Die Folge ist, daß einige Organisationen erfolgreich überleben, während andere schließen müssen oder unter stark eingeschränkten Rahmenbedingungen weiterexistieren. In der dritte Phase werden erfolgreiche Organisationsformen bei Neugründungen nachgeahmt und geringfügig verändert. Dies führt wieder zu einer unterschiedlich optimalen Anpassung an Umweltbedingungen und der Prozeß beginnt von vorne – Beispiel:

In den siebziger und achtziger Jahren entstanden in der Sozialen Arbeit eine Reihe von „alternativen" Organisationen. Innovative und meist kleine Einrichtungen entstanden, wie etwa Initiativen zur Hausaufgabenbetreuung, Ausländerinitiativen, Frauenhäuser, Mütterzentren, Sozialstationen.

Einige dieser Organisationen haben es geschafft, bis heute zu überleben und ihre Existenz zu stabilisieren; andere sind nach kurzer Zeit wieder verschwunden. Ein ähnlicher Prozeß kann gegenwärtig bei der Gründung von privatwirtschaftlichen Organisationen im Sozialbereich beobachtet werden.

Ressourcentheorie

(d) Die Ressourcentheorie (zur Vertiefung siehe: Pfeffer/Salancik 1974): Die Vertreter dieser Theorie betonen die *aktive Rolle von Organisationen* im Austausch mit ihrer Umwelt. Organisationen sind, um überleben zu können, auf Ressourcen ihrer Umwelt angewiesen. Die Ressourcen von Organisationen des Sozialbereichs sind unter anderem: finanzielle Mittel, technische Ausstattung, Räumlichkeiten, technische Möglichkeiten der Bürokommunikation, qualifizierte Arbeitskräfte, Verbindungsnetze zu anderen Organisationen, Unterstützung durch Personen und Gruppen in der Öffentlichkeit, Fachkräfte, die methodisch ausgebildet sind für Ressourcenerschließung und -einsatz. Die Vertreter der Ressourcentheorie erklären den Erfolg und das Überleben von Organisationen damit, daß es den Mitgliedern in einigen Organisationen besser als in anderen gelingt, aktiv auf Umweltanforderungen zu reagieren und damit für ihre Arbeit und ihren Fortbestand günstigere Bedingungen zu schaffen. Die Verantwortung für die Koordination von Ressourcen haben spezielle Fachkräfte oder Leitungskräfte. Deren Aufgabe ist es, dafür zu sorgen, daß die Ressourcen in der für die Organisation angemessenen Form zur Verfügung stehen (Ressourcenarbeiter) und gleichzeitig die Abhängigkeit von Ressourceninstanzen möglichst gering gehalten wird (siehe auch entsprechende Ansätze in der Sozialen Arbeit wie Netzwerkansatz, Case-Management; dazu: Wendt 1991).
Die Ressourcentheorie hebt das aktive Handeln von Organisationsmitgliedern in bezug auf die Organisationsumwelt hervor. Umweltbezogene Strategien des Handelns in Organisationen des Sozialbereichs sind darauf gerichtet, einerseits die Lebensbedingungen von AdressatInnen zu verbessern und andererseits die Rahmenbedingungen der eigenen Organisation. Zwei Strategien, in denen beide Aspekte jeweils zum Tragen kommen, werden im folgenden kurz dargestellt:

Einmischungsstrategie: Ingrid Mielenz hat einen Ansatz entwickelt, den sie „Einmischungsstrategie" (Mielenz 1981) nennt (zur Weiterentwicklung im Empowerment-Konzept siehe unten, S. 183). Als Aufgabe der Sozialen Arbeit wird darin die aktive Gestaltung der lokalen

Lebensbedingungen von AdressatInnen formuliert. Dazu gehören unter anderem bessere Wohnbedingungen und eine bessere infrastrukturelle Versorgung im Stadtteil, aber auch der Einsatz für benachteiligte Zielgruppen. Diese Ziele sind dann eher zu erreichen, wenn SozialarbeiterInnen sich in die Entscheidungen von (kommunal-)politischen Instanzen und anderen bedeutsamen Institutionen „einmischen" und versuchen, eine Beeinflussung im Sinne ihrer Adressaten herbeizuführen.

Öffentlichkeitsarbeit: Eine weitere Strategie, die eine aktive Beeinflussung der Organisationsumwelt anstrebt, ist die Öffentlichkeitsarbeit. Sie ist in Organisationen des Sozialbereichs ein „bewußtes, geplantes und dauerndes Bemühen, für die sozialen Belange Verständnis und Vertrauen in der Öffentlichkeit aufzubauen und zu pflegen"(Thorun 1986, 609). Personen und Gruppen in der Öffentlichkeit werden über die speziellen Aufgaben der Organisationen im Sozialbereich informiert, um bei ihnen Einstellungen zu verändern und Unterstützung einzufordern. Öffentlichkeitsarbeit erschöpft sich nicht in werbewirksamen Broschüren, sondern hat als „Management von Kommunikationsprozessen" die Aufgabe, die Beziehung zu Personen und Gruppen im sozialen Umfeld bewußt zu gestalten (zur Öffentlichkeitsarbeit im sozialen Bereich siehe: Engelhardt 1993).

(2) Verschiedene Ebenen der Umwelt von Organisationen im Sozialbereich

verschiedene Ebenen der Umwelt von Organisationen

Die Organisationsumwelt umfaßt jene Bereiche, die nicht Teil der Organisation sind, mit ihr aber in Wechselwirkung stehen. Im folgenden beschreibe ich verschiedene Ebenen der Umwelt von Organisationen im Sozialbereich (siehe Abbildung 21).

Zur *Klassifizierung* der verschiedenen Ebenen schlage ich folgende Unterscheidung vor: Gesellschaftliche Rahmenbedingungen (a), kooperierende Organisationen (b) und AdressatInnen (c).

(a) *Gesellschaftliche Rahmenbedingungen:* Diese sind gesetzliche Grundlagen, politische Entscheidungsgremien und kulturelle Traditionen und Werte.

Durch gesetzliche Grundlagen werden allgemeine Ziele und Aufgaben der Organisationen im Sozialbereich formuliert sowie Vorgaben für das Handeln der Fachkräfte in diesen Organisationen festgelegt – Beispiel:

Abbildung 21: Umweltebenen von Organisationen im Sozialbereich

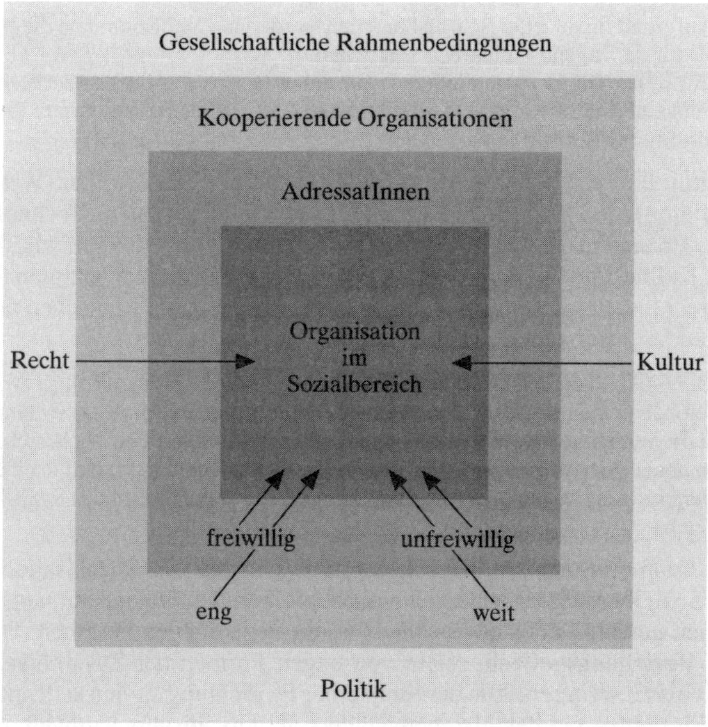

Das Kinder- und Jugendhilfegesetz (KJHG/SGB VII) formuliert unter anderem in § 1 als Erziehungsziel, die Jugendhilfe soll insbesondere „junge Menschen in ihrer individuellen und sozialen Entwicklung fördern und dazu beitragen, Benachteiligungen zu vermeiden oder abzubauen", und sie soll „dazu beitragen, positive Lebensbedingungen für junge Menschen und ihre Familien sowie eine kinder- und familienfreundliche Umwelt zu erhalten oder zu schaffen". In den §§ 11 bis 58 KJHG werden verschiedenste Aufgaben der Jugendhilfe genannt, auf die SozialarbeiterInnen ihr berufliches Handeln beziehen.

Politische Entscheidungsgremien entscheiden durch die Vergabe von finanziellen Mitteln über die tatsächliche Aufgabenwahrnehmung der Organisationen im Sozialbereich (zur politischen Steuerung von Organisationen des

Sozialbereichs siehe unten, S. 32 ff.). Freie Träger haben bei der Aufgabenbestimmung etwas mehr Spielraum als öffentliche, da sie über Eigenmittel verfügen, über deren Vergabe sie selbst entscheiden – Beispiele:

Aufgrund finanzieller Sparmaßnahmen werden in einer Kommune die Mittel für die Jugendsozialarbeit gestrichen.
Ein freier Träger entschließt sich für einen besseren als den gesetzlichen Personalschlüssel in einem Kindergarten. Den Differenzbetrag muß er allerdings selber voll finanzieren.

Kulturelle Traditionen umfassen die Gesamtheit der ideellen (Werte, Religion) und materiellen (Architektur, Organisationen, Technologie) Errungenschaften einer Gesellschaft. Wertvorstellungen, als Teil der Kultur, finden ihren Niederschlag unter anderem in Prinzipien der Gerechtigkeit oder in Leitideen über den Umgang der Menschen miteinander – Beispiel:

Die Einstellungen gegenüber einem geschlechtsspezifischen Rollenverhalten haben sich in westlich geprägten Kulturen in den letzten Jahrzehnten stark verändert. Diese Einstellungsänderungen finden ihren Niederschlag in neuen Arbeitsfeldern der Sozialen Arbeit (Mädchenarbeit) und in einem veränderten Umgang der MitarbeiterInnen in Organisationen des Sozialbereichs.

(b) *Kooperierende Organisationen:* Die Umwelt der Organisationen im Sozialbereich besteht auch aus kooperierenden Organisationen, zu denen gewollte oder ungewollte soziale Beziehungen bestehen. Dieses Beziehungsgeflecht reicht von engen Formen der Zusammenarbeit bis zu weiteren. Aus der Sicht einer Einrichtung stellen sich andere Einrichtungen des gleichen Trägers als Organisationsumwelt dar; darüber hinaus hat diese Einrichtung zu vielen anderen außerhalb des eigenen Trägers Kontakt – Beispiel für engere Umweltkontakte:

Die MitarbeiterInnen eines Jugendamtes pflegen Beziehungen zu Einrichtungen anderer Träger und treffen sich zum Austausch in arbeitsfeldspezifischen Arbeitskreisen.

Beispiel für weite Umweltkontakte:

Die MitarbeiterInnen eines Jugendzentrums arbeiten mit der Polizei, den Justizbehörden, der Schule, politischen Parteien, Bürgerinitiativen und Gremien des Stadtrates zusammen.

(c) *AdressatInnen:* Die Art der Zusammenarbeit zwischen den AdressatInnen und den MitarbeiterInnen der Organisationen im Sozialbereich kann unter verschiedenen Vorzeichen erfolgen (vertiefend dazu siehe: Kähler 1991, 26ff.). Der Kontakt zwischen SozialarbeiterInnen und AdressatInnen kann behördlich verordnet sein (Bewährungshilfe, Gerichtshilfe usw.). Das Bild der Organisationen im Sozialbereich ist bei diesen AdressatInnen dann eher durch Vorbehalte geprägt. AdressatInnen nehmen aber auch freiwillig Kontakt zu SozialarbeiterInnen auf (Partnerberatung, Erziehungsberatung usw.). Besteht dann noch dazu die Möglichkeit, daß AdressatInnen zwischen verschiedenen Einrichtungen wählen können, so dürfte das Bild der AdressatInnen gegenüber der Organisation eher wohlwollend geprägt sein – Beispiel für eine unfreiwillige Zusammenarbeit:

> Ein Jugendlicher wird in ein Heim eingewiesen und ist auf diese Einrichtung nicht gut zu sprechen.

Beispiel für eine freiwillige Zusammenarbeit:

> Eltern haben Schwierigkeiten mit der Erziehung ihres Sohnes. Am Ort gibt es Erziehungsberatungsstellen verschiedener Träger. Sie wählen diejenige aus, von der sie den „besten" Eindruck haben.

In diesem Abschnitt waren die Grundlagen des Verhältnisses von Umwelt und Organisation das Thema. Im folgenden Abschnitt stelle ich eine Strategie des Handelns vor, die von einer aktiven Gestaltung der Umwelt von Organisationen des Sozialbereichs ausgeht: Empowerment.

7.2. Empowerment: eine Strategie der Einmischung

aktive Gestaltung der Umwelt von Organisationen: Empowerment

Die VertreterInnen der Ressourcentheorie gehen von einer aktiven Gestaltung der Organisationsumwelt aus. Aktive, umweltorientierte Strategien des Handelns in Organisationen des Sozialbereich sind: die Einmischung in kommunalpolitische Entscheidungen, das aktive Aushandeln von Ressourcen und das Skandalisieren von sozialen Notsituationen von AdressatInnen der Sozialen Arbeit. In diesen Strategien wird die Verteilung von Macht und der Zugriff auf Ressourcen der Umwelt nicht als gegeben hingenommen, sondern durch geplante Eingriffe verändert. In dem „Empowerment-Konzept" – unter einem Konzept verstehe ich „ein Handlungsmodell, in welchem die Ziele, die Inhalte, die Methoden und die Verfahren in einen sinnhaften Zusammenhang gebracht sind". (Geißler/Hege 1988, 23) – wird die Idee der politischen Einmischung aufgegriffen und zu einem Programm des politischen Handelns ausformuliert. In den folgenden Ausführungen stelle ich das *Empowerment-Konzept* vor. Ich beschäftige mich mit der Herkunft des Konzepts, erläutere zentrale Ziele und Leitideen und begründe die Übernahme des Konzepts für ein Handeln in bezug auf die Organisationsumwelt (1), führe in theoretische Grundlagen des Modells ein (2) und beschreibe methodische Schritte und verschiedene Interventionsebenen (3).

(1) Herkunft, Ziele und Leitideen des Empowerment-Konzepts

verändertes professionelles Selbstverständnis

Das Empowerment-Konzept kommt ursprünglich aus dem angloamerikanischen Sprachraum (Kieffer 1984; Rappaport 1985 und 1987) und beschreibt dort ein neues Verständnis professionellen Handelns in der psychosozialen Arbeit: Den Ausgangspunkt des beruflichen Handelns von Fachkräften sozialer Berufe bilden nicht die Schwächen und Defizite ihrer AdressatInnen, sondern deren Stärken und positive Erfahrungen bei der Bewältigung sozialer Probleme. Diese positiven Erfahrungen sollen verstärkt und erweitert werden. Mit dem Empowerment-Konzept wird Abschied genommen von einem traditionellen AdressatInnenbild in der Sozialen Arbeit, das den einzelnen als hilfebedürftiges Wesen ansieht, das nur durch fremde Hilfe seine verschiedenen sozialen Probleme bewältigen kann. Die *neue Einstellung* der professionellen HelferInnen gegenüber den AdressatInnen soll von der Annahme ausgehen, daß Betroffene die Fähigkeit besitzen, die Bewältigung ihrer Probleme selber in die Hand zu nehmen. Die Aufgabe der Professionellen besteht darin, Rahmenbedingungen und Situationen zu schaffen, innerhalb derer die AdressatInnen die eigene Stärke und Handlungsfähigkeit erfahren können. Diese Lernerfahrung erfolgt nicht in künstlichen Situationen, sondern im Ernstfall des Alltags. Der Ausweg aus der „erlernten Hilflosigkeit" (Seligman 1979) wird unter anderem erfolgreich in vielen Selbsthilfegruppen praktiziert, in denen Betroffene sich zusammengeschlossen haben, um ihre Probleme gemeinsam mit anderen zu bearbeiten.
Die *Ziele* im Empowerment-Konzept sind: die soziale und gesellschaftliche Macht gerechter zu verteilen, die individuelle und soziale Kontrolle über die Verfügung von Ressourcen zu gewinnen und Kompetenzen zu erwerben, um sich kritisch mit den sozialen und politi-

schen Verhältnissen des eigenen Lebensraums auseinandersetzen zu können. Der gemeinsame Bezugspunkt dieser Ziele ist die (Wieder-)Gewinnung der Kontrolle über das eigene Leben und über das soziale Umfeld, also die Fähigkeit, das soziale und politische Handeln selbst zu bestimmen. Die Ziele des Empowerments haben drei Dimensionen: Es sollen erstens individuelle Einstellungen, Haltungen und Kompetenzen verändert und verbessert werden, zweitens soziale Beziehungen neu gestaltet und drittens strukturelle Rahmenbedingungen verändert werden.

Empowerment ist ein Konzept für eine neue Haltung von Professionellen gegenüber ihren AdressatInnen mit dazugehörigen methodischen Prinzipien, wie diese Haltungen im beruflichen Alltag umgesetzt werden können. Ich bin der Auffassung, daß dieses Konzept auch anwendbar ist auf das *Handeln von Mitgliedern in Organisationen des Sozialbereichs in bezug auf die Organisationsumwelt.* Angehörige sozialer Berufe verhandeln mit Gremien der Verwaltung, mit politischen Entscheidungsträgern und mit VertreterInnen kooperierender Organisationen (siehe unten, S. 181 ff.). In diesen Verhandlungen spielen die Verteilung von Macht und der Umgang damit eine wichtige Rolle. Ein verbreitetes Selbstbild von SozialarbeiterInnen/SozialpädagogInnen beschreibt die eigenen politischen Handlungsmöglichkeiten und beruflichen Positionen eher als ohnmächtig. Die eigenen Einflußmöglichkeiten innerhalb und außerhalb der Organisation werden begrenzt gesehen, während die der politischen Parteien und Verwaltungsgremien übermächtig wahrgenommen werden. In diesen Einstellungen ist eine Parallele zu der Defizitorientierung in der traditionellen Sozialen Arbeit auszumachen. Mir scheint, daß der Wechsel von einer Schwäche- zu einer Stärkeperspektive eine Voraussetzung dafür ist, die Umwelt von Organisationen offensiv in das berufliche Handeln von SozialarbeiterInnen/SozialpädagogInnen einzubeziehen. In diesem Sinne möchte ich das Empowerment-Konzept hier verstanden wissen: als eine Anregung dafür, den *Horizont des organisatorischen Handelns* über den Rand der eigenen Organisation *zu erweitern* und dabei die eigenen *Stärken auch außerhalb der eigenen Einrichtung* bzw. Organisation selbstbewußt *einzusetzen.* Darüber hinaus werden in dem Konzept Anregungen gegeben, wie mehr politische Einflußmöglichkeiten und in der Folge ein verändertes Selbstbild bei den SozialarbeiterInnen/SozialpädagogInnen erreicht werden können.

(2) Theoretische Grundlagen des Empowerment-Konzepts

Theorie der „erlernten Hilflosigkeit“

Empowerment ist ein Gegenprogramm zur erlernten Hilflosigkeit. Die Theorie der „erlernten Hilflosigkeit“ wurde in den siebziger Jahren von dem US-amerikanischen Psychiater Martin E. P. Seligman (1979) entwickelt und erforscht. In vielen Experimenten hat er seine These untermauert, daß Hilflosigkeit ein Zustand ist, der häufig dann hervorgerufen wird, wenn für den einzelnen Ereignisse unkontrollierbar sind. Wird die Unkontrollierbarkeit über einen längeren Zeitraum erfahren, ruft sie Reaktionen hervor, die beim Menschen das selbstverantwortliche Problemlösungsverhalten und die Selbsthilfefähigkeit deutlich reduzieren. Es kommt unter anderem zu einer Beeinträchtigung des aktiven Handelns und der Lernfähigkeit. Martin E. P. Seligman hat zusammen mit anderen Mitarbeitern weiter untersucht, wie Menschen mit Mißerfolgen umgehen und folgendes Modell entwikkelt:

> „1. Stufe: Es existiert eine objektiv unkontrollierbare Situation.
> 2. Stufe: Die Unkontrollierbarkeit in Gegenwart und Vergangenheit wird wahrgenommen.
> 3. Stufe: Das Individuum kann sich die wahrgenommene Unkontrollierbarkeit nicht erklären.
> 4. Stufe: Der Mißerfolg wird auch für zukünftige Situationen erwartet.
> 5. Stufe: Es stellen sich Symptome der Hilflosigkeit ein.“ (Schober 1993, 45)

Die *Symptome* der Hilflosigkeit treten bei jenen Menschen besonders intensiv auf, die die Unkontrollierbarkeit einer Situation erfahren haben und die Ursache dafür in der eigenen Unfähigkeit oder Machtlosigkeit sehen. Sie werden sich zukünftig auch in solchen Situationen passiv verhalten, in denen eine Einflußmöglichkeit objektiv gegeben ist. Der Zustand der Hilflosigkeit wird dadurch verfestigt und kommt als generelles Bewältigungsverhalten in verschiedenen Situationen zur Anwendung. Folgende Symptome treten dabei auf: Die Anreize zum Handeln sind deutlich reduziert, da man sich keine Veränderung davon erwartet; dem eigenen Handeln gegenüber besteht eine negative Erfolgserwartung, so daß auch in Situationen, in denen ein aktives Handeln möglich wäre, Passivität vorherrscht; die Mißerfolgserwartung verwandelt sich in Resignation und Hoffnungslosigkeit.
Der *Ausweg* aus der erlernten Hilflosigkeit setzt bei der Wiedergewinnung der Kontrollerfahrung und der eigenen Einflußmöglichkeit an.

soll schrittweise wiederhergestellt werden. Hier setzt das Empowerment-Konzept ein. Die Vertreter des Konzepts gehen davon aus, daß Menschen nicht grundsätzlich die Fähigkeiten zum selbstverantwortlichen und kontrollierten Handeln verloren haben. Indem schrittweise die eigenen Stärken und Fähigkeiten (wieder-)erfahren werden, gelingt es, die Kontrolle über das eigene Handeln zurückzugewinnen – Beispiel:

Die SozialarbeiterInnen in einer Behinderteneinrichtung beklagen sich darüber, daß ihre Einrichtung in der Öffentlichkeit viel zu wenig wahrgenommen wird und keine Lobby sich für sie einsetzt. Im gegenseitigen Bestätigen der Ausweglosigkeit der Situation erschöpft sich das aktive Handeln. Der Kreislauf von wahrgenommenem Kontrollverlust und erfahrener Hilflosigkeit hat sich in Bewegung gesetzt. Ein Ausweg könnte darin bestehen, daß die MitarbeiterInnen gemeinsam nach neuen Wegen der Selbstdarstellung in der Öffentlichkeit suchen und diese Ideen schrittweise umsetzen.

(3) Methodische Schritte und Interventionsebenen

(Wieder-) Gewinnung der eigenen Handlungsfähigkeit

Die (Wieder-)Gewinnung der eigenen Handlungsfähigkeit erfolgt über *verschiedene Phasen* (zu den Etappen des Empowerment-Prozesses siehe: Herriger 1991, 224ff.). Den Ausgangspunkt bilden Gefühle der Ohnmacht. Der einzelne erfährt sich selbst als Objekt des Geschehens und sieht wenig Möglichkeiten aktiv die Situation zu gestalten. Der Ausweg aus dieser Erfahrung wird durch eine „Phase der Mobilisierung“ eingeleitet, diese geht über in die „Phase der Formierung“, um schließlich in der „Phase der entwickelten Politikfähigkeit“ die eigene Handlungsfähigkeit wiederzugewinnen.

(a) *Phase der Mobilisierung:* Der Abschied von der Ohnmacht beginnt häufig mit einem einschneidenden Ereignis, das für die Betroffenen deutliche Konsequenzen hat. Sie erfahren in dieser Situation noch einmal die ungerechte Verteilung von Macht, beginnen aber bereits erste Prozesse der Selbstorganisation gegen diese Macht in Bewegung zu setzen. Das Ziel in dieser Phase besteht darin, die Mystifizierung der Macht als etwas Unverrückbares zu durchbrechen – Beispiel:

In dem Jugendhilfeausschuß einer mittleren Großstadt wurde beschlossen, den seit fünfzehn Jahren existierenden Abenteuerspielplatz zu schließen. Zunächst sind die MitarbeiterInnen wie gelähmt. Nachdem der erste Schock überwunden ist, wird eine Protestschreiben verabschiedet und an die zuständigen Mitglieder des Ausschusses versandt. Diese reagieren ausweichend auf den Brief und lassen sich auf keine Diskussion ein. Bei den

MitarbeiterInnen wächst die Einstellung, dieses Verhalten nicht zu akzeptieren.

(b) *Phase der Formierung:* Das Ziel dieser Phase besteht darin, die eigenen Ressourcen der Stärke zu entdecken und erste Durchsetzungsstrategien im Umgang mit der Organisationsumwelt zu entwickeln. Notwendig ist dazu, daß die Betroffenen sich organisieren, Ziele für ihr Handeln formulieren und ihre Wahrnehmung für politische Interessen und Machtverteilungen schärfen. Dabei sind geübte oder erfahrene Personen, die die Gruppe ermutigen, Ratschläge erteilen und emotionalen Rückhalt geben, eine Hilfe. Diese Personen sollen aber nur anregen und nicht stellvertretend das Handeln übernehmen – Beispiel:

> Die MitarbeiterInnen des Abenteuerspielplatzes setzen sich mit einigen aktiven Eltern zusammen und überlegen, was sie noch tun können, um die Schließung zu verhindern. Sie überlegen, welche Personen in der Öffentlichkeit und bei den Parteien ihr Anliegen unterstützen und versuchen Klarheit darüber zu gewinnen, was sie mit möglichen Aktionen erreichen wollen.

(c) *Phase der entwickelten Politikfähigkeit:* Das Ziel in dieser Phase ist eine aktive politische Handlungsfähigkeit und die Veränderung des Selbstbildes der Akteure. Soziale und gesellschaftliche Situationen sollen als beeinflußbar und gestaltbar wahrgenommen werden. Norbert Herriger sieht die Politikfähigkeit in zwei Komponenten: Organisationsfähigkeit und Konfliktfähigkeit. Konfliktfähigkeit beschreibt ein Verhalten, das durch die Bereitschaft gekennzeichnet ist, kommunalpolitische Entscheidungen öffentlich zu problematisieren und damit eine Gegenmacht zu schaffen. Organisationsfähigkeit beschreibt die Kompetenz, ein Eigeninteresse kollektiv zum Ausdruck zu bringen, Bündnispartner zu mobilisieren und organisatorische Kompetenzen im Umgang mit Regelungen und Verfahren der bürokratischen Verwaltung einzusetzen – Beispiel:

> Die MitarbeiterInnen und die Eltern schreiben Leserbriefe an die örtliche Tagespresse, organisieren einen Informationsstand mit Unterschriftenliste, besuchen die Sprechstunde von wichtigen Entscheidungsträgern und legen eigene Alternativen für die Zukunft des Abenteuerspielplatzes vor.

Das Handeln in den verschiedene Phasen macht deutlich, daß Prozesse des Empowerments auf *drei verschiedenen Ebenen* wirken: auf der individuellen Ebene werden Prozesse der Einstellungsänderung und des Kompetenzerwerbs bewirkt, auf der Gruppen-Ebene werden neue soziale Verhaltensweisen praktiziert und gelernt und auf der strukturellen Ebene werden Machtverhältnisse und Einflußmöglichkeiten neu verteilt. Die sich gegenseitig verstärkenden Wirkungen werden in der Abbildung 22) symbolisiert.

Abbildung 22: Empowermentprozesse auf verschiedenen Ebenen und ihre Verknüpfung

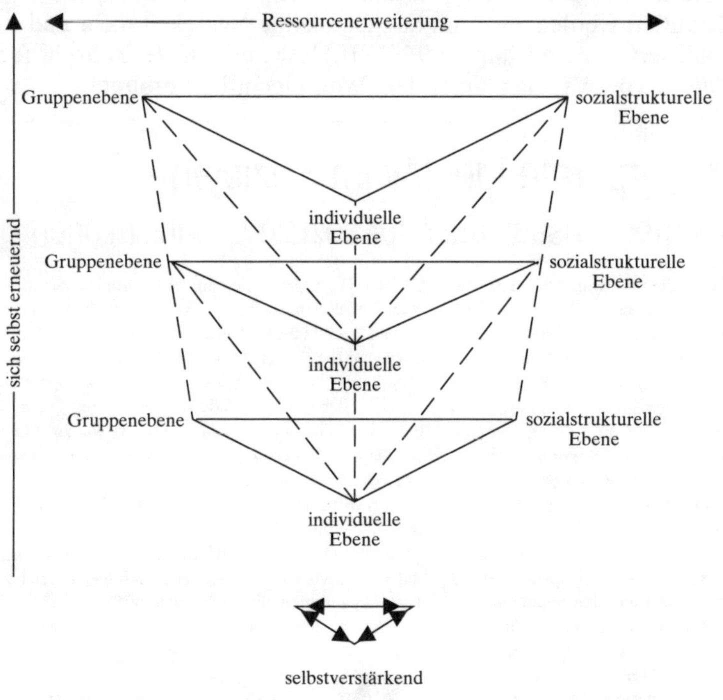

(Quelle: Bobzien/Stark 1991, 175)

7.3. Materialien/Dokumente, Literatur

7.3.1. Corporate Identity im Sozialen – ein Unternehmensansatz auch für soziale Organisationen?

„Corporate Identity“ ist lange Zeit als aus der Wirtschaft kommendes Modewort betrachtet worden, und gerade Organisationen im Sozialbereich haben sich sehr distanziert und sich eher kritisch diesem Ausdruck und seinen dahinter stehenden Aussagen genähert. Heute sind Modelle, die im Zusammenhang mit Maßnahmen der Corporate Identity diskutiert werden, auch im Sozialen keine Neuigkeit mehr und werden hier bereits realisiert. Sandra Blum (1994, 17 ff.) beschreibt in der Zeitschrift Social images 1/1994, 17 ff., was sich hinter dem Wort eigentlich verbirgt:

Corporate Identity im Sozialen - ein Unternehmensansatz auch für soziale Organisationen ?

Der Begriff „Corporate Identity“ wurde das erste Mal vor ca. 20 Jahren in den USA in der Design und Werbeberatung erwähnt. Zunehmende Angebotsvielfalt ließen die Zuordnung einzelner Produkte zu Herstellern immer schwieriger erscheinen. Die Entwicklung eines einheitlichen Designs mit identischen Gestaltungsmerkmalen schien die Lösung, um eine Orientierung des Kunden zu erleichtern und den Absatz zu steuern. Der Weg der Entwicklung einer „Corporate Identity“ (CI) nahm seinen Anfang in der reinen Gestaltorientierung, z.B. über die Gestaltung einheitlicher Firmenlogos. Erst später begannen auch Kommunikationswissenschaftler, sich mit dem Begriff der CI auseinanderzusetzen und den ursprünglichen Gestaltansatz der CI durch die inhaltliche Komponente der „Botschaft“ einer Organisation und eines Unternehmens zu erweitern. Nicht nur die Gestalt ist wichtig zur eindeutigen Identifikation einer Organisation: Glaubwürdigkeit kann erst realisiert werden, wenn die Kommunikation und das Verhalten in der Organisation mit der gesendeten Botschaft nach außen übereinstimmt.

Die Entwicklung des Ansatzes einer „Corporate Identity“ (Konzept der Unternehmenskultur) ist zu sehen vor dem Hintergrund zunehmender Konkurrenz und einem ständigen Suchen nach Wettbewerbsvorteilen für den Produktabsatz. Mittlerweile hat sich die CI zu einem ganzheitlichen Ansatz der Unternehmens- und Mitarbeiterführung entwickelt und bezieht sich auf Bereiche der Public Relations (Werbe- und Öffentlichkeitsarbeit) und Gestaltung ebenso wie auf Fragen der Mitarbeiterführung, der Personalentwicklung und des Betriebsklimas.

Die im wirtschaftlichen Bereich entwickelte Marketing Konzeption der CI unterscheidet sich von der klassischen Werbe- und Öffentlichkeitsarbeit dadurch, daß sie den Versuch darstellt, alle wichtigen Bereiche einer Organisation, die für den Markterfolg ausschlaggebend sind, gleichzeitig zu beeinflussen und zu steuern.

Was ist Corporate Identity?

Der Aufbau eines einheitlichen Gesamterscheinungsbildes einer Organisation nach innen und nach außen ist die eigentliche Aufgabe einer CI. Das Erscheinungsbild soll klar und unverwechselbar sein und dem Kunden die Marktorientierung erleichtern.

Zentrale Fragestellungen zur Einführung einer CI sind:
Wer sind wir? als Frage der Identität einer Organisation nach innen und als Auseinandersetzung mit dem Selbstbild der Organisation.
Wie werden wir gesehen? als Frage des Images einer Organisation in der Außensicht. d.h. wie ist das Fremdbild der Organisation, wie ist das Erscheinungsbild nach außen (zum Beispiel geprägt über Veröffentlichungen, Presse, Gebäude, Aktionen etc.)?
Jeder Verband, jede Organisation hat ein Image, auch wenn sie sich nicht darum bemüht oder es nicht aktiv gestaltet. Wichtig ist zu wissen, welches Image nach außen transparent wird und wie dieses Image Erfolge beeinflußt oder hemmt.
Fremdbild und Selbstbild einer Organisation gilt es zu integrieren und hier für eine Identität zu sorgen. Voraussetzung hierfür ist zunächst die Vereinbarung und Entwicklung eines sog. Unternehmensleitbildes, das Aussagen macht zum Beispiel zu den Leistungsbereichen und den Finanzen einer Organisation, das Organisations-, Führungs- und Personalgrundsätze thematisiert und sich auf die Umwelt der Institution bezieht, z.B. in Form von Informationsgrundsätzen. Das Leitbild einer Organisation beeinflußt die drei weiteren Bereiche des Gesamtkonzeptes der CI:

1. Corporate Design

Die Organisation soll anhand weniger typischer Merkmale wiedererkannt werden (z.B. das Herz der AWO). Corporate Design kann sich auf externe Medien wie Logotypen, Symbole, Grafiken, Briefbögen, auf interne Medien wie Rundbriefe, Faltblätter und ebenso auf die Bereiche Architektur, Arbeitsplätze, Bekleidung usw. beziehen. Über all diese Bereiche transportiert die Organisation ihre Erscheinungsbild visuell nach innen und nach außen.

2. Corporate Communication

Der Bereich der Unternehmenswerbung in seiner Innen- und Außenwirkung hat zum Ziel, das sich potentielle Kunden, Bewerber, Unterstützer eine positive Meinung über die Organisation bilden. Über Corporate Communication wird die Akzeptanz und Unterstützung einer Organisation beeinflußt. Dabei bezieht sich die Kommunikation einerseits auf den externen Bereich über Werbung und Public Relations, Presse- und Medienarbeit, Kommunikation mit Interessenverbänden. Kooperations-bereitschaft und auf interne Kommunikation, die sich z. B. darstellt im Führungsstil der Vorgesetzten, Formen der Mitbestimmung, Auszeichnungen etc.
Innerhalb eines „Corporate Communication Konzeptes" können drei Bereiche differenziert werden (vgl.: G. Regenthal: Identität und Image, Köln 1992, S. 97):

A. Marketing Kommunikation
Hier geht es um allgemeine Grundsätze des Marketings einer Organisation und um die Zielsetzungs- und Zielgruppenbestimmung.
B. Unternehmens Kommunikation
Die Art und Weise, wie Betriebsausflüge gestaltet oder Formen der Personalentwicklung in Organisationen realisiert werden, gibt Auskunft über die Unternehmens-Kommunikation. Sie kann ausschlaggebend sein für eine hohe Mitarbeitermotivation, Identifikation und Leistung der Mitarbeiter. Hier ist das Wesentliche „unsichtbar" und dennoch sehr bedeutend.
C. Öffentlichkeits Kommunikation
Gerade Non-Profit-Organisationen sind auf eine umfangreiche und qualifizierte Öffentlichkeits-Kommunikation angewiesen. Der Rückgang des Spendenbooms in der BRD als einem der größten Spendenmärkte führt dazu, daß die Konkurrenz um die knappe Ressource Spende immer größer wird (vgl.: H. Baum: Der Spendenmarkt der 90er Jahre, in: Th. Leif, U. Galle (Hrsg.): Social Sponsoring und Social Marketing, Köln 1993). Hinzu kommt, das eine wirksame Darstellung in der Öffentlichkeit unter Umständen auch zur Erschließung neuer Finanzquellen führen kann, wie es Maßnahmen im Bereich Social Marketing bereits bewiesen haben.
Der gleiche Trend des vermehrten Wettbewerbs um knappe Ressourcen setzt sich im Bereich der ehrenamtlichen Mitarbeit fort. Beide Bereiche sind wichtige Faktoren für eine gesicherte und erfolgreiche soziale Arbeit. Notwendig ist es, ein klares Leistungsprofil herauszubilden und dieses immer wieder und kontinuierlich in der Öffentlichkeit tranparent zu machen.

3. Corporate Behavior

Die Organisation tritt in Erscheinung durch ein bestimmtes Verhalten, das die Umsetzung ihres Leitbil-

des weiter konkretisiert. Das Verhalten einer Organisation kann sich äußern in ihren konkreten Leistungen und Angeboten, ihrer Innovationsrate und in ihrem Mitarbeiterverhalten (Sozialleistungen, Vergünstigungen etc.).
Nur wenn das Verhalten der Organisation in diesem Bereich mit der Komunikation, dem Erscheinungsbild und der Unternehmensphilosophie übereinstimmt, ist Identität gewährleisetet, und die Identifikation des einzelnen Mitarbeiters mit der Organisation wird möglich sein.

Warum brauchen auch soziale Organisationen eine Corporate Identity?

Auch im sozialen Bereich kann immer mehr von einer „Wettbewerbssituation" gesprochen werden: der Dienstleistungs- und Angebotsmarkt im Sozialen expandiert immer weiter, und die Nachfrage nach professioneller und privater Hilfe wird im Zuge umfangreicher Restriktionen im staatlichen sozialen Förderungsbereich vermutlich weiter steigen. Die zunehmende Etablierung kommerzieller Anbieter auf dem sozialen Markt verstärkt die Tendenz zur Angebotsvielfalt und damit zur Unübersichtlichkeit. Nicht umsonst wird häufig der Verlust eines eigenständigen Werteprofils einzelner sozialer Organisationen beklagt. Durch Prozesse der Anonymisierung zum Beispiel in karitativen Großorganisationen, durch Verluste der Kommunikation und Intransparenz in der Zielsetzung weichen Profile von Non-Profit-Organisationen weiter auf. Der Kunde hat Schwierigkeiten zu erkennen, was das Eigentliche eines bestimmten Verbandes denn nun ist und durch welche Leistungsfähigkeit sich dieser auszeichnet.
Soziale Leistungen sind darüber hinaus bewertbar und diskutierbar geworden - demgemäß muß auch herausgestellt werden, was überhaupt geleistet wird. Dies gilt für die Zielgruppe der Hilfesuchenden, des Klientels, in gleicher Weise wie für die Zielgruppe Mitarbeiter, um dem Problem der Personalrekrutierung - insbesondere im Altenpflegebereich - gerecht werden zu können. Der Umgang mit der „Ressource Mitarbeiter" wird zukünftig vor hohen Anforderungen stehen, um dem Problem der Entmotivierung und veränderten Anspruchsniveaus entgegentreten zu können.

7.3.2. Steuerung und Gestaltung von Organisationen nach innen und außen

Armin Wöhrle (1993, 128) faßt die verschiedenen nach innen und außen gerichteten Aufgaben und Tätigkeiten in einer Organisation zusammen. Beide Bereiche sind zwei verschiedene Seiten einer Medaille, die sich jeweils an den übergeordneten Organisationszielen orientieren.

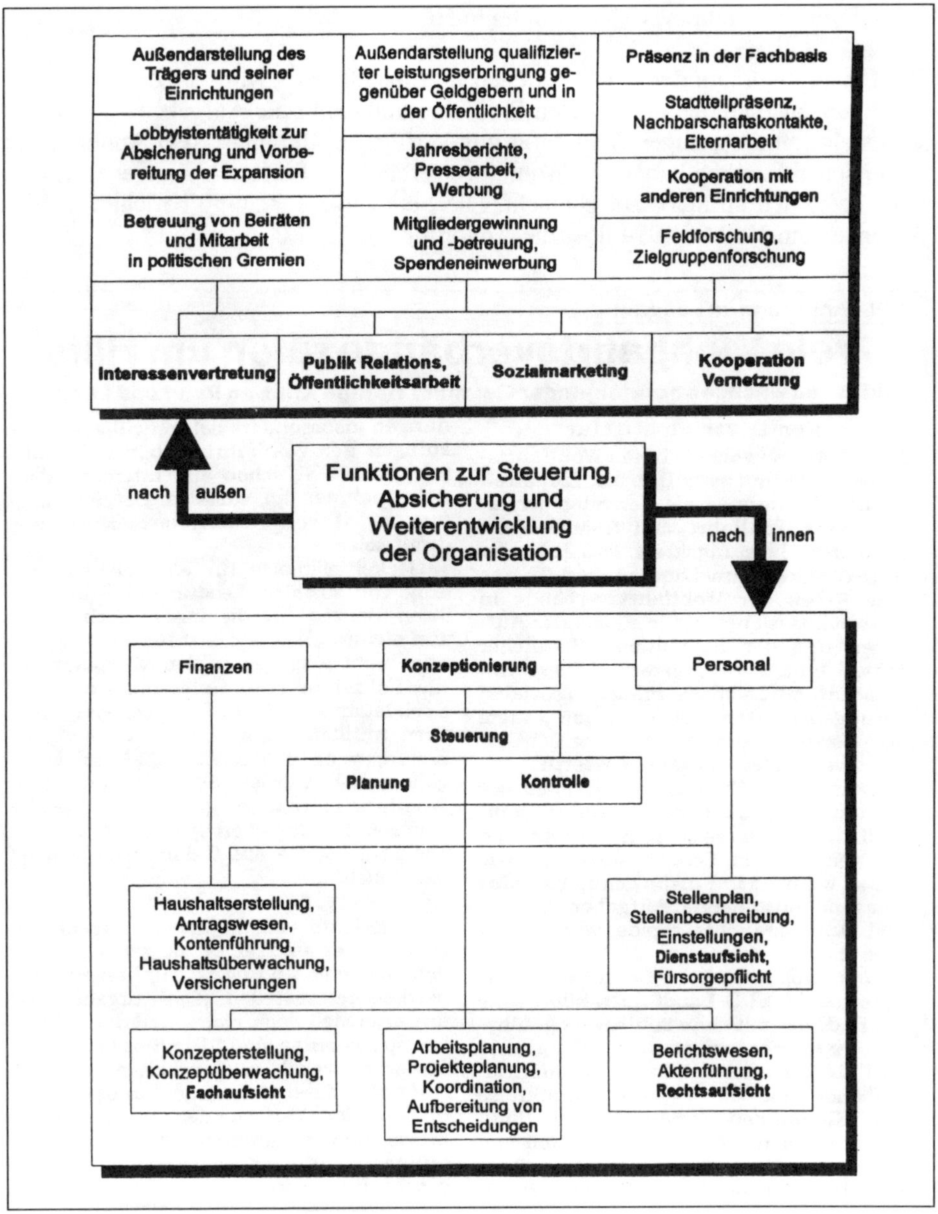
Außendarstellung des Trägers und seiner Einrichtungen
Lobbyistentätigkeit zur Absicherung und Vorbereitung der Expansion
Betreuung von Beiräten und Mitarbeit in politischen Gremien
Außendarstellung qualifizierter Leistungserbringung gegenüber Geldgebern und in der Öffentlichkeit
Jahresberichte, Pressearbeit, Werbung
Mitgliedergewinnung und -betreuung, Spendeneinwerbung
Präsenz in der Fachbasis
Stadtteilpräsenz, Nachbarschaftskontakte, Elternarbeit
Kooperation mit anderen Einrichtungen
Feldforschung, Zielgruppenforschung
Interessenvertretung
Publik Relations, Öffentlichkeitsarbeit
Sozialmarketing
Kooperation Vernetzung
nach außen
Funktionen zur Steuerung, Absicherung und Weiterentwicklung der Organisation
nach innen
Finanzen
Konzeptionierung
Personal
Steuerung
Planung
Kontrolle
Haushaltserstellung, Antragswesen, Kontenführung, Haushaltsüberwachung, Versicherungen
Stellenplan, Stellenbeschreibung, Einstellungen, Dienstaufsicht, Fürsorgepflicht
Konzepterstellung, Konzeptüberwachung, Fachaufsicht
Arbeitsplanung, Projekteplanung, Koordination, Aufbereitung von Entscheidungen
Berichtswesen, Aktenführung, Rechtsaufsicht

7.3.3. Freie Wohlfahrtsverbände rufen um Hilfe

Der Finanzspielraum der Organisationen im Sozialbereich wird zur Zeit immer enger. Einerseits nehmen die sozialen Probleme und damit die Aufgaben zu, andererseits steht immer weniger Geld dafür zur Verfügung. Bei einer SPD-Anhörung im Bayerischen Landtag haben die Wohlfahrtsverbände auf ihre schwieriger werdende Lage öffentlich aufmerksam gemacht. Die Süddeutsche Zeitung berichtet in ihrer Ausgabe vom 19. Mai 1994 über die Anhörung:

SPD-Anhörung im Landtag

Freie Wohlfahrtsverbände rufen um Hilfe

Aufgaben wachsen bei steigender Geldnot / Heftige Kritik an Bund und Ländern

Von Dietrich Mittler

München – Sowohl die freien Wohlfahrtsverbände als auch die Bezirke, Landkreise und Kommunen als Vertreter der öffentlichen Wohlfahrt sind finanziell am Ende ihrer Leistungskraft. Das Fazit der SPD-Anhörung im Landtag zum Thema „Die Arbeit der Wohlfahrtsverbände in Bayern angesichts rapide steigender Aufgaben und der Stagnation öffentlicher Mittel" lautete resignierend: „Diese Gesellschaft muß sich von manchen sozialen Errungenschaften verabschieden", sagte der Vertreter des Paritätischen Wohlfahrtsverbandes, Alexander Eberth.

Zwar sei die Bundesrepublik nach wie vor ein Land mit hohem sozialen Standard, doch noch nie sei es hier so kritisch um den sozialen Bereich gestanden wie heute, wo niemand mehr genug Geld für dringend anstehende Aufgaben habe – und das angesichts rapide wachsender Armut.

Max von Heckel, finanzpolitischer Sprecher der SPD-Landtagsfraktion faßte am Ende der zeitweise kontrovers geführten Diskussion zusammen: Einig sind sich die Vertreter der freien Wohlfahrtsverbände und der Bezirke, Landkreise und Kommunen darin, daß der Bund nicht länger die finanziellen Lasten von oben nach unten verteilen dürfe, daß im Gegenteil künftig auf staatliche Zuwendungen insbesondere bei freiwilligen Leistungen der Wohlfahrtsverbände Verlaß sein müsse – schon im Interesse der Arbeitnehmer im sozialen Bereich, die nun selbst von Arbeitsplatzverlust bedroht seien.

Heckel plädierte für eine Neubewertung von sozialen Leistungen, würdigte ihren Beitrag für die innere Sicherheit und meinte: „Was wir jetzt für den Sozialstaat nicht ausgeben, zahlen wir später an die Polizei und an Gefängnispersonal." Sozialetats seien keine Reservekasse, sondern müßten besonders in schwierigen Zeiten, wenn es der Wirtschaft schlecht gehe, erhöht werden. Es sei paradox, daß Wohlfahrtsverbände gerade in Zeiten wachsender Not überlegen müßten, welche Projekte sie aus Geldmangel aufgeben sollen.

Angesichts vier Millionen gemeldeter Arbeitsloser und einer steigenden Zahl von Obdachlosen und Sozialhilfeempfängern sei festzustellen: „Die Aufgaben reduzieren sich doch nicht, weil die Gelder knapp geworden sind." Der Sozialstaat, so forderte Heckel, muß erhalten bleiben. Auf der anderen Seite, und darauf wiesen insbesondere Vertreter der Bezirke, Landkreise und Kommunen energisch hin, müsse das Kostenbewußtsein erheblich geschärft werden.

> **Sehr wohl könne man in manchen Bereichen sparen, betonte insbesondere Margarete Rohrhirsch-Schmid für den Bayerischen Städtetag. Die vorhandenen Mittel müßten nur umgeschichtet werden, damit sie unbedingt notwendigen Aufgaben zukommen könnten. Sie stehe inzwischen in einem regelrechten Zweifrontenkrieg – einerseits mit den Wohlfahrtsverbänden, andererseits mit dem Gesetzgeber, der den Anforderungskatalog im sozialen Bereich immer höher schraube, dabei aber selbst sparen wolle.**
>
> **Früher, so spottete Hans Flierl vom Diakonischen Werk Bayern, hieß es: „Wer zahlt schafft an. Heute aber heiße es: Wer anschafft, zahlt nicht." Max von Heckel brachte es schließlich auf folgenden Nenner: „Bund und Länder müssen ihre Einstellung, im sozialen Bereich könne man immer noch einsparen, gründlich revidieren."**

7.3.4. Literatur

Blätter der Wohlfahrtspflege (1993): Empowerment, 2
Das Thema „Empowerment" bildet den Schwerpunkt in der Ausgabe dieses Heftes. Neben einführenden Artikeln werden verschiedene Praxiserfahrungen zu dem Konzept vorgestellt.

Herriger, N. (1991): Empowerment – Annäherungen an ein neues Fortschrittsprogramm der Sozialen Arbeit. In: neue praxis, 3, S. 221–229
In dem Artikel werden ein Überblick über die Hintergründe des Empowerment gegeben und der neue Blickwinkel dieses Konzeptes untersucht. Methodische Überlegungen und Konsequenzen für eine veränderte Praxis der Sozialen Arbeit schließen sich an.

Stark, W. (1996): Empowerment. Neue Handlungskompetenzen in der psychosozialen Praxis. Freiburg/Breisgau
Eine umfassende Darstellung der Entwicklung und der wissenschaftlichen Grundlagen der Empowermentperspektive. Persönliche, strukturelle und organisatorische Voraussetzungen von Empowermentprozessen im Alltag und in der professionellen Unterstützungsarbeit werden vorgestellt.

Wilpert, B. (1993): Organisation und Umwelt. In: Schuler, H. (Hg.): Lehrbuch Organisationspsychologie. Bern, S. 495–511
In dem Artikel werden verschiedene Modelle der Organisations-Umweltbeziehung vorgestellt und kulturelle und gesellschaftliche Einflußfaktoren auf Organisationen untersucht.

7.4. Übungsfragen

(a) Verständnisfragen

(1) Beschreiben Sie, was unter Abgrenzung und Offenheit im Verhältnis von Organisationen zu ihrer Umwelt verstanden wird.
(2) Erläutern Sie die Annahmen und Erklärungen der Anpassungstheorie für das Verhältnis von Organisation und Umwelt.
(3) Erläutern Sie die Annahmen und Erklärungen der Ressourcentheorie für das Verhältnis von Organisation und Umwelt.
(4) Beschreiben Sie den Einfluß von gesellschaftlichen Rahmenbedingungen, kooperierenden Organisationen und AdressatInnen auf Organisationen im Sozialbereich.
(5) Beschreiben Sie Ziele und Leitideen des Empowerment-Konzepts.
(6) Was wird mit dem Begriff „erlernte Hilflosigkeit" ausgedrückt und was sind die Ursachen für dieses Verhalten?
(7) Erläutern Sie die einzelnen Phasen in dem Empowerment-Konzept.

(b) Vertiefungsfragen

(1) In dem Artikel von Sandra Blum (siehe Material 7.3.1.) wird der Begriff „Corporate Identity" erläutert und dessen Nutzen für Organisationen im Sozialbereich begründet.
(a) Analysieren Sie, inwiefern das Modell „Corporate Identity" auf Organisationen im Sozialbereich übertragbar ist, bzw. wo die Grenzen der Übertragbarkeit zu sehen sind.
(b) Analysieren Sie am Beispiel einer Ihnen bekannten Organisation deren Erscheinungsbild nach innen und außen. Wo sehen Sie Verbesserungsmöglichkeiten (nehmen Sie bitte auch Material 7.3.2. zu Hilfe)?
(2) Die freien Träger (Wohlfahrtsverbände) beklagen sich z. Z. über einen Zuwachs an Aufgaben bei geringer werdenden finanziellen Mitteln (siehe Material 7.3.3.). Wie läßt sich in der Öffentlichkeit die Notwendigkeit sozialer Aufgaben plausibel begründen? Stellen Sie Ihre Überlegungen an einem ausgewählten Beispiel dar.

8. Organisation und Wandel

Organisationen verändern im Laufe der Zeit ihre Gestalt und ihre Struktur: Sie werden größer oder kleiner, übernehmen neue Aufgaben und trennen sich von alten; neue MitarbeiterInnen kommen hinzu, alte verlassen die Organisation; Organisationsziele werden umformuliert und Regelungen verändert; Organisationen, die früher ihre Aufgaben unbürokratisch und flexibel erledigten, werden starrer und betonen formelle Regelungen; umgekehrt werden in hierarchisch gegliederten Organisationen durchlässigere Organisationsstrukturen angestrebt.
In der Organisationsforschung wird der Wandel von Organisationen verstärkt seit den siebziger Jahren untersucht. Von besonderem Interesse sind typische Abläufe und Regelmäßigkeiten bei der Veränderung von Organisationen. Es wird zwischen Entwicklungs-, Selektions- und Lernmodellen unterschieden, mit denen die Veränderungen von Organisationen idealtypisch erfaßt werden können. Mit dem Thema Wandel von Organisationen im letzten Kapitel wird ein thematischer Kreis geschlossen, der mit der Entwicklung der Organisationen im Sozialbereich im ersten Kapitel begann. Im abschließenden Kapitel werden

Gliederung des Kapitels

(a) *Dimensionen der Veränderung von Organisationen* beschrieben, *Modelle des Wandels* vorgestellt und *typische Phasen der Entwicklung charakterisiert,* deren Antriebskräfte in der Eigendynamik von Organisationen begründet sind (Abschnitt 8.1.);
(b) unter dem Sammelbegriff „Organisationsentwicklung“ werden *Strategien zur gezielten Veränderung von Organisationen* vorgestellt (Abschnitt 8.2.). Die Organisationsentwicklung bildet eine Schnittstelle zu Aufgaben des Managements wie Führung und Steuerung von Organisationen.

8.1. Stabilität und Veränderung

Organisationen im Sozialbereich unterliegen – wie andere Organisationen auch – einer Veränderung in der Zeit. Phasen einer relativen Stabilität wechseln sich mit turbulenten Abschnitten der Veränderung und des Wandels ab – Beispiel:

Veränderung und Wandel von Organisationen

> Die Organisationen des Sozialbereichs haben in den siebziger und achtziger Jahren eine längere Phase des Wachstums durchlaufen (siehe Ausführungen S. 25 ff.). Es entstanden neue, soziale Aufgaben, die von professionell ausgebildeten Fachkräften bearbeitet wurden. Die Folge war, daß bestehende Organisationen sich vergrößerten und außerdem eine Vielzahl neuer Einrichtungen gegründet wurden. Diese Expansionsphase ist allem Anschein nach an ihre Grenze geraten. SozialarbeiterInnen müssen ihre Aufgaben nachdrücklicher gegenüber Geldgebern rechtfertigen und die Existenz mancher Angebote ist in Frage gestellt. Arbeitsabläufe, organisatorische Regelungen und die Wahrnehmung von sozialen Aufgaben wird neu überdacht. Sollte dieser gegenwärtige Trend sich fortsetzen, werden die Organisationen im Sozialbereich sich in den neunziger Jahren tiefgreifend verändern.

Die bisherigen Ausführungen zur Struktur (S. 98 ff.) und Dynamik (S. 124 ff., 151 ff.) von Organisationen haben deutlich gemacht, daß Organisationen nie völlig starr sind. Stabilität von Organisationen – als der Gegenpol von Veränderung – bedeutet nicht Stillstand, sondern ein relatives Gleichgewicht zwischen Zielen, Aufgaben, Regeln, Strukturen und Hierarchien. Grundlegende strategische Ziele, etablierte Aufgaben und eingeschliffene Formen von Weisungs- und Entscheidungsbefugnissen werden in Zeiten der Stabilität nicht entscheidend verändert. In dieser Phase ist es für Mitglieder von Organisationen leichter, einen Konsens über das typische Bild der Organisation herzustellen, und Außenstehende können unschwer die einheitliche Gestalt der Organisation erkennen. Ändern sich aber Organisationen, so stellt sich die Frage nach den Ursachen, Wirkungen und Verläufen solcher Prozesse.

Die *Erforschung* der Veränderung und des Wandels von Organisationen erfolgt erst seit kurzem. Sie erhielt entscheidende Impulse durch die Betrachtung von Organisationen als komplexe soziale Gebilde (siehe S. 57 ff.). Der Begriff „Veränderung" ist dabei bewußt gewählt. Er ist umgangssprachlich nicht vorbelastet und läßt die Qualifizierung der Veränderung offen. Ob Prozesse der Veränderung positiv oder negativ betrachtet werden, ob sie zielgerichtet oder ungeplant vonstatten gehen, wird erst in den verschiedenen ausgearbeiteten Modellen der Veränderung inhaltlich entschieden. *Veränderung bedeutet:* „Ein beobachtetes Merkmal weist im Vergleich seiner Ausprägungen zu zumindest zwei verschiedenen Zeitpunkten eine Differenz auf." (Türk 1989, 52) Organisationen können ihre Größe verändern: Mehr MitarbeiterInnen werden eingestellt und neue Aufgaben übernommen. Sie können sich in ihrem Umgang mit Regelungen und Normen ändern: Zunächst wird weniger Wert auf formelle Regelungen gelegt, später werden diese betont oder gefordert. Sie können sich in ihrem Organisationsaufbau und ihrer Hierarchie ändern: Flachere Organisationsstrukturen werden durch steilere abgelöst. Sie können sich in ihrem Führungsstil ändern: Autoritäre Formen werden durch partizipative abgelöst werden. Und sie können sich schließlich in ihren Zielen ändern: Neue Leitbilder entstehen.

Die Dimensionen der Veränderung können über folgende Fragen erschlossen werden:

Dimensionen der Veränderung

(a) *Was* soll verändert werden? Werden einzelne MitarbeiterInnen in bezug auf ihre Einstellungen und Verhaltensweisen betrachtet oder beziehen sich die Veränderungen auf Gruppen, Sachgebiete, Abteilungen oder die gesamte Organisation? Neben Personen können auch Ziele, Aufgaben, Weisungs- und Entscheidungsbefugnisse, Aufbau und Strukturen, Entscheidungsstrukturen, Informations- und Kommunikationswege, Leitbilder und Organisationsklima verändert werden.

(b) Wer ist der *Träger der Veränderung*? Traditionelle Managementkonzepte definieren als Träger der Veränderung das Management. Leitungskräften fällt die Aufgabe zu, frühzeitig Konflikte, dysfunktionale Arbeitsabläufe und veränderte Anforderungen zu erkennen und mit geeigneten Maßnahmen darauf zu reagieren. Partizipative Managementkonzepte betonen die aktive Rolle von MitarbeiterInnen im Veränderungsprozeß. Von ihnen kommen selbst Impulse oder sie werden in die Organisationsveränderung bewußt einbezogen. Schließlich können Veränderungen auch von außenstehenden Personen initiiert und getragen werden. Dies können Geldgeber oder professionelle Organisationsberater sein.

(c) Welche *Antriebskräfte* bewirken die Veränderung? Anstöße können von außen kommen: Organisationen im Sozialbereich werden durch neue gesellschaftliche Probleme und Aufgaben zur Veränderung angeregt. Der Anstoß kann aus den Reihen der Organisation kommen. Konflikte und Machtkämpfe in Organisationen sind unter anderem Antriebskräfte, um Strukturen zu verändern. In ihnen kommen individuelle Motive und Interessen von MitarbeiterInnen zum Ausdruck.

(d) Wie verlaufen die *Prozesse der Veränderung*? Veränderungen können kontinuierlich und stetig ablaufen. Der Wandel ist dann nur in einer Phase des Innehaltens und der reflexiven Distanz erkennbar. Veränderungen können in Form von Stufen oder Phasen geschehen. Phasen der relativen Ruhe und Stabilität werden durch solche der Instabilität abgelöst. Veränderungen können zielgerichtet oder chaotisch vonstatten gehen. Schließlich kann Veränderung ein bewußter Lernprozeß oder eine unbewußte Anpassung sein.

Modelle der Veränderung von Organisationen

Die Überlegungen verdeutlichen, welche verschiedene Formen und Ausprägungen der Veränderungsprozeß in Organisationen annehmen kann. Die Organisationsforschung versucht dieser Komplexität dadurch gerecht zu werden, daß sie aus den vielfältigen Befunden *idealtypische Modelle* der Veränderung von Organisationen konstruiert. Die empirische Forschung dazu steckt noch in den Anfängen. Vorherrschend sind Modelle, die ohne empirische Basis durch Deduktion, also normativ konstruiert sind. Sie begreifen Veränderung als Chance der Entwicklung oder im Gegenteil: als Verhärtungsprozeß von Organisationen. Um solche Veränderungsmodelle verstehen und beurteilen zu können, sollten die jeweils zugrundeliegenden Menschenbilder beachtet werden (siehe unten). Der Organisationssoziologe Klaus Türk (1989, 55ff.) unterscheidet aufgrund verschiedener Menschenbilder zwischen Entwicklungs-, Selektions- und Lernmodellen.

(1) *Entwicklungsmodelle:* Die Vertreter dieser Modelle sehen die Veränderung von Organisationen durch immanente Triebkräfte hervorgerufen. Der Prozeß des Reifens und Wachsens entwickelt sich von einem „niedrigeren" Stadium zu einem „höheren" Stadium der Veränderung (siehe Abbildung 23). In der Variante der Lebenszyklusmodelle verfolgt die Entwicklungslogik eine eindeutige Richtung, die nicht umkehrbar ist. Jede Phase entspricht einer lebensgeschichtlich spezifischen Problemstellung. Die einzelnen Phasen der Entwicklung bauen wie in den Lebensphasen aufeinander auf. Der Wechsel von einer Phase in die andere wird durch Krisen begleitet.
(2) *Selektionsmodelle:* Die Vertreter von Selektionsmodellen sehen die Triebkräfte der Veränderung in der sozialen Umwelt angesiedelt. Organisationen müssen zum Zwecke des Überlebens an die Bedingungen ihrer Umwelt angepaßt sein. Konkurrenz zwingt zur Anpassung. Erfolgreich sind nur die Organisationen, die am besten den Umweltbedingungen entsprechen. Veränderung ist das Ergebnis eines Anpassungsprozesses der Organisation an die Umwelt. Diese Variante der

Abbildung 23: Entwicklungsstufen nach Lievegoed (1974)

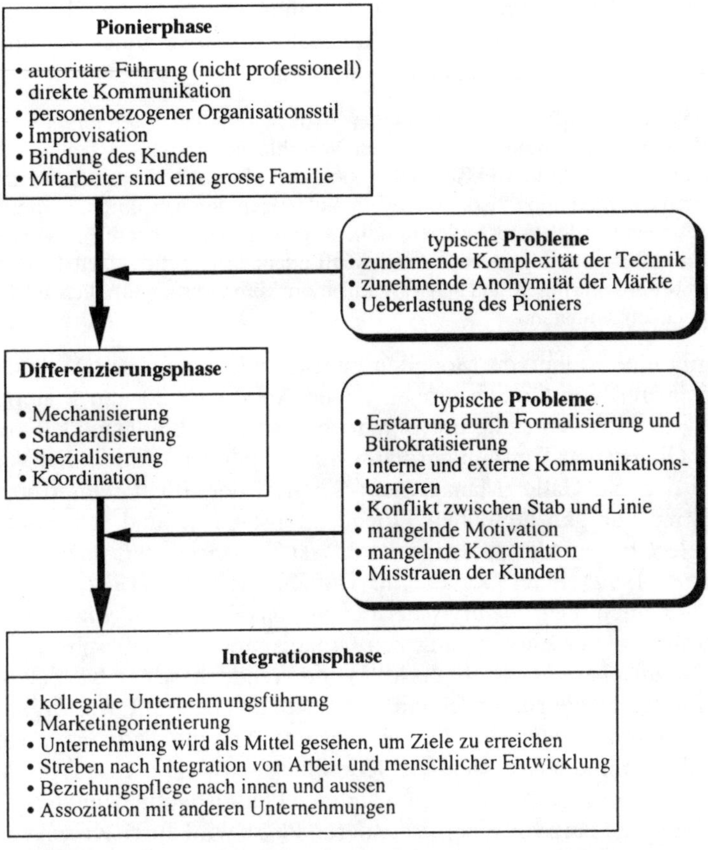

(Quelle: Gomez/Zimmermann 1992, 144)

Veränderung habe ich bereits im Kapitel „Organisation und Umwelt" vorgestellt (siehe oben, S. 176 ff.).

(3) *Lernmodelle:* Entwicklungs- und Selektionsmodelle sind passive Modelle der Veränderung. Im Gegensatz dazu wird im Lernmodell die aktive Rolle der Organisationsmitglieder bei der Veränderung betont. Die VertreterInnen von Lernmodellen sehen Organisationen als

lernfähig an. Fehlentwicklungen in der Organisation werden über kognitive Einsicht oder über Verstärkungslernen bei den Mitgliedern korrigiert. Der Lernprozeß wird erst dann als abgeschlossen betrachtet, wenn die gewonnenen Einsichten sich in einer veränderten Praxis der Organisation niederschlagen – Beispiel:

> Zwischen den MitarbeiterInnen einer Sozialstation haben seit einiger Zeit Konflikte zugenommen und zu einer Verschlechterung des Arbeitsklimas geführt. Mehrheitlich entschließen sich die MitarbeiterInnen dafür, mit einem externen Supervisor einige Teamsitzungen durchzuführen. In diesen Sitzungen werden unter anderem neue Regelungen und andere Formen der Konfliktbewältigung erarbeitet. Die Zufriedenheit und die Arbeitsleistung der MitarbeiterInnen und das Organisationsklima verbessern sich in den folgenden Monaten.

Es gibt eine Reihe von Modellen zum Entwicklungs- und Veränderungsprozeß von Organisationen (siehe Abbildung 23 und Material 8.3.1., S. 215). Ich stelle im folgenden das Entwicklungsmodell von Peter Gomez und Tim Zimmermann vor. Die beiden Autoren sind Vertreter der „St. Galler Management-Schule", deren MitarbeiterInnen Theorien zur ganzheitlichen Organisationsanalyse und -gestaltung vorgelegt haben (der „geistige Vater" ist Knut Bleicher; dazu siehe Bleicher 1992). Peter Gomez und Tim Zimmermann (1992, 153 ff.) unterscheiden vier *idealtyische Lebensphasen und Organisationsstrukturen* in der Entwicklung von Organisationen: Pionierphase (1), Wachstumsphase (2), Reifephase (3) und Wendephase (4). Die einzelnen Phasen werden dahingehend untersucht und beurteilt, wie Organisationen in der Lage sind, für sie relevante Ressourcen zu erkennen, aufzubauen und auszuschöpfen. Jede Phase entwickelt eine typische Organisationsstruktur, die sie von anderen Phasen deutlich unterscheidet. Der Übergang von einer zur anderen Phase wird durch Krisen vorangetrieben, die Chancen der Erneuerung in sich bergen.

Phasen der Organisationsentwicklung

(1) *Die Phase der Pionier-Organisation:* Pionier-Organisationen sind in der Regel junge Organisationen. Geprägt werden sie durch den Einfluß und das Engagement einer Gründerperson oder einer Gründergruppe. Die persönlich eingebrachten Ziele der MitarbeiterInnen sind identisch mit den Zielen der Organisation. Formelle Regelungen und Organisationsverfassungen sind nur rudimentär vorhanden oder haben den Charakter von generellen Visionen („Alle entscheiden gemeinsam!"). Die Bereitschaft zur Improvisation ist ausdrücklich er-

wünscht, die Mechanismen der Kontrolle werden klein geschrieben. Experimentierfreude und in der Folge ein ständiger Wandel der Strukturen stehen im Vordergrund. Die MitarbeiterInnen identifizieren sich mit der Organisation und sehen ihre Tätigkeit als eine Möglichkeit zur Selbstverwirklichung. Die interne Arbeitsteilung ist wenig differenziert, die Zusammenarbeit erfolgt in Form der Teamarbeit. Die Führung der MitarbeiterInnen geschieht durch Vorbildwirkung. Differenzierte Führungsstrategien sind noch nicht auszumachen.
Die Gefahren und Krisen der Pionierorganisation liegen in einer Dominanz der Gründergeneration und einer Abhängigkeit von Gründerpersönlichkeiten. Der starke persönliche Zuschnitt kann einen professionellen Umgang der MitarbeiterInnen untereinander erschweren. Da keine klaren Verantwortlichkeiten vorliegen, kommt es zu einer Unübersichtlichkeit bei Entscheidungskompetenzen, die zu Reibungsverlusten führen. Es treten zunehmend Kommunikations- und Koordinationsprobleme auf, die eine verläßliche Planung erschweren. Insgesamt besteht in dieser Phase die Gefahr, daß die Organisation zu sehr mit sich selbst beschäftigt ist und den Kontakt zur Umwelt verliert.

(2) *Die Phase der Wachstums-Organisation:* Die Wachstums-Organisation ist durch eine Ausweitung der Aufgaben gekennzeichnet. Komplexer werdende Anforderungen verlangen neue Strukturen und andere Formen der Führung und des Managements. Die Gründergeneration tritt mit ihrem Einfluß in den Hintergrund und macht einem professioneller handelnden Management Platz. Deren Aufgabe besteht darin, das Wachstum strategisch nach außen abzusichern und nach innen ein differenziertes System von Planungs-, Steuerungs-, Entscheidungs- und Führungsmanagement aufzubauen. Effizienzkriterien werden thematisiert und zur Beurteilung von MitarbeiterInnen und der Gesamtorganisation herangezogen. Die stärker informelle Ausrichtung wird durch formelle Regelungen ersetzt oder ergänzt. Neue Hierarchieebenen entstehen, der Aufbau der Organisation wird steiler. Mit der Entwicklung von Spezialisten und einem eigenen Management konzentriert sich die Macht auf wenige Entscheidungsinstanzen. Spielräume, die bisher von den Organisationsmitgliedern in Anspruch genommen wurden, werden eingeschränkt oder gehen verloren. Die beschriebene Dynamik der Wachstums-Organisation charakterisiert eine Tendenz in der Entwicklung. Sie hat sich in ihren Merkmalen noch nicht voll ausgeprägt und pendelt zwischen der Offenheit

gegenüber Veränderung und der Konsolidierung stabiler Strukturen. Die Gefahren und Krisen der Wachstums-Organisation liegen in einer Entpersönlichung der Organisation. In den Vordergrund treten Organisationszwänge, die den einzelnen nur noch als Erfüller von Rollenerwartungen sehen. Die wachsende Forderung nach Effizienz läßt andere Kriterien der Beurteilung außer acht und kann insbesondere bei der Vernachlässigung des menschlichen Aspekts zu einer Verschlechterung des Organisationsklimas führen. Die ausgeprägte Hierarchie erschwert den Kontakt zwischen der Basis und dem Management und läßt die Gefahr eines autoritären Führungsstils wahrscheinlicher werden. Bei den MitarbeiterInnen nimmt die Bereitschaft zur Identifikation mit der Organisation und die Expertimentierfreude ab und leitet eine Entwicklung zu weniger Flexibilität und Veränderungsbereitschaft ein.

(3) *Die Phase der Reife-Organisation:* Die in der Wachstums-Organisation angelegten Tendenzen kommen in der Reife-Organisation zur vollen Entfaltung. Der Antriebsmotor für diese Entwicklung liegt in den Grenzen eines weiteren Wachstums und der Notwendigkeit der internen Differenzierung. Die bisher vorherrschende Risikobereitschaft geht zurück, und es stellt sich die Frage nach der Tragfähigkeit der ursprünglichen Ziele und Organisationsleitbilder. Die Tendenz zur Standardisierung und Formalisierung der Arbeitsvollzüge greift extensiv um sich und verstärkt eine Bürokratisierung der Organisation. Die Leitungsinstanzen sehen ihre Aufgabe in starken Kontroll- und Planungsaktivitäten und entwickeln eine Neigung zur autoritären Führung in bezug auf die grundlegende strategische Ausrichtung der Organisation. Andererseits nehmen Freiräume auf der ausführenden Ebene zu, da die zunehmende Komplexität eine dezentrale Verantwortlichkeit erforderlich macht. Ökonomische Zielkriterien und der Sachzwang zur Verbesserung und Optimierung der Leistungen der Organisation werden zentral. Die sozialen Beziehungen differenzieren sich innerhalb der Organisation aus und führen zu einer Pluralisierung von Subystemen und -gruppen, die einen höheren Koordinationsbedarf notwendig machen.
Die Gefahren und Krisen der Reife-Organisation liegen in einer Vorherrschaft von Kontrollinstanzen, die aber trotz ausgeklügelter Versuche die Komplexität nicht mehr ausreichend beherrschen. Die Motivation der Mitglieder ist auf einem niedrigen Stand angelangt, das Ge-

fühl des entfremdeten Arbeitens nimmt zu. Bürokratismus und Formalismus haben sich so ausgebreitet, daß sie Arbeitsabläufe nicht mehr erleichtern, sondern erschweren und die Organisation schwerfällig machen. Die Spontanität und Flexibilität, mit der MitarbeiterInnen in vorangegangenen Phasen auf neue Herausforderungen reagierten, ist einer zunehmenden Erstarrung gewichen. Bei der Delegation von Verantwortung auf dezentrale Ebenen werden grundlegende Machtstrukturen nicht angetastet. Dies führt zu häufigen Konflikten und dem Einsatz von Strategien zur Machterweiterung auf allen Ebenen.

(4) *Die Phase der Wende-Organisation:* In der Wende-Phase wird die negative Entwicklung einer zu starken Spezialisierung, Formalisierungen und Bürokratisierung deutlich. Die Überbewertung der Formalstruktur führt zu einer Suche nach neuen Formen der Zusammenarbeit und des Organisationsaufbaus. Personenorientierte Organisationsstrukturen gewinnen wieder an Gewicht. Begleitet werden diese Maßnahmen durch Schrumpfungsprozesse, die von einem Abbau von Personal, Stellen und Hierarchien begleitet werden. Für einzelne und Gruppen in Organisationen kann diese Entwicklung mit dem Verlust von Privilegien und Vorteilen verbunden sein, so daß die Einsicht in eine Veränderung von Widerständen und Konflikten begleitet wird. Um den Schrumpfungsprozeß zu kompensieren, werden außerhalb Kooperationspartner gesucht, die einen Zugriff auf externe Ressourcen weiterhin ermöglichen.
Die Gefahren und Krisen der Wende-Organisation sind dort zu sehen, wo trotz notwendiger Veränderung alte Strukturen beibehalten werden. Besonders eine starke Formalisierung behindert die Bereitschaft zur Erneuerung. Da diese Phase auch mit dem Abbau von Privilegien verbunden ist, kann Mißtrauen und fehlende Transparenz eine Veränderung blockieren. Dort, wo es um eine Neuverteilung von Einfluß, Verantwortung und Entscheidungskompetenzen geht, werden Macht- und Positionskämpfe mit der ihnen innewohnenenden Eskalationsdynamik zunehmen. Die Öffnung für Kooperationen mit anderen Organisationen kann zu einer Identitätskrise führen. Das eigene Profil wird nicht mehr ausreichend deutlich gemacht und bietet keinen Anlaß der Identifikation. Abwanderungstendenzen von MitarbeiterInnen nehmen zu – Beispiel:

In den siebziger Jahren gründen SozialarbeiterInnen, PsychologInnen und Mitglieder anderer sozialer Berufsgruppen eine alternative Drogeneinrichtung. Mit viel persönlichem Engagement wird ein niederschwelliges Beratungsangebot für Drogenabhängige aufgebaut. Die Arbeitsatmosphäre in der Einrichtung ist locker, man kommt auch persönlich gut miteinander aus und jede/r MitarbeiterIn übernimmt neben der eigentlichen fachlichen Arbeit noch zusätzliche Dienstleistungen zur Erhaltung der Organisation. In den Folgejahren vergrößert sich die Einrichtung. Neben der ursprünglichen Beratungsarbeit kommen ein offener Treffpunkt und verschiedene Gruppenangebote hinzu. Um die Aufgaben bewältigen zu können, müssen neue MitarbeiterInnen eingestellt werden. Deren Motivation ist nicht mehr von dem Pioniergeist der Gründergeneration geleitet. Sie sind nicht bereit, in ihrer beruflichen Arbeit den einzigen Lebenssinn zu sehen und wollen ihre Arbeit auf ihre eigentlichen Qualifikationen beschränkt sehen. In der Folge nehmen die Konflikte in der Einrichtung zu. Besonders die Gründergeneration kann das – ihrer Meinung nach – unzureichende Engagement der neuen Generation nicht verstehen. Die jüngere Generation spricht dagegen von unklaren Kompetenzen in der Einrichtung. Nach einiger Zeit wächst bei den meisten MitarbeiterInnen die Bereitschaft zur konstruktiven Auseinandersetzung mit den Konflikten. Ein externer Organisationsberater wird hinzugezogen. Gemeinsam sollen die etablierten Arbeitsabläufe und internen Regelungen überprüft und verbessert werden; ferner sollen neue Formen des Umgangs mit Konflikten entwickelt werden.

Die Darstellung der Entwicklungsabläufe in Organisationen legen es u. U. nahe, darin einen Determinismus zu sehen. Dies muß nicht so sein. Zwar macht das Phasenmodell deutlich, daß Organisationen lebensgeschichtlich spezifische Probleme und typische Strukturen in ihren Entwicklungsphasen durchlaufen. Betrachtet man Organisationen aber als gestaltbare und veränderbare soziale Gebilde, dann sind sie der Gesetzmäßigkeit der Entwicklung nicht ausgeliefert. Es ist die Aufgabe aller MitarbeiterInnen und des Managements, Fehlentwicklungen rechtzeitig vorauszusehen, um durch bewußte Maßnahmen und Interventionen die Veränderung von Organisationen in dem gewünschten Sinne zu beeinflussen. Wir kommen damit zum letzten Abschnitt, der sich mit der gezielten Veränderung von Organisationen beschäftigt: Organisationsentwicklung.

8.2. Organisationsentwicklung

Mit dem Thema „Organisationsentwicklung“ schließt sich der Kreis des Buches. Ich habe die Bedeutung des Wissens über Organisationen für das professionelle Handeln in der Sozialen Arbeit begründet (siehe oben, S. 17 ff.), die besonderen Organisationsprinzipien im Sozialbereich dargestellt (S. 24 ff.), theoretische Grundlagen zur Analyse von Organisationen und deren Menschenbilder erläutert (S. 43 ff.) und die Struktur und die Dynamik in verschiedenen ausgewählten Aspekten analysiert (S. 73 ff.). Das abschließende Thema führt die verschiedenen Einzelaspekte wieder zusammen und fragt danach, wie ein bewußter und zielgerichteter Veränderungsprozeß in Organisationen initiiert, geplant und durchgeführt werden kann.

bewußte und zielgerichtete Veränderung von Organisationen

Unter dem *Begriff „Organisationsentwicklung“* werden verschiedene Strategien der geplanten Veränderung von Organisationen zusammengefaßt (Becker/Langosch 1990; French/Bell jr. 1982; Glasl/Houssaye 1975; Glasl 1983; Sievers 1977). In der Regel besteht bei den Autoren Einigkeit darüber, daß Organisationsentwicklung ein längerfristiger und umfassender Prozeß ist, der auf die Verbesserung der Leistungsfähigkeit einer Organisation und der Zufriedenheit der MitarbeiterInnen gerichtet ist. Die 1980 gegründete „Gesellschaft für Organisationsentwicklung“ (GOE) beschreibt in einem Informationsblatt „Organisationsentwicklung als einen längerfristig angelegten, organisationsumfassenden Entwicklungs- und Veränderungsprozeß von Organisationen und der in ihr tätigen Menschen. Der Prozeß beruht auf dem Lernen aller Betroffenen durch direkte Mitwirkung und praktische Erfahrung. Sein Ziel besteht in einer gleichzeitigen Verbesserung der Leistungsfähigkeit der Organisation (Effektivität) und Qualität des Arbeitslebens (Humanität)“ (GOE 1980).

Organisationsentwicklung greift auf unterschiedliche sozialwissenschaftliche Theorien der Analyse und Intervention zurück. Der Betriebswirt Peter Heimerl-Wagner (1993, 242 ff.) sieht *vier* Traditionen, die Wegbereiter der Organisationsentwicklung sind und auf die Entstehung der Konzepte Einfluß genommen haben:

Wegbereiter der Organisationsentwicklung

(1) Im Rahmen der *„Human-Relation-Forschung“* (S. 55 ff.) wurde der Mensch mit seiner Motivation und Arbeitszufriedenheit in den Mittelpunkt gestellt. Die Ergebnisse zeigten, daß Unzufriedenheit und mangelnde Motivation Auswirkungen auf das Betriebsklima und die Effektivität der Arbeitsorganisation haben. Die im Anschluß dar-

an entwikelten Vorschläge zur „Humanisierung der Arbeitswelt" richteten sich auf die Verbesserung des Arbeitsklimas, die Erhöhung der Arbeitszufriedenheit und Motivation sowie die Selbstverwirklichung der MitarbeiterInnen. Ansatzpunkte zur Erreichung dieser Ziele werden in einem veränderten Führungsverhalten von Vorgesetzten (S. 109 ff.) und in einer gruppenorientierten Arbeitsgestaltung (S. 136 ff.) gesehen.

(2) Einfluß auf die Organisationsentwicklung hatten auch die *gruppendynamischen Untersuchungen* von Kurt Lewin und seinen Mitarbeitern (Lewin/Lippitt/White 1939). Sie analysierten das Verhalten von einzelnen in Gruppen. Ihre Ergebnisse bildeten die Grundlage für Trainingsprogramme, in denen MitarbeiterInnen von Organisationen für emotionale Prozesse und verschiedene Rollen in Gruppen sensibilisiert wurden. Sie lernten in Selbsterfahrungsgruppen, ihr eigenes Verhalten in Gruppen einzuschätzen und neue Formen der Kooperation zu praktizieren. Ein Problem der Trainingsprogramme bestand darin, daß das Lernen von neuen Rollen und Verhaltensweisen nicht in der Praxis der Organisation, sondern in der künstlichen Situation von „Laboratorien" geschah. Der Transfer der Verhaltensweisen gelang nur in Ansätzen. Deshalb war man schon bald bemüht, die Trainingsprogramme in der Praxis der Organisation anzusiedeln. Es entstanden daraus die ersten Modelle der Teamentwicklung: die Anfänge für eine Organisationsentwicklung waren gelegt.

(3) Eine weitere Wurzel der Organisationsentwicklung ist die *Aktionsforschung,* die ebenfalls von Kurt Lewin (1946) entwickelt wurde. Die Aktionsforschung (zum Ablauf des Aktionsforschungsprozesses siehe: Material 8.3.2, S. 218 ff.). entstand aus dem Anspruch von SozialforscherInnen, die soziale Wirklichkeit nicht nur zu beschreiben und zu erklären, sondern sie auch zu verändern. Der/die ForscherIn sieht sich selbst als Bestandteil des Forschungsfeldes und seine/ihre Aufgabe darin, Organisationsmitglieder bei der Reflexion der Struktur und Dynamik von Organisationen zu unterstützen und dadurch Anstöße zur Veränderung zu geben. In der „Survey-Feedback"-Methode ist das Sammeln von Daten und deren systematische Rückkoppelung mit Organisationsmitgliedern standardisiert. Der erste Schritt der Methode besteht in der Erhebung des Ist-Zustandes einer Organisation oder Organisationseinheit. Dies geschieht mit Hilfe von verschiedenen Techniken der Sozialforschung, wie etwa standardisierte Fragebögen oder Interviews. Im zweiten Schritt werden die aufbereiteten Da-

ten und die ermittelten Probleme an die Organisationsmitglieder zurückgekoppelt. Im dritten Schritt erfolgt die Diskussion der Ergebnisse und möglicher Folgerungen. Schließlich werden notwendige Konsequenzen und Maßnahmen entschieden. Ergänzt wird diese Vorgehensweise durch ein Drei-Phasen-Modell des Lernens von Kurt Lewin. In der ersten Phase muß zunächst eine Motivation für den Organisationsentwickungsprozeß bei den Beteiligten geschaffen werden („unfreezing"). In der zweiten Phase werden Alternativen und neue Verhaltensweisen entwickelt („moving") und in der dritten Phase schließlich müssen die veränderten Verhaltensweisen stabilisiert und in das Organisationsgeschehen integriert werden („refreezing").
(4) Und schließlich ist der *„soziotechnische Systemansatz"* zu nennen, der die Organisationsentwicklung auf den Weg gebracht hat. Er geht auf Untersuchungen im englischen Kohlebergbau während der fünfziger Jahre zurück. Von dem Einsatz neuer Technologie erwartete man sich in der Kohleindustrie eine Steigerung der Produktivität, die allerdings nicht eintrat. Analysen verdeutlichten, daß die neue Technologie die traditionellen Gruppenstrukturen zerstört hatte und in der Folge vermehrte Konflikte auftraten. Daraus wurde unter anderem die Konsequenz gezogen, soziale Auswirkungen bei technologischen Veränderungen zu berücksichtigen und den Arbeitsgruppen eine eigenständige Verantwortung in dem Innovationsprozeß einzuräumen.

idealtypisches Modell der Organisationsentwicklung

Die verschiedenen Ziele, Theorien, Methoden und Techniken der genannten Traditionen wurden zu einem idealtypischen Modell der Organisationsentwicklung verbunden (zum Überblick über die Elemente siehe: Material 8.3.3., S. 219 ff.). In diesem Modell sind unter anderem *zwei Aspekte* von Bedeutung: die methodischen Prinzipien (1) und die Interventionsebenen (2).

Methodische Prinzipien der Organisationsentwicklung

(1) *Methodische Prinzipien der Organisationsentwicklung:* In der Organisationsentwicklung kommen eine Reihe von methodischen Prinzipien zur Anwendung, wie sie in vergleichbarer Form auch in der Sozialen Arbeit anzutreffen sind. Sie entstammen einem humanistischen Menschenbild, sind idealtypisch formuliert und geben eine Orientierung für das Handeln vor. Horst Becker und Ingo Langosch (1990, 23–54) haben diese Prinzipien aus verschiedenen Organisationsentwicklungsmodellen zusammengefaßt; im einzelnen sind dies:

(a) *Gemeinsames Problembewußtsein:* Ausgangspunkt eines geplanten Veränderungsprozesses ist in der Regel ein Unbehagen oder eine

Unzufriedenheit bei einzelnen Personen oder Gruppen in der Organisation. Entscheidend ist nicht, ob das Problem bei einer neutralen Betrachtung auch objektiv so gesehen wird. Es reicht aus, daß in dem persönlichen Erleben der betreffenden Organisationsmitglieder dieses Problem existiert, da die subjektive Einstellung das Verhalten beeinflußt. Für eine Organisationsentwicklung ist es notwendig, daß die individuelle Betroffenheit in einen kollektiven Handlungswunsch mündet. Dazu muß zunächst das Unbehagen dem einzelnen bewußt werden. Im weiteren sind Verbündete zu suchen, welche die Problemsicht teilen, und schließlich muß gemeinsam eine Absicht formuliert werden, an dem Problem etwas zu verändern.

(b) *Mitwirkung eines/r Beraters/-in:* In den überwiegenden Fällen sind Organisationsmitglieder von auftretenden Konflikten und Problemen betroffen. Sie sind keine neutralen, distanzierten Beobachter, sondern mit ihren subjektiven Sichtweisen und Interessen beteiligt. Ein/e von außen kommende/r Berater/-in unterstützt die Organisationsmitglieder bei der Benennung und Bearbeitung der Probleme. Seine/ihre Aufgabe besteht nicht darin, fertige Lösungen zu präsentieren. Er/sie muß vielmehr die Beteiligten befähigen, eigene Bewältigungsstrategien zu entwickeln. „Hilfe zur Selbsthilfe" ist ein zentrales Prinzip in der Zielausrichtung der Beratung. Der oder die Berater/-in hat die Aufgabe, Situationen zu arrangieren, in denen die Beteiligten zu eigenen Erkenntnissen und Vorschlägen gelangen, die eine breite Zustimmung erfahren.

(c) *Beteiligung der Betroffenen:* Das Prinzip „Hilfe zur Selbsthilfe" erfordert die aktive Mitwirkung der betroffenen Organisationsmitglieder. In der Zielsetzung einer humanen und demokratischen Organisationsentwicklung wird dieses Prinzip i. d. R. unmittelbar auf Zustimmung stoßen. Doch um es zu verwirklichen, müssen die Bedingungen benannt werden, die eine Mitwirkung von Betroffenen möglich machen. Zu diesen gehören Überlegungen bezüglich der Anzahl der zu Beteiligenden, der Intensität der Betroffenheit und der notwendigen Fähigkeiten, um an dem Entwicklungprozeß mitzuwirken. Damit ist die Frage nach der Motivation aufgeworfen und die Frage, wie diese Motivation geschaffen bzw. verbessert werden kann. Letztlich muß entschieden werden, in welchem Umfang Betroffene an Entscheidungen zu beteiligen sind.

(d) *Klärung von Sach- und Beziehungsproblemen:* Die Organisationsentwicklung geht davon aus, daß zu einer Bearbeitung von Unzufrie-

denheit und Problemen in Organisationen die Klärung von Sach- und Beziehungsproblemen gehört. Sachprobleme beziehen sich darauf, daß die Beteiligten unterschiedliche Maßstäbe bei der Beurteilung von Sachthemen haben. Beziehungsprobleme sind auf der persönlichen Ebene angesiedelt und haben einen konfliktträchtigen Umgang zum Inhalt. In den meisten Fällen ist davon auszugehen, daß die Sachprobleme nur gelöst werden können, wenn die damit verbundenen Beziehungskonflikte gelöst wurden. Eine Schwierigkeit besteht darin, daß Beziehungskonflikte oftmals einen langen zeitlichen Vorlauf haben und durch Faktoren, die außerhalb der Organisation liegen (z. B. Schwierigkeiten im privaten Umfeld), beeinflußt werden können.
(e) *Erfahrungsorientiertes Lernen:* Einstellungs- und Verhaltensänderungen werden durch ein erfahrungsorientiertes Lernen günstig beeinflußt. Erfahrungsorientiertes Lernen bedeutet, daß nicht abstrakte Inhalte zum Gegenstand des Lernens gemacht werden, sondern die konkreten Probleme und Konflikte, die den Arbeitsalltag begleiten. Die Orientierung an den gemachten Erfahrungen erhöht die Wahrscheinlichkeit, daß das Lernen auf eine höhere Akzeptanz bei den Beteiligten stößt. Außerdem können in dieser Form des Lernens emotionale und kognitive Aspekte des Lernprozesses miteinander verbunden werden. Emotionale Beteiligung ist darauf gerichtet, eine positive Grundstimmung für den Prozeß des Lernens zu schaffen. Der kognitive Aspekt bezieht sich auf die Vermittlung von neuen Denkmustern und -strukturen, die den Zugang zu neuen Erfahrungen möglich machen.
(f) *Prozeßorientiertes Vorgehen:* Veränderungen sind keine determinierten Prozesse, die, einmal angestoßen, in der vorgegebenen Richtung weiterlaufen. Der Prozeß der Veränderung ist am Anfang nur eingeschränkt planbar. Ursprüngliche Ziele und Absichten werden im Laufe der Entwicklung modifiziert oder durch neue ersetzt. Die Organisationsentwicklung muß deshalb offen sein für neue Anregungen und alternative Vorgehensweisen. Sie kann dies erreichen, indem sie von vornherein Alternativen bei ihrer Planung berücksichtigt. Dies wird erleichtert, wenn Alternativen formuliert oder in einem gemeinsamen kreativen Prozeß entwickelt werden. Erfolgreich ist auch eine pragmatische Planung, die nicht von abstrakten Zielen ausgeht, sondern konkrete Aufgaben benennt und diese Schritt für Schritt erweitert und modifiziert.
(g) *Systemumfassendes Denken:* Organisationsentwicklung setzt nicht an einem isolierten Aspekt des aufgetretenen Problems an. Sie

versucht, möglichst viele der bedeutsamen Einflußfaktoren zu erfassen. Ein Faktor ist das Individuum mit seinen subjektiven Einstellungen, Fähigkeiten, Wünschen und Motiven; ein weiterer die sozialen Beziehungen und Konflikte zwischen Personen und zwischen Gruppen. Der dritte Faktor ist die Organisation mit ihren Strukturen, Regelungen und Normen; ein vierter die Umwelt der Organisation mit ihren sich verändernden Ressourcen und Aufgaben, und der fünfte der dynamische Aspekt der Entwicklung, der in einer zeitlichen Betrachtung zum Ausdruck kommt. Systemische Organisationsentwicklung erfaßt diese verschiedenen Elemente in ihren wechselseitigen Abhängigkeiten und Wirkungen im Rahmen der Analyse und berücksichtigt die Einflußfaktoren bei der Planung von Maßnahmen und Lösungen.

Ebenen der Organisationsentwicklung

(2) *Interventionsebenen der Organisationsentwicklung:* Organisationsentwicklung begreift Organisationen als komplexe soziale Systeme. Die Analyse der Probleme und die Interventionen setzen auf verschiedenen Ebenen an und berücksichtigen deren wechselseitige Beeinflussung (Abbildung 24). Als zentrale Analyse- und Interventionsebenen werden das Individuum (a), die sozialen Beziehungen (b) und die Gesamtorganisation (c) gesehen.

Abbildung 24: Interventionsebenen der Organisationsentwicklung

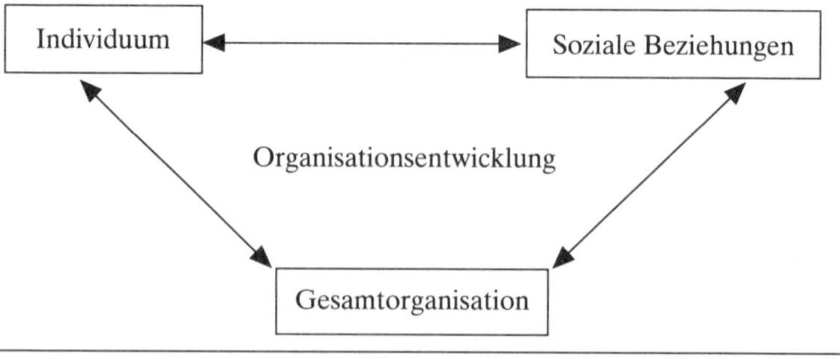

(a) *Das Individuum:* Im Mittelpunkt dieser Perspektive steht das Individuum mit seinen persönlichen Zielen, Motiven, Arbeitszufriedenheiten, Werthaltungen, Einstellungen, Ängsten, Hoffnungen, Fähigkeiten, Interessen und Verhaltensweisen. Strategien, die in der Organisationsentwicklung Anwendung finden, zielen auf die Veränderung von Wahrnehmungen, Einstellungen und Verhaltensweisen sowie auf die Erhöhung der Arbeitszufriedenheit und der Motivation. Methodische Instrumente können unter anderem Rollenanalyse (siehe Ausführungen oben, S. 126 ff.), Erhebungen zur Arbeitszufriedenheit (siehe oben, S. 54 ff.), Qualifizierung von MitarbeiterInnen, Supervision, Coaching, Karriereplanung, Personalentwicklung und verschiedene Formen der Arbeitsgestaltung (siehe oben, S. 136 ff.) sein – Beispiel:

Die heilpädagogischen MitarbeiterInnen in einem teilstationären Heim sind mit ihren Arbeitsbedingungen unzufrieden und sehen für sich wenig berufliche Perspektiven. Durch Fortbildungen, Delegation von mehr Verantwortung an die MitarbeiterInnen und einer neuen Aufgabenverteilungen kann die Unzufriedenheit abgebaut werden.

(b) Die *sozialen Beziehungen:* Im Mittelpunkt stehen hier die verschiedenen Ausprägungen der informellen Struktur. Der Focus der Betrachtung ist auf die Beziehungen zwischen einzelnen und Gruppen, zwischen unterschiedlichen Gruppen und auf die Beziehungen in den Gruppen gerichtet. Themen sind z. B. das Organisationsklima, der Umgang mit Konflikten (siehe Ausführungen oben, S. 161 ff.), die Machtverteilung (siehe oben, S. 155 ff.), die Organisation von informellen Kommunikations- und Informationswegen, die Offenheit von Gruppen (siehe oben, S. 136 ff.), die gruppendynamischen Prozesse, die informellen Leistungsnormen (siehe oben, S. 64 ff.), die praktizierten Rituale und die tradierten Mythen (siehe oben, S. 64 ff.). Ziele sind die Verbesserung der sozialen Beziehungen der Organisationsmitglieder und des Organisationsklimas. Methodische Instrumente können unter anderem Konfliktmanagement (siehe oben, S. 161 ff.), Gruppenberatung und -supervision, Teamentwicklung, gruppendynamische Trainingsgruppen, Qualitätszirkel und Lernstatt sein (siehe oben, S. 141 ff.) – Beispiel:

In einem Jugendzentrum nehmen die Konflikte im Team seit einigen Monaten zu. Unter Begleitung eines Supervisors werden die Ursachen der Konflikte angesprochen und nach neuen Wegen des gemeinsamen Umgangs gesucht.

(c) *Die Gesamtorganisation:* Die Ebene der Gesamtorganisation hat zwei Bezugsgrößen: Die eine thematisiert die Auswirkungen der formellen Struktur, die andere die Anforderungen der Umwelt an die Organisation. Die zentrale Perspektive der Betrachtung ist der formelle Aufbau einer Organisation und der Rückgriff der Organisation auf die Ressourcen der Umwelt. Themen sind die Mitwirkungsmöglichkeiten der Organisationsmitglieder bei Entscheidungsprozessen, die formellen Weisungbefugnisse, die Organisation von Arbeitsabläufen, Planungsprozesse, die Gestaltung der Informationswege, Offenheit, strategische Positionierung gegenüber der Umwelt sowie Aufgabenverteilung und Stellenbeschreibung. Methodische Instrumente sind unter anderem Bedarfsplanung, Macht- und Kraftfeldanalyse (siehe Ausführungen oben, S. 162 ff.), Aufgaben- und Ressourcenanalyse (siehe oben, S. 62 ff. und S. 179 ff.), Stärke-Schwäche-Analyse, dialogische Zielplanung (siehe oben, S. 85 ff.), das Modell der „überlappenden Gruppen" (siehe oben, S. 55 ff.) sowie der Einsatz von teilautonomen Arbeitsgruppen und Teams (siehe oben, S. 138 ff.) – Beispiel:

> In einer Behindertenwerkstatt liegen keine Stellenbeschreibungen für die MitarbeiterInnen vor, die Verteilung der formellen Weisungs- und Entscheidungsbefugnisse ist unklar. Zusammen mit einem externen Berater werden Stellenbeschreibungen erstellt und die formellen Strukturen transparent gemacht.

Damit hat sich der thematische Kreis des Buches geschlossen. Ich habe theoretische Grundlagen zur Beschreibung und Analyse der Struktur und der sozialen Dynamik in Organisationen vorgestellt und gezeigt, wie diese Erkenntnisse auf Organisationen im Sozialbereich angewandt werden können. Ferner habe ich ausgewählte Interventionsstrategien dargestellt, mit denen formelle Organisationsabläufe gestaltet, sozialen Beziehungen in Organisationen verbessert und individuelle Einstellungen und Motive verändert werden können. Es wäre nun folgerichtig, die Einbindung der organisatorischen Grundlagen in das sozialarbeiterische/pädagogische Handeln – also Methoden des *Sozialmanagements* als Bestandteil des professionellen Handelns von SozialarbeiterInnen/SozialpädagogInnen mit AdressatInnen – zu analysieren. Dieser anschließende Themenkreis bleibt jedoch einer weiteren Veröffentlichung vorbehalten.

8.3. Materialien/Dokumente, Literatur

8.3.1. Das Wachstumsmodell nach Larry Greiner

In dem Stufenmodell der Entwicklung nach Larry E. Greiner (1972; nach: Gomez/ Zimmermann 1992, 146) wird die Veränderungsdynamik in Organisationen durch typische Wachstumskrisen hervorgerufen. Diese Krisen sind abhängig vom Alter und

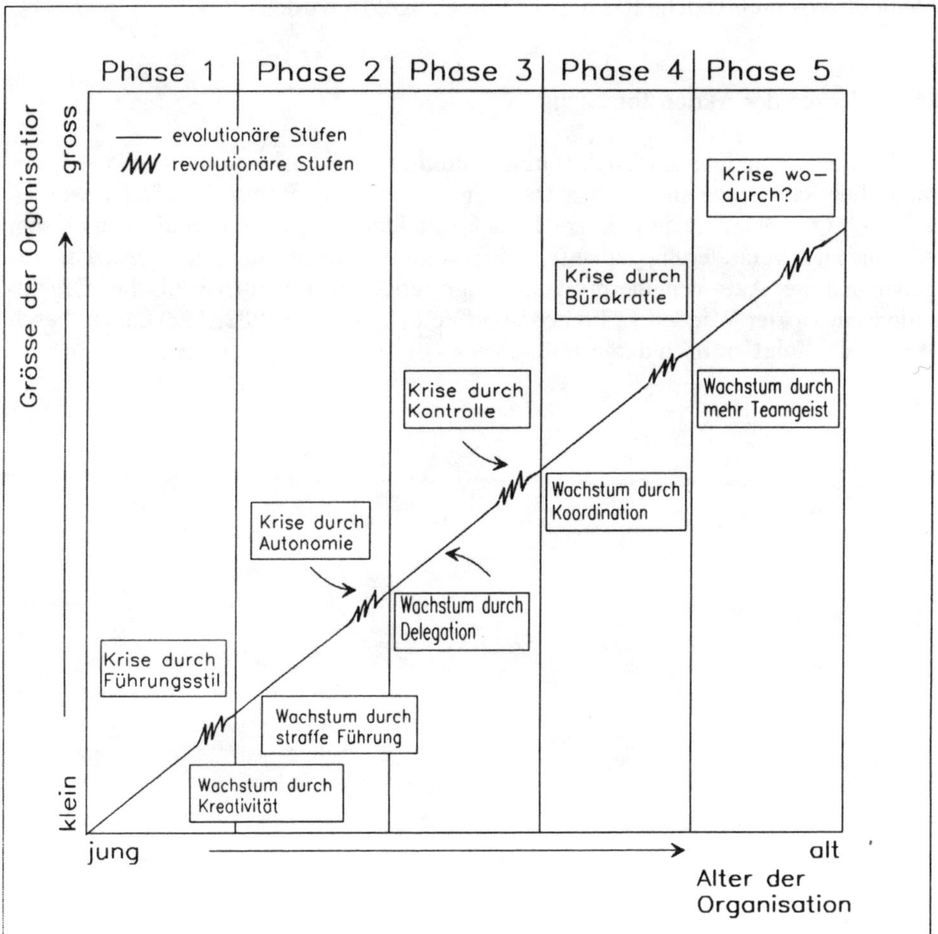

und von der Größe der Organisation. Jeder Krise sind spezifische Führungs- bzw. Managementaufgaben zugeordnet: die Phase der Kreativität im Anfangsstadium einer Organisation wird durch eine Führungskrise beendet; die Phase der direkten Führung durch Autonomieforderungen von MitarbeiterInnen; die Phase der Delegation wird durch einen Verlust an Kontrolle beendet; als Antwort darauf werden in der Phase der Koordination neue formale Regelungen geschaffen, die allerdings ein flexibles Handeln einschränken; schließlich erfolgt in einer fünften Phase die Orientierung an einem Teamgeist, an selbstverantwortlichem und unbürokratischem Handeln. Es bleibt offen, durch welche Krise diese Phase abgelöst wird.

8.3.2. Prozeß der Aktionsforschung

Aktionsforschung im Rahmen der Organisationsentwicklung ist ein Prozeß der systematischen Sammlung empirischer Daten in einer Organisation. Diese Daten werden an die Organisationsmitglieder zurückgemeldet (feedback) und gemeinsam Aktionen der Veränderung geplant. In einer weiteren Datensammlung werden die Ergebnisse dieser Aktionen überprüft und ausgewertet. Die US-amerikanischen Organisationsentwickler Wendell L. French und Cecil H. Bell jr. (1982, 112) haben diesen Prozeß wie folgt grafisch dargestellt:

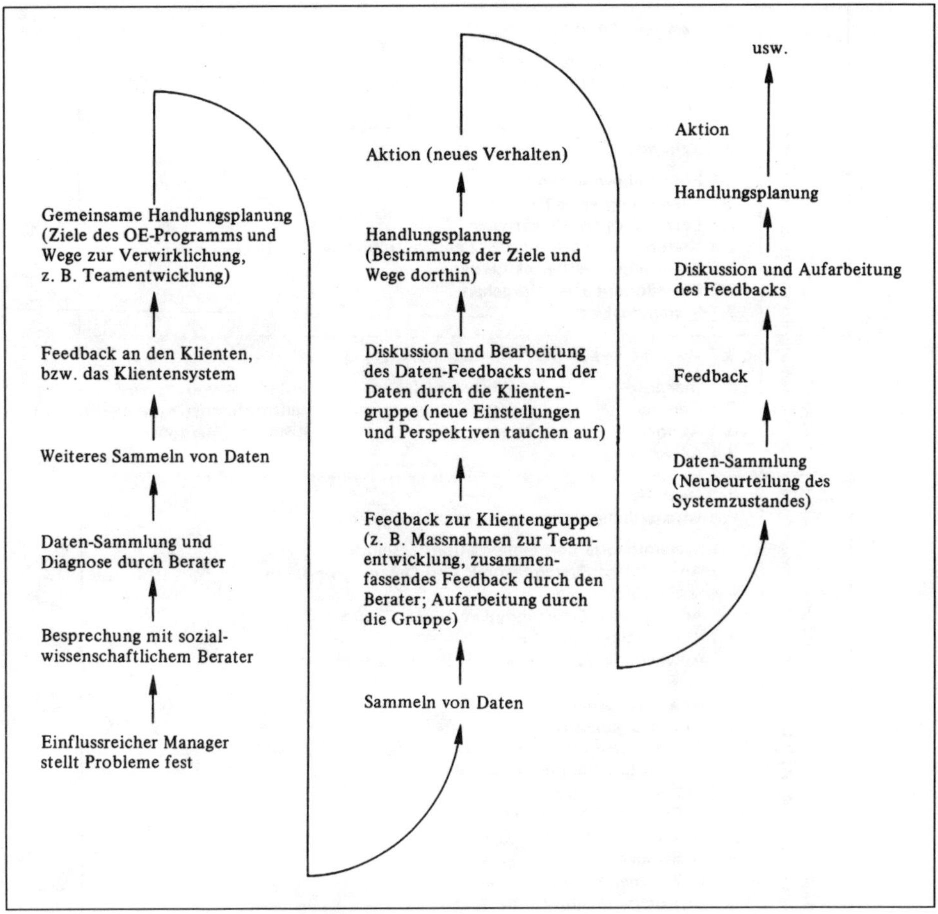

8.3.3. Elemente eines Modells der Organisationsentwicklung

Horst Becker und Ingo Langosch (1990, 94) haben ein Modell der Organisationsentwicklung vorgelegt, das sich an einem humanistischen Menschenbild orientiert: Effizienz und Menschlichkeit sind darin gleichrangige Ziele. Neben diesen Leitideen besteht das Modell aus Prinzipien des Handelns, einer systematischen Methodik, ausgewählten wissenschaftlichen Theorien sowie Verfahren bzw. Techniken des Vorgehens. Die einzelnen Elemente werden im Überblick dargestellt:

„philosophy" Leitideen	*1. Ziele und Leitbild* a) Produktivität *und* Menschlichkeit b) Der Mensch ist ein sich entwickelndes und (durch vielerlei Umstände) lernendes Wesen
„policy" Prinzipien d. Handelns	*2. Kriterien* 2.1 Problembewußtsein 2.2 Mitwirkung eines Beraters 2.3 Beteiligung der Betroffenen 2.4 Klärung von Sach- und Beziehungsproblemen 2.5 Erfahrungsorientiertes Lernen 2.6 Prozeßorientiertes Vorgehen 2.7 Systemdenken
„strategy" Gesamtplanung	*3. Vorgehensweise* (im Sinne der Punkte 1 und 2) 3.1 Diagnose 3.2 Planung 3.3 Aktion 3.4 Auswertung in Wechselbeziehung zwischen Klienten und Berater unter Anwendung wissenschaftlicher Erkenntnisse und Methoden
„instruments" method. Anwendung	*4. Methoden* Wissenschaftliche Erkenntnisse und Methoden 4.1 Systemtheorie und Organisationsforschung Anwendung: Systemtechnik und Organisationslehre 4.2 Sozialpsychologie Anwendung: Gruppendynamik und Gruppenpädagogik 4.3 Kommunikationstheorie Anwendung: Gesprächs- und Beratungstechniken
„situations" Objektbereiche, Anlässe	*5. Anwendungsfelder von OE* 5.1 Gesamtorganisation a) umweltbedingte Probleme b) strukturbedingte Probleme 5.2 Soziale Beziehungen a) Probleme in Gruppen b) Probleme zwischen Gruppen 5.3 Individuen a) Wahrnehmungsprobleme b) Kommunikationsprobleme c) Interaktionsprobleme
„operations" Maßnahmen	*6. Maßnahmen, Techniken, Interventionen* 6.1 Survey-Feedback-Methode 6.2 Komplexitätsmodell und Kraftfeldanalyse 6.3 Beurteilungs- und Anreizsysteme 6.4 Organisationsinterne Einsatzberatung 6.5 Führungsverhaltensentwicklung 6.6 Management by objectives 6.7 Teamentwicklung 6.8 Intergruppen-Training 6.9 Transaktionsanalyse usw.

8.3.4. Literatur

Becker, H. / Langosch, I. (1990): Produktivität und Menschlichkeit. Organisationsentwicklung und ihre Anwendung in der Praxis, Stuttgart, 3. Auflage
Die Autoren legen ein eigenes Modell der Organisationsentwicklung vor. Es wird ein Überblick über wissenschaftliche Grundlagen, Anwendungsmöglichkeiten und Strategien der Durchführung gegeben. Exemplarisch werden verschiedene Arbeitsinstrumente vorgestellt.

French, W. L. / Bell, C. H. jr. (1990): Organisationsentwicklung. Bern und Stuttgart, 3. Auflage
In dem Buch wird eine umfassende Einführung in die Organisationsentwicklung gegeben. Neben der Theorie und Praxis der Organisationsentwicklung werden zentrale Aspekte und Probleme analysiert. Das Buch bietet einen guten Überblick über die Traditionen und Grundlagen der Organisationsentwicklung.

Gomez, P. / Zimmermann, T. (1992): Unternehmensorganisation. Profile, Dynamik, Methodik. Frankfurt/Main
In dem Buch wird das „St. Galler Management-Konzept“ vorgestellt. Dieses wurde an der Hochschule St. Gallen von verschiedenen Wirtschaftswissenschaftlern entwickelt und baut auf einer ganzheitlichen Betrachtung und Analyse von Organisationen auf. Den Schwerpunkt bildet die Analyse von komplexen Wirkungszusammenhängen in Organisationen, insbesondere der Aufbaustruktur, der Dynamik des Wandels und der Steuerungs- bzw. Gestaltungsmöglichkeiten.

8.4. Übungsfragen

(a) Verständnisfragen

(1) Was soll der Begriff „Veränderung“ im Zusammenhang mit Organisationen zum Ausdruck bringen?
(2) Welche Menschenbilder und Wertvorstellungen stehen jeweils hinter dem Entwicklungs-, Selektions- und Lernmodell?
(3) Beschreiben Sie die verschiedenen Phasen des St. Galler Entwicklungsmodells. Worin liegen die typischen Krisen und Gefahren der jeweiligen Phase?
(4) Wie haben verschiedene Traditionen der Organisationsforschung die Organisationsentwicklung beeinflußt?
(5) Beschreiben Sie die methodischen Prinzipien der Organisationsentwicklung.
(6) Warum setzen die Interventionen der Organisationsentwicklung auf den Ebenen „Individuum“, „soziale Beziehungen“ und „Gesamtorganisation“ an?

(b) Vertiefungsfragen

(1) Wählen Sie eine Organisation aus dem Sozialbereich aus, die Ihnen näher vertraut ist. Analysieren Sie den Wandel dieser Organisation unter Verwendung der vorgestellten Entwicklungsmodelle (siehe Abschnitt 8.1. und Material 8.3.1.).
(a) In welcher Phase der Entwicklung befindet sich die Organisation?
(b) Gibt es phasentypische Organisationsprobleme?
(c) Was wissen Sie über die vergangene Entwicklung der Organisation und inwiefern können hier typische Entwicklungsabläufe festgestellt werden?
(d) Welche Organisationsprobleme sollten in naher Zukunft bearbeitet werden, damit eine weitere Entwicklung möglich wird?
(2) Vergleichen Sie die einzelnen Elemente der Organisationsentwicklung mit denen in Handlungsmodellen der Sozialen Arbeit (z. B. Case-Management). Wo gibt es Gemeinsamkeiten, wo Unterschiede (Material 8.3.3.)?
(3) Überlegen Sie an einem von Ihnen ausgewählten Problem in einer Organisation des Sozialbereichs, wie das Prinzip des erfahrungsorientierten Lernens zur Anwendung kommen kann.

Literatur

Achterholdt, G. (1988): Corporate Identity. Wiesbaden

Aldrich, H. E. (1979): Organizations and Environment. Englewood Clifts, N. J. Prentice-Hall

Aldrich, H. E. / Pfeffer, J. (1975): Environments of Organizations. In: Annual Review of Sociology, 2, S. 79–105

Antoni, C. / Bungard, W. / Lehnert, E. (1992): Qualitätszirkel und ähnliche Formen der Gruppenarbeit in der Bundesrepublik Deutschland: Eine Bestandsaufnahme der Problemlösegruppen – Konzepte bei den 100 umsatzstärksten Industrieunternehmen. In: Bungard, W. (Hg.): Qualitätszirkel in der Arbeitswelt. Ziele, Erfahrungen, Probleme. Göttingen

Badelt, C. (1993): Denn Sie wissen nun, was Sie tun. In: Socialmanagement, 3, S. 6–8.

BAGFW (Hg.) (1985): Die Spitzenverbände der Freien Wohlfahrtspflege. Freiburg im Breisgau

Bahrdt, H. P. (1984): Schlüsselbegriffe der Soziologie. Eine Einführung mit Lehrbeispielen. München

Bauer, R. (1978): Wohlfahrtsverbände in der Bundesrepublik. Weinheim

Bartölke, K. (1992): Teilautonome Arbeitsgruppen. In: Frese (Hg.): Handwörterbuch der Organisation. Stuttgart, S. 2384–2399

Bäcker, G. u. a. (1989): Sozialpolitik und soziale Lage. Band II. Köln

Becker, H. / Langosch, I. (1990): Produktivität und Menschlichkeit. Stuttgart, 3. Auflage

Berkel, K. (1984): Konfliktforschung und Konfliktbewältigung. Ein organisationspsychologischer Ansatz. Berlin

Berkel, K. (1992): Konflikttraining. Heidelberg, 3. Auflage

Birkigt, K. / Stadler, M. M. / Funk, H. J. (1988): Corporaty Identity Grundlagen, Funktionen, Fallbeispiele. Landsberg / Lech, 4. Auflage

Bleicher, K.: Organisation. Wiesbaden, 2. Auflage

Blinkert, B. u. a. (1976): Berufskrisen in der Sozialarbeit. Eine empirische Untersuchung über Verunsicherung, Anpassung und Professionalisierung von Sozialarbeitern. Weinheim

Blum, S. (1994): Corporate Identity – ein Unternehmensansatz auch für soziale Organisationen? In: Social images, 1/1994, S. 17–28

Bobzien, M. / Stark, W. (1991): Empowerment als Konzept psychosozialer Arbeit und als Förderung von Selbstorganisation. In: Balke, K. / Thiel, W. (Hg.): Jenseits des HelfenS. Professionelle unterstützen Selbsthilfegruppen. Freiburg/Breisgau

Bock, Th. (1986): Sozialarbeit / Sozialpädagogik. In: Deutscher Verein (Hg.): Fachlexikon der sozialen Arbeit. Frankfurt / Main, S. 746–749

Bosetzky, H. (1972): Die instrumentelle Funktion der Beförderung. In: Verwaltungsarchiv 63, S. 17–24

Bosetzky, H. (1992): Mikropolitik, Machiavellismus und Machtkumulation. In: Küpper, W. / Ortmann, G. (Hg.): Mikropolitik. Rationalität, Macht und Spiele in Organisationen. Opladen, S. 27–37, 2. Auflage

Bosetzky, H. / Heinrich, P. (1989): Mensch und Organisation. Aspekte bürokratischer Sozialisation. Köln, 4. Auflage

Brandstätter, H. (1993): Persönliche Verhaltens- und Leistungsbedingungen. In: Schuler, H. (Hg.): Lehrbuch Organisationspsychologie. Bern, S. 213–233

Brennpunkte Sozialer Arbeit (1987): Sozialarbeit und Wohlfahrtsverbände. Frankfurt/Main

Bronner, R. (1992): Verantwortung. In: Frese, E. (Hg.): Handwörterbuch der Organisation. Stuttgart, S. 2503–2513

Bundesministerium für Jugend, Familie und Gesundheit (1972): Dritter Jugendbericht. Bonn

Bundesministerium für Jugend, Familie, Frauen und Gesundheit (1990): Bericht über Bestrebungen und Leistungen der Jugendhilfe – Achter Jugendbericht. Bonn

Bungard, W. / Antoni, C. H. (1993): Gruppenorientierte Interventionstechniken. In: Schuler, H. (Hg.): Lehrbuch Organisationspsychologie. Bern, S. 377–404

Bungard, W. (1992): Qualitätszirkel als Gegenstand der Arbeits- und Organisationspsychologie. Einleitung und Überblick. In: Bungard, W. (Hg.): Qualitätszirkel in der Arbeitswelt. Ziele, Erfahrungen, Probleme. Göttingen, S. 3–21

Bungard, W. (Hg.) (1992): Qualitätszirkel in der Arbeitswelt. Ziele, Erfahrungen, Probleme. Göttingen

Burns, T. (1961/62): Micropolitics: Mechanism of Institutional Change. In: Administrative Science Quarterly 6, S. 257–281

Büschges, G. (1983): Einführung in die Organisationssoziologie. Stuttgart

Coleman, J. C. (1979): Macht und Gesellschaftsstruktur. Tübingen

Crozier, M. / Friedberg, G. (1979): Macht und Organisation. Die Zwänge kollektiven HandelnS. Königstein / Ts.

Deckmann, B./Ryffel, C. (1981): Alltagshandeln im Amt. In: Sozialmagazin, 9/1981, S. 31–35

Decker, F. (1988): Gruppen moderieren – eine Hexerei? Die neue Team-Arbeit. Ein Leitfaden für Moderatoren zur Entwicklung und Förderung von Kleingruppen. München

Deutscher Verein (Hg.) (1986): Empfehlung zur Teamarbeit in sozialen Diensten. Frankfurt / Main

Deutscher Verein (Hg.) (1986): Handbuch der örtlichen Sozialplanung. Frankfurt / Main
Deutscher Verein (Hg.) (1986): Fachlexikon der sozialen Arbeit. Frankfurt / Main, 2. Auflage
Dörner, D. (1989): Die Logik des MißlingenS. Reinbek b. Hamburg
Dolls, M. / Hammetter, V. (1988): Zielgruppen- und stadtteilorientierte soziale Arbeit. Neuorganisation der Sozialen Dienste in Bremen-Süd. Frankfurt / Main
Dülfer, E. (Hg.) (1988): Organisationskultur. Stuttgart
Dünkel, D. (Hg.) (1983): Lernstatt. Modelle und Aktivitäten deutscher Unternehmen. Köln
Ebers, M. (1985): Organisationskultur. Ein neues Forschungsprogramm? Wiesbaden
Eckert, R. / Willems, H. (1992): Konfliktintervention. Perspektivenübernahme in gesellschaftlichen Auseinandersetzungen. Opladen
Eichmann, R. (1993): Bessere Steuerung notwendig. In: Socialmanagement, 4, S. 41–44
Engelhardt, H. D. (1991): Innovation durch Organisation. Unterwegs zu problemangemessenen Organisationsformen. München
Engelhardt, M. (1993): Öffentlichkeitsarbeit im sozialen Bereich. In: Sozialmagazin, 11, S. 19–24
Engelke, E. (1992): Soziale Arbeit als Wissenschaft. Eine Orientierung. Freiburg / Breisgau
Etzioni, A. (1969): The Semi-Professions and Their Organization. New York
Fayol, H. (1929): Allgemeine und industrielle Verwaltung. München und Berlin
Flamm, F. (1980): Sozialwesen und soziale Arbeit. Frankfurt / Main
Flierl, H. (1982): Freie und öffentliche Wohlfahrtspflege. München
Francis, D. / Young, D. (1989): Mehr Erfolg im Team. Ein Trainingsprogramm. Hamburg, 3. Auflage
Frank, G. / Wolf, M. (1988): Führen und Leiten in sozialen Diensten. Eine Untersuchung zur Subjektivität von Leitungskräften. Frankfurt / Main
Frank, G. (1989): Entscheidungsdilemmata in Sozialverwaltungen. In: Archiv für Wissenschaft und Praxis der sozialen Arbeit, 4, S. 266–277
French, W. L. / Bell, C. H. jr. (1982): Organisationsentwicklung. Bern und Stuttgart, 2. Auflage
Frese, E. (1992): Mehrdimensionale Organisationsstruktur. In: Frese, E. (Hg.): Handwörterbuch der Organisation. Stuttgart, S. 1670–1688
Friedberg, E. (1992): Zur Politologie von Organisationen. In: Küpper, W. / Ortmann G. (Hg.): Micropolitik. Opladen, 2. Auflage, S. 39–52.
Fürstenberg, F. (1964): Grundlagen der Betriebssoziologie. Köln
Gebert, D. (1978): Organisation und Umwelt. Stuttgart

Gehrmann, G. / Müller, K. D. (1993): Management in sozialen Organisationen. Berlin
Gehrmann, G. / Müller, K. D. (1993): Handeln oder behandelt werden. In: Socialmanagement, 2, S. 27–30
Geißler, K. / Hege, M. (1988): Konzepte sozialpädagogischen HandelnS. Ein Leitfaden für soziale Berufe. Weinheim und Basel
Gernert, W. (1990): Kommunale Sozialverwaltung und Sozialpolitik. Stuttgart
Gildemeister, R. (1983): Als Helfer überleben. Beruf und Identität in der Sozialarbeit / Sozialpädagogik. Neuwied
Gildemeister, R. (1992): Neuere Aspekte der Professionalisierungsdebatte. In: neue praxis, 3, S. 207–219
Girschner, W. (1990): Theorie sozialer Organisationen. Eine Einführung in Funktionen und Perspektiven von Arbeit und Organisation in der gesellschaftlich-ökologischen Krise. Weinheim und München
Glasl, F. / Houssaye, L. de la (1975): Organisationsentwicklung. Das Modell des NPI und seine praktische Bewährung. Bern
Glasl, F. (1983): Wie geht Organisationsentwicklung mit Macht in Organisationen um? In: Organisationsentwicklung, 2, S. 41–71
Glasl, F. (1990): Konfliktmanagement. Ein Handbuch für Führungskräfte und Berater. Bern, 2. Auflage
Goffmann, E. (1972): Asyle – über die soziale Situation psychiatrischer Patienten und anderer Insassen. Frankfurt / Main
Gomez, P. / Zimmermann, T. (1992): Unternehmungsorganisation. Profile, Dynamik, Methodik. Frankfurt / Main, New York
Gratz, W. (1993): Institutionen verändern. In: Blätter der Wohlfahrtspflege 2, S. 64–68
Greif, S. (1983): Konzepte der Organisationspsychologie. Eine Einführung in grundlegende theoretische Ansätze. Bern
Greiner, L. (1972) Evolution and revolution as organizations grow. In: Harvard Business Review, 4, S. 37–46
Groell, R. (1986): Kompetenz. In: Deutscher Verein: Fachlexikon der sozialen Arbeit. Frankfurt / Main, S. 510
Gulowsen, J. (1972): A measure of work group autonomy. In: Davis, L. E. / Taylor, I. (Hg.): Job design. Harmondsworth, S. 374–390
Hamel, W. (1992): Zielsysteme. In: Frese, E. (Hg.): Penguin Handwörterbuch der Organisation. Stuttgart, S. 2634–2652
Heimerl-Wagner, P.: (1993): Organisationsentwicklung. In: Kasper, H. / Mayrhofer, W. (Hg.): Organisation. Wien, S. 227–295
Heiner, M. (Hg.) (1988): Selbstevaluation. Freiburg / Breisgau
Heinrich, P. / Bosetzky, H. (1993): Sozialarbeiter und Sozialverwalter. Konflikt und / oder Kooperation? In: Archiv für Wissenschaft und Praxis der sozialen Arbeit, 3, S. 169–195

Herriger, N. (1991): Empowerment – Annäherungen an ein neues Fortschrittsprogramm der sozialen Arbeit. In: neue praxis, 3, S. 221–229

Herzberg, F. / Mausner, B. / Snyderman, B. (1959): The motivation to work. New York: Wiley & Sous

Hill, W. / Fehlbaum, R. / Ulrich, P. (1989): Organisationslehre. Band 1. Bern und Stuttgart

Homans, G. C. (1960): Theorie der sozialen Gruppe. Köln

Hurrelmann, K. (Hg.) (1976): Sozialisation und Lebenslauf. Reinbek b. Hamburg

Hussy, W. (1993): Denken und Problemlösen. Stuttgart

Irle, M.: (1971): Macht und Entscheidungen in Organisationen. Studie gegen das Linie-Stab-Prinzip. Frankfurt / Main

Janis, J. L. (1972): Victims of group think. A psychological study of foreign policy decisions and fiascoes. Boston / Mass.: Houghton Mittlin

Jordan, E. / Sengling, D. (1988): Jugendhilfe. Weinheim

Kähler, H. D. (1991): Erstgespräche in der sozialen Einzelhilfe. Freiburg / Breisgau

Kasper, H. / Mayrhofer, W. (Hg.): Organisation. Wien

Katz, D. / Kahn, R. L. (1978): The social psychology of organizationS. New York

KGST (1991): Dezentrale Ressourcenverantwortung: Überlegungen zu einem neuen Steuerungsmodell. Bericht Nr. 12. Köln

Kieffer, C. (1984): Citizen empowerment. A developmental perspective. In: Prevention in Human Services, 3, S. 9–36

Kieser, A. (1975): Der Einfluß der Umwelt auf die Organisationsstruktur der Unternehmung. In: Türk, K. (Hg.): Organisationstheorie. Hamburg, S. 32–52

Kieser, A. / Kubicek, H. (1992): Organisation, 3. Auflage

Klapprott, J. (1987): Berufliche Erwartungen und Ansprüche an Sozialarbeiter / Sozialpädagogen. Berufsbild, Arbeitsbedingungen und Arbeitsmarkttendenzen im Spiegel einer Befragung von Stellenanbietern. Weinheim.

Klebert, K. / Schrader, E. / Straub, G. (1980): Moderationsmethode. Geisel-Bullach

Kompa, A. (1989): Assessment-Center. Bestandsaufnahme und Kritik. München

Kompa, A. / Neuberger. O. (1993): Wir, die Firma. Der Kult um die Unternehmenskultur. München

Kreft, D. (1992): Sozialmanagement oder administrative Handlungskompetenz? In: Socialmanagement, 4, S. 51–54

Kriebisch, F. (1993): Der Bürger ist Kunde. In: Socialmanagement, 4, S. 30–33

Krüger, W. (1992): Aufgabenanalyse und -synthese. In: Frese, E. (Hg.): Handwörterbuch der Organisation. Stuttgart, S. 221–236

Krüger, W. (1993): Organisation der Unternehmung. Stuttgart
Kunow, J. (1977): Berufbezogene Einstellungen angehender Sozialarbeiter und Sozialpädagogen. Münster
Kühn, D. (1985): Kommunale Sozialverwaltung. Eine organisationswissenschaftliche Studie. Bielefeld
Küpper, W. / Ortmann, G. (1986): Mikropolitik in Organisationen. In: Die Betriebswirtschaft, S. 590–602
Küpper, W. / Ortmann, G. (Hg.) (1992): Mikropolitik. Rationalität, Macht und Spiele in Organisationen. Opladen, 2. Auflage
Lamm, H. (1975): Analyse des Verhandelns. Ergebnisse der sozialpsychologischen Forschung. Stuttgart
Lievegoed, B. C. J. (1974): Organisation im Wandel. Bern und Stuttgart
Lewin, K. / Lippitt, R. / White, R. K. (1939): Patterns of aggressive behavior in experimentally creates social climates. In: Journal of Social Psychology, S. 271–299
Lewin, K. (1946): Action Research and Minority ProblemS. In: Journal of Social Issues, 4, S. 34–46
Likert, R. (1972): Neue Ansätze der Unternehmensführung. Bern
Likert, R. (1975): Die integrierte Führungs- und Organisationsstruktur. Frankfurt / Main
Luhmann, N. (1976): Funktion und Folgen formaler Organisationen. Berlin, 3. Auflage
Luhmann, N. (1967): Soziologie als Theorie sozialer Systeme. In: Kölner Zeitschrift für Soziologie und Sozialpsychologie, S. 615–644
Maas, U. (Hg.) (1985): Sozialarbeit und Sozialverwaltung. Handeln im Konfliktfeld Sozialbürokratie. Ein Arbeitsbuch. Weinheim und Basel
Mayntz, R. (1971): Bürokratische Organisation. Köln und Berlin
McGregor, D. (1967): The professional manager. New York: McGraw-Hill
Mielenz, J. (1981): Die Strategie der Einmischung – Soziale Arbeit zwischen Selbsthilfe und kommunaler Politik. In: Müller, S. / Olk, Th. / Otto, H. K. (Hg.): Sozialarbeit als soziale Kommunalpolitik. Ansätze zur aktiven Gestaltung lokaler Lebensbedingungen. Neuwied, S, 57–66
Mühlbauer, K. R. (1980): Sozialisation. München
Müller-Schöll, A. / Priepke, M. (1983): Sozialmanagement. Frankfurt / Main
Müller-Stewens, G. (1992): Strategie und Organisationsstruktur. In: Frese, E. (Hg.). Handwörterbuch der Organisation. Stuttgart, S. 2343–2355
Münchmeier, R. (1981): Zugänge zur Geschichte der Sozialarbeit. München
Neuberger, O. (1990): Führen und geführt werden. Stuttgart, 3. Auflage
Neuberger, O. (1992): Spiele in Organisationen, Organisationen als Spiele. In: Küpper, W. / Ortmann, G. (Hg.): Mikropolitik. Opladen, S. 53–86
Nieke, W. (1984): Zum Begriff der professionellen pädagogischen Handlungskompetenz. In: Müller, S. / Otto, H. U. / Peter, H. / Sünker, H. (Hg.):

Handlungskompetenz in der Sozialarbeit / Sozialpädagogik. Band II: Theoretische Konzepte und gesellschaftliche Strukturen. Bielefeld, S. 129–145

Obrecht, W. (1993): Sozialarbeit und Wissenschaft. Ein Beitrag zur Theorie der Sozialarbeit. In: Sozialarbeit 9, S. 23–38

Oliva, H. / Oppl, H. (1991): Rolle und Stellenwert der freien Wohlfahrtspflege. München

Ortmann, G. (1992): Macht, Spiel, KonsenS. In: Küpper,W. / Ortmann, G. (Hg.): Mikropolitik. Opladen, S. 13–26

Otto, H. / Utermann, K. (Hg.) (1971): Sozialarbeit als Beruf. Auf dem Weg zur Professionalisierung. München

Otto, H.-U. (1991): Sozialarbeit zwischen Routine und Innovation. Professionelles Handeln in Sozialadministrationen. Berlin und New York

Pallasch, W. / Reimers, H. (1990): Pädagogische Werkstattarbeit. Eine pädagogisch-didaktische Konzeption zur Belebung der traditionellen Lernkultur. Weinheim und München

Pankoke, E. (1981): Gesellschaftlicher Wandel sozialer Dienste. Voraussetzungen und Entwicklungsperspektiven. In: Kerkhoff, E. (Hg.): Handbuch Praxis der Sozialarbeit und Sozialpädagogik. Düsseldorf, S. 3–30

Pfeffer, J. / Salancik, G. R. (1974): Organizational Decision Making as a Political Process: The Case of a University Budget. In: Administrative Science Quarterly, S. 135–151

Puch, H.-J. (1988): Inszenierte Gemeinschaften. Gesellschaftlicher Wandel und lebensweltliche Handlungsstrategien in der sozialen Arbeit. Frankfurt / Main, Bern, New York und Paris

Puch, H.-J. (1990): Inszenierung wechselseitiger Hilfe und sozialer Unterstützung: die Selbsthilfegruppen. In: Brennpunkte Sozialer Arbeit: Soziale Gruppenarbeit. Neuwied, S. 41–64

Puch, H.-J. (1991): Inszenierte Gemeinschaften – Gruppenangebote in der Moderne. In: neue praxis, 1, S. 12–25

Puch, H.-J. (1993): Effizienz und Professionalität – ein Widerspruch in der Jugendarbeit? In: Scharinger, K. (Hg.): Reicht guter Wille? Jugendarbeit und Management. Nürnberg, S. 75–90

Rappaport, A. (1976): Kämpfe, Spiele und Debatten. Drei Konfliktmodelle. Darmstadt

Rappaport, J. (1985): Ein Plädoyer für die Widersprüchlichkeit. Ein sozialpolitisches Konzept des „empowerment“ anstelle präventiver Ansätze. In: Verhaltenstherapie und psychosoziale Praxis, 2, S. 257–278

Rappaport, J. (1987): Terms of empowerment – exemplars of prevention. Toward a theory of community psychology. In: American of Community Psychologie, S. 121–148

Rauschenbach, T. (1991): Soziale Berufe wieder im Aufwind? In: Sozialmagazin, 12, S. 38–47

Rauschenbach, T. (1993): Soziale Berufe im Umbruch. In: Sozialmagazin, 4, S. 18–29

Regnet, E. (1992): Konflikte in Organisationen. Göttingen und Stuttgart

Reichard, Ch. (1992): Auf dem Weg zu einem neuen Verwaltungsmanagement. In: Goller, J. / Maack, H. / Müller-Hedrich, B. W. (Hg.): Verwaltungsmanagement. Handbuch für öffentliche Verwaltung und öffentliche Betriebe. Stuttgart. Ergänzungslieferung B. 1.1, S. 1–24

Reiss, H.-C. (1993): Controlling und soziale Arbeit. Neuwied

Remer, A. (1992): Organisatorische Aspekte der Macht. In: Frese, E. (Hg.): Handwörterbuch der Organisation. Stuttgart, S. 1271–1286

Rice, B. (1982): Legenden sterben langsam. Die Geschichte des Hawthorne-Effekts. In: Psychologie heute, 9, S. 50–55

Riegger, M. (1983): Lernstatt erlebt. Praktische Erfahrungen mit Gruppeninitiativen am Arbeitsplatz. Ein Modell aus der Produktion. Essen

Rosenstiel, L. von / Molt, W. / Rültinger, B. (1988): Organisationspsychologie, 7. Auflage

Rosenstiel, L. von (1992): Grundlagen der Organisationspsychologie. Stuttgart, 3. Auflage

Rosenstiel, L. von (1993): Kommunikation und Führung in Arbeitsgruppen. In: Schuler, H. (Hg.): Lehrbuch Organisationspsychologie. Bern, S. 321–351

Sachße, C. / Tennstedt, F. (1980 / 1988 / 1992): Geschichte der Armenfürsorge. Band 1–3. Stuttgart

Sachße, C. / u. a. (1981): Jahrbuch der Sozialarbeit 4. Reinbeck bei Hamburg

Sader, M. (1991): Psychologie der Gruppe. Weinheim und München

Sauer, P. (1992): Zielorientierte Projektplanung im sozialen Bereich. Berlin

Scott, W. R. (1986): Grundlagen der Organisationstheorie. Frankfurt / Main

Scherpner, H. (1984): Studien zur Geschichte der Fürsorge. Frankfurt / Main

Scholl, W. (1993): Grundkonzepte der Organisationen. In: Schuler, H. (Hg.): Lehrbuch Organisationspsychologie. Bern, S. 109–444

Schober, B. (1993): Erlernte Hilflosigkeit. In: Blätter der Wohlfahrtspflege, 2, S. 45–49

Schönig, W. / Brunner, E. J. (Hg.). (1993): Organisationen beraten. Impulse für Theorie und PraxiS. Freiburg / Breisgau

Scholz, Ch. (1992): Effektivität und Effizienz. In: Frese, E. (Hg.): Handwörterbuch der Organisation. Stuttgart, S. 534–551

Schreyögg, G. (1992): Organisationskultur. In: Frese, E. (Hg.): Handwörterbuch der Organisation. Stuttgart, S. 1525–1537

Schuler, H. / Funke, U. (1993): Diagnose beruflicher Eignung und Leistung. In: Schuler, H. (Hg.). Lehrbuch Organisationspsychologie. Bern, S. 235–283

Schwarz, P. (1986): Management in Nonprofit-Organisationen. Schriftenreihe „Die Orientierung“ der Schweizer Volksbank. Nr. 88, Bern

Schwarz, P. (1992): Management in Nonprofit-Organisationen. Bern und Stuttgart, Wien

Seligman, M. E. P. (1979): Erlernte Hilflosigkeit. München, Wien und Baltimore

Siepmann, H. (1986): Kommunale Gemeinschaftsstelle für Verwaltungsvereinfachung. In: Deutscher Verein (Hg.): Fachlexikon der sozialen Arbeit. Frankfurt / Main, S. 505

Sievers, B. (Hg.), (1977): Organisationsentwicklung als Problem. Stuttgart

Stark, W. (1993): Die Menschen stärken. In: Blätter der Wohlfahrtspflege, 2, S. 41–44

Statistisches Bundesamt (1976): Ergebnis der Personalstrukturerhebung in der Jugendhilfe 1974. In: Wirtschaft und Statistik, 11, S. 685–691

Statistisches Bundesamt (1985): Einrichtungen und Mitarbeiter der Jugendhilfe 1982. In: Wirtschaft und Statistik, 3, S. 241–248

Statistisches Bundesamt (1992): Statistisches Jahrbuch 1992. Wiesbaden.

Staehle, W. H. (1991): Management. Eine verhaltenswissenschaftliche Perspektive. München, 6. Auflage

Steinmann, H. / Löhr, A. (Hg.) (1989): Unternehmensethik. Stuttgart

Steinmann, H. / Schreyögg, G. (1991): Management. Grundlagen der Unternehmensführung. Konzepte, Funktionen und Praxisfälle! Wiesbaden, 2. Auflage

Stolz, H. J. / Türk, K. (1992): Individuum und Organisation. In: Frese, E. (Hg.): Handwörterbuch der Organisation. Stuttgart, S. 841–855

Taylor, F. W. (1977): Die Grundsätze wissenschaftlicher Betriebsführung. Weinheim

Thom, N. (1992): Stelle, Stellenbildung und Besetzung. In: Frese, E. (Hg.): Handwörterbuch der Organisation. Stuttgart, S. 2321–2333

Thorun, W. (1986): Öffentlichkeitsarbeit. In: Deutscher Verein (Hg.): Fachlexikon der sozialen Arbeit. Frankfurt / Main, S. 609–610

Türk, K. (1978): Soziologie der Organisation. Stuttgart

Türk, K. (1989): Neuere Entwicklungen in der Organisationsforschung. Ein Trend Report. Stuttgart

Ulich, E. (1991): Arbeitspsychologie. Stuttgart

Ulich, E. / Conrad-Betschart, H. / Bautsch, C. (1989): Arbeitsform mit Zukunft: ganzheitlich flexibel statt arbeitsteilig. Bern

Ulrich, H. / Probst, G. J. B. (1988): Anleitung zum ganzheitlichen Denken und Handeln. Bern und Stuttgart

Vogel, M. (1966): Die kommunale Apparatur der öffentlichen Hilfe. Stuttgart

Wagner, C. (1981): Organisation kommunaler Sozialarbeit. Berlin

Weber, M. (1972): Wirtschaft und Gesellschaft. Tübingen

Wendt, W. R. (Hg.) (1991): Unterstützung fallweise. Case Management in der Sozialarbeit. Freiburg / Breisgau

Wiendieck, G. (1992) : Teamarbeit. In: Frese, E. (Hg.): Handwörterbuch der Organisation. Stuttgart, S. 2375–2384
Will, H. (1992): Zielarbeit in Organisationen. Analyse, Bewertung und Entwicklung von Organisations- und Unternehmenszielen. Frankfurt / Main
Willke, H. (1987): Systemtheorie. Stuttgart und New York, 2. Auflage
Wilpert, B. (1993): Organisation und Umwelt. In: Schuler, H. (Hg.): Lehrbuch Organisationspsychologie. Bern, S. 495–511
Wiswede, G. (1977): Rollentheorie. Stuttgart
Wiswede, G. (1993): Gruppen und Gruppenstrukturen. In: Frese, E. (Hg.). Handwörterbuch der Organisation. Stuttgart, S. 735–754
Weick, K. (1985): Der Prozeß des OrganisierenS. Frankfurt / Main
Wöhrle, A. (1992): Jugendhilfe und Management. München
Wöhrle, A. (1993): Management und Jugendarbeit. Reicht guter Wille? Guter Wille reicht nicht! In: Scharinger (Hg.): Reicht guter Wille? Jugendarbeit und Management. Nürnberg, S. 105–139
Wottawa, H. / Thierau, H. (1990): Evaluation. Bern, Stuttgart und Toronto
Zink, K. (1992): Qualitätszirkel und Lernstatt. In: Frese, E. (Hg.): Handwörterbuch der Organisation. Stuttgart, S. 2129–2140
Zuschlag, B. / Thielke, W. (1989): Konfliktsituationen im Alltag. Stuttgart.

Autor

Hans-Joachim Puch, geb. 1949, Dr. rer. pol. und Diplom-Sozialpädagoge (FH).
Studium der Sozialen Arbeit, der Soziologie, der Politikwissenschaft und der Pädagogik.
Seit 1988 Professor für Theorie und Methodik Sozialer Arbeit und Soziologie an der Evangelischen Fachhochschule in Nürnberg. Arbeitsschwerpunkte: Theorien und Methoden Sozialer Arbeit, Sozialmanagement.
Veröffentlichungen unter anderem zu folgenden Themenbereichen: Handlungskonzepte der Sozialen Arbeit, Stadtteilarbeit, Gruppenarbeit, Selbsthilfegruppen, Professionalität.

Margrit Brückner (Hrsg.)
Frauen und Sozialmanagement
Lambertus